# 行拳

## 心法

谨将本书化作一片绿叶

献给 2013 年 "世界太极拳健康月"

修月亦放弃可以做为

修炼大手印之前行，

雪漠

二〇一三·十二·廿二

雪漠　著名作家，甘肃省作家协会副主席，
大手印研修专家，被誉为"当代大手印之父"。

学练吴式太极拳

学练孙式太极拳

# 行拳心法

庄英豪 编著

上海三联书店

# 目 录

## 第一章 认识太极拳

## 第二章 行拳心法释要

## 第三章 吴氏(公仪)太极拳行拳心法

## 第四章 孙式太极拳行拳心法

# 附 录

# 后记

# 快 乐 太 极

## （自序一）

我借了余功保老师在《武以养生 千古一绝》文中的这句话,为我的自序题了名。我为快乐而练太极拳,因练太极拳而快乐。

笔者执业资产及企业价值评估,喜好太极、修行佛法。如果说修行"大手印"点亮我心中的光明,而习练太极,则是给予了我终身的快乐享受。

"快乐"是指人们在感受外部事物带给内心的愉悦、安详、平和、满足的心理状态;快乐是当一个人在追求目标时达成的理想状态和内心喜悦的激情;快乐是一个人对自己美好生活的一次又一次的满足;快乐是一种持续的状态。

是啊,习练太极拳给了我一片心静体松、中和自在的身心状态;当我"踏进太极拳之殿堂,认识体悟到太极拳之真谛"的理想目标可实现时,"意领形随、内外相合、舍己从人、以柔克刚"的"太极态"逐步达成时,这种内心的愉悦和满足是难以言喻的。

因为习练了太极拳,我能在 62 岁时,以健康的体魄轻松地登上了海拔 5500 米的喜马拉雅山大本营;因为我懂得了阴阳变化的太极哲理,才使我能学会从容淡定地去处理纷繁的事务和复杂的人际关系;因为十余年来我与数十位有习练太极拳愿望的职场精英,每周日团练太极拳,使我"学教相寓,相得益彰";当我将点点滴滴的太极体悟毫无保留地与我的"太极同好"分享,使太极也成为他们生活中的一种方式,又成就了自己"利众、利他"的善业……这一切多美好、多愉悦、多充实、多满足啊! 因为习练太极拳,我将终身持续着这片快乐!

"快乐太极"崇尚的是"I. Taiji"理念,"I. Taiji"是让太极拳与时尚接轨,将"宇宙是大太极,人身是小太极"的认识发挥得更具体、更贴切。当太极拳是你生活方式中的重要组成部分;当你演练的各式太极拳既符合太极拳的共性,又有你独特的风格和特色;当你感觉到太极拳与你的身心健康、思维效率、自在快乐息息相关,这时候,太极拳就是"你的太极拳",你可说:"I. Taiji"。当你能自豪地说"I. Taiji",你一定是一个快乐的人!

# 以心法为钥匙，踏进太极拳之殿堂

## （自序二）

　　父亲年轻时的一张演练太极拳的拳照，在我年幼时留下深刻的印象，学练太极拳成了我的一个心愿；但在"立业"之后，才有条件圆太极拳的梦。我既没有太极拳宗师的嫡亲，也无缘太极拳大家的嫡传，仅是太极拳的业余爱好者，是一个实实在在"太极拳草根"。三十年来，凭着一份对太极拳的热忱与执着，有缘找到"心法"这把钥匙，为踏进太极拳之殿堂寻觅到一条路径。编著的本书是我学习太极拳的一篇心得，是笔者按"内功心法"学练太极拳的体会，是介绍太极拳之真谛的普及读本，也可供太极拳初学者在未找到明师之前，作为学练太极拳的初级教程。

## 一、寻师求真

　　笔者在开始学练太极拳的数年，是依着《杨式太极拳》（傅钟文演述、周元龙笔录、顾留馨审）和《太极拳研究》（唐豪、顾留馨著）这两本书自学杨式太极拳85式的。以后，从阅读太极拳的专著或在《武当》《武魂》等杂志中寻觅太极拳老师的线索，一旦获得适合的信息，必躬亲求教，"精诚所至，金石为开"；曾有幸在武当山学练由循经太极拳创始人李兆生老师教授的"循经太极拳"和"小炼形"；上北京登门向太极拳研究家祝大彤老师求教太极拳拳理；参加严承德老师（杨式太极拳传人诸桂亭的弟子）举办的"推手"培训班；连续多年在黄金周赶赴北京，由"22式老六路"创始人魏树人老师的弟子蓝晟老师，结合函授教材指导笔者学习杨健侯秘传的"老六路"太极拳；得魏树人老师的弟子郭正勋教练（台湾）多次来沪一招一式地悉心指点"22式老六路"；由沈善增老师介绍，师从徐国昌老师（吴公仪宗师的弟子丁德三的学生）学练"吴氏（公仪）太极拳"；又师从寿关顺老师（孙禄堂宗师的弟子支燮堂的学生、孙式太极拳传人）学练"孙式太极拳"和

"四正推手";在 2000 年秋，以古礼在北京拜"两仪功夫"掌门人段保华为师，成为其入室弟子。笔者有缘得到这些太极拳名家、大师的真传，才有踏进太极拳殿堂之可能，在此，特向我的各位老师叩首致谢。

## 二、有缘觅得"内功心法"

笔者从自学太极拳开始，就牢牢记住王宗岳《太极拳论》的首句："太极者。无极而生。动静之机。阴阳之母也。"但我困惑的是太极拳如何孕育阴与阳呢？又一直琢磨一个问题：太极拳与气功应该有关系，但怎么贯通呢？直至我有缘觅得"内功心法"这把钥匙，顿时豁然开朗。太极拳的阴阳互孕是指以神意气构成的内功作为阴面，主导催发作为阳面的形体拳架，以形成太极拳阴阳相生、内外开合之基本规律的体现。

笔者于 2000 年初，从《武当》杂志上获悉，"北京混元文化中心"受魏树人老师委托开办"杨健侯秘传太极拳《老六路》函授班"，我在第一时间报了名，而且还成为函授班第一个报名的学员。当接到魏树人老师著作的《杨式太极拳术述真》一书和《杨健侯秘传太极拳内功述真》的光盘及说明时，真是如获珍宝，如饥似渴地研读，不分昼夜地学练，连续有好几年的黄金周假期，必赶赴北京，去接受魏树人老师的弟子——蓝晟（曹革林）老师的指导。当我渐渐对"用意不用力"、"开合相寓"有所感悟时，又有缘得到魏树人老师入室弟子郭正勋教练（亦是台湾跆拳道七段）悉心指点老六路中一招一式的真谛，并多次拍摄了郭教练示范教授"老六路"的视频，为笔者深研"老六路"的内功心法创造了条件。十余年来，按照"意在先"的行拳心法习练"老六路"，使我叩开了太极拳殿堂之门，感悟非浅，并让一批跟我团练的太极同好们也"以心法为钥匙"，分享这踏进太极拳殿堂的有效方式。

## 三、太极同好

2000 年，我在某上市公司担任投资总监。某一天，老总通知我去"集团"找一位领导，帮助调研策划"企业经营团队的期权实施方案"，余后，这位领导问：

"听说你是练太极拳的,想跟你学太极拳。"我初一愣,一看这位领导才四十开外,也许是一时热情,就定下心来跟他说:"领导,我仅是一般的太极拳爱好者,自己也是在不断学练的过程中。如果真的有志学太极拳,那可是一件一辈子学习的事,不然就浪费时间了。"领导笑着说:"读初中时就喜欢武术,就准备学一辈子太极拳吧。",我就写了个《循经太极拳》(李兆生)的书名,请他买这本书,阅读后,再作决定。两天后,领导打电话给我,说:"书看了,要学太极拳。",第二天正好是周日,就请他到我家小区的后花园广场来同练太极拳。练习四十分钟后,领导就觉得腿部支持不了,他说:"真没想到,太极拳的运动量如此之大。"……是此,十余年来,不管刮风下雨、寒冬炎夏,这位同好除了出差事先请假外,每周日二小时的团练必到。这是我的第一位与我周日团练的太极同好。

就这样十年来,每个星期日上午,在上海这个繁华都市的西南角落,笔者和一群来自各个领域的职场精英分享着同一件事情——聚在一起研习太极拳,哪怕那天是风是雨,甚至是飘着瑞雪的大年初一……随着太极同好人数的增多,且这些职场精英出差频率较高,常常为缺课而感到遗憾,于是,我就有了"构筑一个博客平台,将授课的行拳心法挂在网上"的心愿。但仔细想来,要将行拳心法搬上网络,心法文字创编、视频拍摄、音频制作、习拳提示……偌大的一个"工程",真是非同小可! 更担忧的是,也许有些太极行家们还会说:"你又何才、何德、何能? 竟敢大庭广众献丑云云……"是否要建立这个"博客"呢? 为此,2011 年 2 月 20 日在佘山,数十位太极同好们特地开了一个"头脑风暴讨论会"。你一言,他一语,会开得好不热闹;结论是—— 群策群力创建"太极同好"博客,开博宗旨是:不求名、不求利、不比武、不争论,仅为我们习拳自学有个方便,也为其他有缘的太极初学者指一条路径。2011 年 3 月 10 日"太极同好"在"新浪"开博了。(http://blog.sina.com.cn/u/1575013732)

"太极同好"开博了,我写作《行拳心法》也随之开始了。十余年来,按魏树人老师创编的"意在先"行拳心法习练"老六路",使我心静体松,去除拙力,叩开了太极拳殿堂之门,感悟非浅。为了让同好们分享这一捷径,我在博客中,以"杨氏老六路的行拳心法"为样板,按我的体悟逐段试编《吴氏(公仪)太极拳行拳心法》《孙式太极拳行拳心法》《两仪慢架行拳心法》，将"以意导气，以气催形"的太极拳运行的阴面（意、气）与阳面（形、体）用合适的、流畅的文字表达清楚。这是一个揣摩探索的创作过程，在这创编行拳心法的过程中，虽然有时得绞尽脑汁，但笔者从中使自己的拳艺也得到了升华。当一个一个拳式的行拳心法挂在博客上，为同好们的自学创造了条件，心法成为同好们行拳的运行轨迹时，心头涌起的是一种满足。

行拳心法的文、图形成了，实际运用的效果也是显著的。笔者油然而生起一个念头：是不是能编著出版成一册书，让更多些人运用"心法"这把钥匙，踏进太极拳之殿堂。但我这样的"草根"能为太极拳著书立说吗？犹豫之际，2012 年 3 月专程去求教我的根本上师雪漠（（著名作家、甘肃省作家协会副主席、大手印研修专家、被誉为"当代大手印之父"），上师说：人活着的价值是"立功、立德、立言"，能将三十年学练太极拳的心得体会成书传播，也算是"立言"吧。经上师点拨，出书的念头上升为一种"传播太极"的使命感。

## 四、传播太极

笔者现任一个评估机构的业务总监及首席评估师。但是这个职业，在我的人生中已是个副业，而我的主业是学练太极、传播太极。

一直有人说"太极十年不出门"，"传授传统太极的明师难遇"，又说"自学太极拳太不易"……笔者有志将太极拳内功心法的传播方式与信息技术、网络技术接轨，以"着意——贯形——行拳"为程序，建立一个相对系统化、标准化、格式化的自学太极拳模式，这样可加强传播太极的力度、速度和广度。目前，笔者已同步委托专业机构拍摄开发制作展现神意气轨迹的《学练吴氏（公仪）太极拳》《学练孙式太极拳》视频，同时也委托专业翻译人员将行拳心法译成英文。设想以 APP 形式嫁接"苹果""安卓"的"APP store"，使自学者随时从手机及 ipad 上得到时尚、便捷的学习机会。希望让初学太极拳的爱好者有"自学入门"的可能，让国外的太极爱好者也增加一个了解和学习太极拳的机会。

## 五、致谢众师

本书的第一章"认识太极拳"是归纳了古籍经典拳论与当代太极拳大师、名家的精辟论述,摘录其精要,并糅合笔者的学习心得,提纲挈领汇编成章节。第二章"行拳心法释要"的内容,由笔者分别摘录了《杨式太极拳述真》(汪永泉讲授)、《杨式太极拳术述真》(魏树人著)的"内功劲法"和"内功理法"等相关内容,附加笔者个人在多年习练中积累的体悟汇编而成。在此,特向余功保老师、魏树人老师、祝大彤老师、蓝晟老师等叩谢,是你们的精辟论述和精湛的功法成就了我所编著的这本书。

本书的第三章、第四章分别表述了"吴氏太极拳"与"孙式太极拳"的简介,并以"杨氏老六路的行拳心法"为样板,按笔者的体悟创编了《吴氏(公仪)太极拳行拳心法》和《孙式太极拳行拳心法》。将行拳心法嫁接于吴氏(公仪)太极拳及孙式太极拳的学练是一个创意,但也许对拳艺臻至的练者是多余的。

三十年来,尤其自觉得"杨氏老六路内功心法"以后,笔者默识揣摩、探索求进获得了一些行拳心法的粗浅体会;但笔者才疏学浅、拳艺平庸,编著本书的立意是希望与酷爱此道者共同探求太极拳之真谛,同时,也是笔者对自己的人生价值作一个浅薄的交代。纰缪之处,恳请太极拳的老师、太极拳爱好者鉴审,并盼望赐教。(笔者 E-mail:i. taiji@hotmail. com)

庄英豪

2012 年 12 月 8 日 于 上海

## 同好感言
### （十二篇）

# 习太极,悟心法

## （同好　鹏）

人到中年,学太极拳是很多人最向往的选择。我有幸跟着庄老师习太极拳十年有余,受益之处就是以行拳心法为引导,体会太极拳之精妙。

人到中年,整天忙碌,身体消耗不小;当今不缺营养,缺的是如何科学养生。因为太极拳不受场地、器械和年龄的限制,太极拳无疑是最佳的运动之一。静下心来,或是一群同好习拳,或是独自操练,别有一番天地,与天与地与自然交流着、感受着,是一种洗礼,是一种吐故纳新的过程。习太极,养生、修性、追梦。

庄老师在习拳时重点提示我们的是:悟心法。庄老师对心法的核心诠释是:"太极拳孕育着阴阳,且是以阴(神意气)的存在为基础而表现出阳(肢体动作)的形式。通过'以意导气,以气催形'的行拳心法展示太极拳的阴阳相生,并体现太极拳内外相合之基本规律。"我的体会是:要想学好太极拳,理会太极拳的奥秘,感受太极拳的精髓,心法不可不重视。习太极拳时,贯穿着心法是对自己的一种修性和修炼,可以去掉很多杂念,控制自己的情绪,调节自己的思维,感受很多理智,潜移默化地进入一种淡定平和的境界。

感谢庄老师多年的谆谆教导和悉心指导,才使我有机会体会到太极拳的美妙,似同圆梦的感觉。

# 慢练太极十年级

## （同好　弛）

打开自己的小电脑,抛开白天所有的困扰,有的时候真有点佩服自己的勇气,无论再大的压力竟然还能那样坦然自嘲,还能这般淡定地思考。左思右想,应该是近十年来,师从庄老师渐入佳境地学习、修炼太极的缘故吧!

回想当年求师的过程,开始只是非常喜爱太极那种超然的感觉,一心认为只要努力练,自己一定也会达到这样的境界的。于是在最早跟随庄老师的几年里，有一种源于内心的急迫感，时时逼迫着自己非常勤奋地学着、练着。自我感觉提高是"立竿见影"！因为，我能把动作架子搭得自以为很漂亮，然而一练推手问题就暴露无遗：人没有成为一个整体，也就是说上下是分离的、散的！

怎样能练成"整体"，一直在随后的两三年里让我苦恼不已。在庄师指点下看完了几本关于太极大家的书，有的讲：太极是用"单腿"在练；而又有某位太极大师因其立身中正始终如一被称为"牌位先生"。而庄师每周一次永不脱节的坚持和引领，让我不得不一次又一次地反复思考"太极到底是什么？"从"在空气中游泳"到"主宰于腰"到"螺旋的太极"，从身形"松、空"到"柔韧若水"，从"意领形随"到"无我忘形"……

无法确切记得是从哪天开始，一做"起势"就手掌发热，更无法解释为什么做吸纳小气球时身体能隐隐感受到隔空的压力……有时感觉自己在进步，有时感觉又会有退步……但这种修炼的过程、与庄师及师兄弟不断寻求提升的过程让我陶醉……

转眼，师从庄师已近十载，对"太极"的理解早已超越了当年的"太极舞蹈"。十年慢炼，磨去了些许当年的血气方刚，却仍保留着与生俱来的真与善，并渐次抚平许多急于求成的冲动和苛求完美的内压，不知不觉举手投足中已多了一份"太极人"才有的宽柔和平和。

谢谢庄师！您为许多寻求平和的心成就了一份难得的"太极"净土！


# 将心法烂熟于心

## （同好　刚）

庄英豪先生的《行拳心法》业已脱稿行将出版，真乃可喜可贺！

我跟随庄老师学拳八年，不敢说已得真谛，但对学拳从心法入门还是感悟颇深。学拳初期，我们都会比较注重拳架和招式，但庄老师却要求将行拳心法作为起点，心法烂熟于心，行拳时自然由内到外浑然一体。每次在上课之前，我都会反复学习心法，争取熟读牢记，老师授课时感悟倍增，行拳时也会逐渐以心法自然引导，当然，这也非一朝一夕便能做到，我想只要坚持不懈终能习惯成自然。

太极拳绵延中华几百年，许多精妙之处非语言能表，庄老师将自己几十年来学习传统拳艺的心得加以积累，特别是将许多可悟而难以言表的心法用通俗易懂的语言完整奉献，实乃广大学拳者的福音，对太极拳的发扬广大定是功德无量之举。

# 习练太极　享受生活

## （同好　初）

经过多年太极拳习练,深深体会到学习太极拳是一个渐进的过程,是不断提升太极拳修炼层次的过程,也即由"着熟而渐悟懂劲,由懂劲而阶及神明"。同时学习太极拳也是学习太极文化、太极哲理,从而养成清静平和、健康文明的生活方式的一个重要途径。

庄老师教太极拳对学生的第一要求就是"学生必须是文化人"。庄老师教太极拳反复强调太极拳理论学习的重要性。每次晨练除了教一招一式、练拳架、学动作,更多的是讲阴阳、讲虚实、讲松柔、讲拳理。"学太极拳先学读书。书理明白,学拳自然容易。"

太极拳入门第一关键是去除"拙力"。刚开始学拳,庄老师要求:习练太极拳,是一个不断去除"拙力"、克服全身"僵硬"的过程;从动作有力经过反复修炼达到"到用意不用力"的境界。在练太极拳时,必须放松全身,心意完全放松之后周身肢体得到放松。尽管道理容易理解,如何体验减去"拙力"达到松柔的要求是一漫长的过程,通过与庄老师"揉手"过程中能体验到老师的全身松柔的状态。有一次与新来的师兄弟推手过程中感受了对方一股推力"僵劲"直冲我身,此时,我只要轻柔地一掸一拨,对方马上失稳。一松柔一僵劲,一正一反,在比较中体验了什么是拙力,渐渐地自我感觉身上的"僵劲"一点点开始减退。练拳时也可以进入心意放松的状态。

回顾八年多的学习过程,杨式太极拳(老六路)、吴式太极拳、孙式太极拳各学了两遍,每学一遍都有不同的体会,都有新的提高,太极拳学无止境!此外,还学了小练形、大练形、八卦走转等。如今每天的功课是小练形、大练形、八卦走转各一遍、三套拳中必须完成其中二套。费时约一小时。无论严寒酷暑、刮风下雨每天首要任务是完成上述必修课。太极成了我生活的一部分,也是生命的一部分。

八年的投入与坚持,取得了丰硕的成果。以前我膝关节多年疼痛,虽经各种方法治疗仍得不到控制,发作严重时走路一拐一瘸;颈椎病严重影响工作,经常头痛、头晕,头晕发作时天旋地转必须连续卧床三五天才能缓解,无论中医、西医都无能为力,如今上述病症基本消除,工作充满精力、生活愉悦享受。

回顾八年多的学习,每取得一点进步无不是在庄师精心指点帮助下取得的,庄师深入简出讲解拳理,一招一式拆解拳架,指导我们反复修炼不断提高,引领我们提升太极修炼层次。

不久我将进入退休人员的行列,很庆幸八年多的太极习练养成的生活习惯已经为退休生活做好了准备,在人生的下半场太极将永远陪伴我享受每一天。

# 心静是放掉拙力的起点

## （同好　炳）

蕴含丰富古典哲理、显现我国体育文化瑰宝的太极拳随着时代的进展,越来越受到人们的关注和爱好。

2004 年夏末秋初,公司在外地举办员工每年例行的业务培训。我有幸与庄师同室而居,并一起晨练。那时我虽有健身而锻炼的愿望,却无奈只能做些活动肢体之类的无序动作。我目睹庄师潇洒流畅的太极拳势、松柔舒展的动作,心里十分羡慕,从而滋生了习练太极的愿望。感谢庄师收留了我这个悟性不高的弟子,从此我步入了习练太极的幸运之路。

距今已将近七个春秋的岁月里,一群志趣相投的太极同好,不论是北风凌厉的严冬,或是暑气迫人的盛夏,一周一次集中练拳的约聚从无间断。记得那年适逢大年初一,是上海地区气象历史记载最冷的日子,同好们依然兴致勃勃地来到习练场地,仰望寒风呼啸的长空,环视挂满冰雪的树枝,依然微笑着陶醉于太极的神韵之中。这种锲而不舍的坚持是太极人特有的品性,也是对毅力的一种铸炼。

练拳初期,我动作僵硬、紧张迟滞、拙力缠身。庄师说我一辈子从事技术工作,动作太执着了。要求我放松,打拳就是在大自然中游泳。我经过反复多次的实践体会,凡是心情烦躁、杂念丛生,打拳时就无法意领形随,动作就受拙力支配而僵硬。只有在消除杂念、心神安静时,周围似乎形成一个无形的气场,动作就会自然松柔。在实践中我感觉到静是放掉拙力的起点。要想不落入仅是肢体动作的太极操,而是习练成意领形随、松柔自然的太极内家拳,应该脚踏实地从练拳时的心静做起,因为心神不静难有肢体的干净,宁静致远可促使拳术的进步。

先贤王宗岳在"太极拳论"中描绘的"由着熟渐悟懂劲,由懂劲而阶及神明"是一个十分遥远崇尚的圣境,那是太极人孜孜不倦习练追求的目标和梦想。练拳的过程是退去身上拙力的过程,也是从身不由己、引用地心吸力和他人之力的过程。就这一点讲,尽管我打拳时还有许多拙力,但却已进入退去自身拙力的过程了,这无疑是太极人的一种快乐和欣慰。

感谢庄师多年来对我的引导,使我的生命中增添了一项修体养性、其乐融融的终身爱好。

# 初 学 太 极

## （同好　康）

前年的 6 月 6 日师从庄老师学习太极至今，两年多时间，太极的健身功效在我身上逐步地显现。

以前由于长期快节奏的工作、学习、生活，尤以伏案工作为多，颈椎腰椎都有些僵硬，在年过四十以后，又有了失眠的困扰。其间，也尝试过跑步、骑车、游泳、打球等运动以期得到改善，但收效甚微，关键是这些运动皆因天气、场地等种种原因难以坚持。

师从庄老师学习太极拳，因不受场地、器械、天气等条件的限制，每天坚持小练形、大练形、八卦走转基本功的练习，加上太极拳招术的学习，身体的柔韧性明显改善。以前穿袜子很吃力，现在是轻而易举。舒活了经络，经络通则血脉通则百病无，睡眠质量大大改善，啤酒肚也明显减小。

学拳之初主要目的是为了健身，然而两年多来，慢慢领悟到学太极不仅是健身，更重要的是修心养性。尽管作为一个初学者要感悟到太极的精粹将是一个漫长的过程，但我会坚持的。

# 武 德 为 先

## （同好　彪）

本人有幸，蒙庄老师厚爱，经友人介绍，得以忝列门墙。学拳一年有余，略有感受，以为同行者交流。

我觉得学拳要有恒心。太极者，动如"行云流水，连绵不断"，学拳也要如"行云流水，连绵不断"，有开始，没有结尾。我看师兄、师姐，少则三四年，多则十几年，仍在一招一式仔细推敲，认真揣摩。深感太极的博大精深。

观看庄老师以前的录象，预习新学的吴式太极拳心法，再对比庄老师的现场教学，我发现，拳势中的一阴一阳、一开一合、一收一放等细微之处庄老师又有许多体会和改进。我觉得太极拳的基本拳理是不变的，但具体在打拳过程中的细微之处又因为各人的体会和境界不同而体现出差别。

对于我们初学的人，必须不急不躁，循序渐进。先搞个意会形似，以后逐步追求神似。所以坚持不懈，持之以恒，不求达到什么境界，只求坚持锻炼，以强身健体为目的，月有所进可也。

太极拳有两途，技击和健身。所以学习太极，就像学习其它武术一样，必须以武德为先。这方面庄老师已经为我们树立了楷模。他无私奉献，不仅身传言教，耐心辅导学员，还将自己数十年所学，辛苦做成分段录象，送给学员，挂在网上，供大家自学。最近，更是竭精殚智，写出了吴式太极拳的心法。他谆谆告诫我们，一定要按照心法学习太极，不学心法，不可能学好太极拳，即使新学的人，只要严格按照心法，就有可能赶上师兄、师姐。庄老师不收学费，不求回报，他的愿望就是将太极精神发扬光大，普度众人。所以我们学习太级，首先要学习他的武德，学习他的无私奉献、乐为大众的精神，虚怀若谷、谦谦君子的良好品德。这样才能学好太极，达到更高层次的领悟。

庄老师在教学中强调较多的是意想气和气团：双掌心有个小气团滚落肘尖；双手合抱一个大气团；涵胸怀抱一个气团等等……我觉得气是一个神秘的东西，"有缘会有气，无缘则无气"。只要工夫深，功到自然成。不积跬步，何以至千里。驽马十驾，功在不舍。就让我们跟随庄老师一步一个脚印，认认真真从基础学起，持之以恒，聚沙成塔，共同探索太极的奥秘。

# 持 之 以 恒

## （同好 炎）

经朋友介绍，我非常有幸认识了庄英豪老师。庄老师在太极、佛法等方面具有很深的造诣，去年春节以后，开始跟随庄老师学练"太极"。我学习"太极"的初衷是为了强身健体、修身养性。我身患"糖尿病"十多年，以前虽然也坚持经常参加各种锻炼活动，但练习"太极拳"使找到了最适合自己的一种能持久的锻炼方式。练习"太极"已快有两年了，我的体会是不但身体感觉比以前好多了，而且在工作中更多了一些淡定……

太极拳内涵深邃，庄老师的《行拳心法》强调的是太极拳要"以意催形"，更要重视神，在练习过程中恪守"动静相生、虚实交替、刚柔相济、阴阳平衡"的动作要点，但要做到这些是难！难！难！因此，初学者必须持之以恒……

庄老师的《行拳心法》为我们这些"同好"提供了一把开启太极之门的钥匙；而"太极同好"博客的创建，又给我们提供了一个能交流的流动课堂，使我们这些"同好"不管工作有多忙、身在何处，只要坚持，皆有练习的可能。

谢谢庄老师！

# 习练"太极拳"之感想

## （同好　洪）

计划写篇短文发表在庄师的博客上，拖了很久，正好这几天在东南亚开会，抽空写了点个人的感想。

认识庄师前就想学太极了。起因很简单，由于工作原因，出差非常多，几乎每周都飞出去，属于"空中飞人"职业。出差时间一般安排非常紧，往往开完一天的会，回到宾馆都已经晚上11、12点了，再去跑步游泳觉得力不从心。人近不惑之年，精力体力不如以前了，也需要保养自己。于是想学习一项健身的方法，随时随地都可以修炼。思来想去，太极是最好的了。机缘巧合，认识了庄师，提了几次拜师的事，庄师见我还比较诚心，遂答应了。

一开始跟庄师学的是杨氏老六路的宫廷秘传拳法。庄师不仅教拳，更注重心法。要求我们意在先，以意导气、以气催形，不用拙力，不理会呼吸，一切追求自然。庄师教得很细，每周教授一到两个动作，要求我们天天练习，并且不断纠正提高我们的动作和对意气的认知。一套老六路拳法，我用了半年多时间基本了解了心法和形体要点。学好太极拳是很不容易的，我现在每次看庄师打老六路，都有新的体悟。

我每天都习拳，少则一两遍，多则三四遍。出差时很方便，老六路对空间要求不高，在宾馆房间里打就好了。庄师教的小炼形、大炼形和八卦走转等热身动作也很有用，平时在办公室，或利用短暂的空闲时间，都可以练习，以增强身体的柔韧性和下盘的力量。

近一年的时间练习下来，感觉收益颇多。首先是身体的免疫和抵抗能力强了。由于经常到各地出差，寒暑温差很大，我以前容易感冒伤风。出差一直要多带衣服和药物。现在基本不感冒了。从上海到北京，即使温差很大，我一般也不用多带衣服，出门不会觉得冷。有时偶尔在外面呆久了，感觉寒气入体的话，意气一动，手心就热了，或者晚上回宾馆打两趟拳，打几个喷嚏，寒气就排出去了。现在出差行李少了很多，不用多带衣服，也告别了"泰诺"。

我患有腰间盘突出症数年，坐或站的时间长了，腰部以下时感不适，有时疼痛袭至膝盖甚至脚踝以下，病发的时候，一两周都要在床上休息，给生活工作带来极大不便。练习太极后，感觉有了很大改善，现在久坐或久站不会感觉不适了，偶尔有时候用力不当、感觉不适时，平躺片刻然后打儿趟拳，会感觉好很多。太极拳儿乎所有动作都有腰主宰，所以在练习过程中，不知不觉中对腰部起了很大的锻炼和改善作用。我现在的腰就比原来柔韧了许多。

现在在跟庄师学第二套拳法，吴氏太极拳，学了近一半了。每天基本一遍杨氏，一遍吴氏。"曲不离口，拳不离手"，感觉练拳要坚持，持之以恒，一定有所收益。希望越来越多的人加入太极的行列，发扬这一项中国宝贵的修身健体的传承。非常感谢庄师，也希望庄师把自己的太极之道传播给更多的弟子。

# 感 悟 太 极

（同好　峰）

我一直对我国传统的东西很感兴趣，如京剧、国画、书法等，还有就是中国功夫——太极，但一直苦于没有找到合适的老师。今年（2012 年）4 月，我远在美国的亲戚居然来电告知我，他的太极老师将开课教授孙式太极拳的信息，当听到这个消息我顿感兴奋，此乃我梦寐以求也。当即表示一定要学。

四月的一个星期天，我如约来到了授课现场，这是一个小区的广场。第一次见到庄老师和各位同学，其中有已经跟庄老师学了十年八年的师兄师姐，也有和我一样的新生。早有耳闻庄老师不仅是太极高手，更是对佛学研究颇深，见面果然不同凡响，其精神抖擞，声音洪亮，慈眉善目。庄老师首先给我们介绍了孙式太极的发展演变过程及太极拳论，"太极者，无极而生，阴阳之母也"，这是我第一次听到关于太极的理论。我的习拳之路由此开始了。

庄老师教拳可谓是认真至极，一丝不苟。每周会把拳路心法发到每个学员邮箱，并引入了气球和气团的概念。每一招，每一式都要求做到准确到位，要求我们在练拳时一定要按心法专注大气团和小气球的转换。

庄老师教拳分文不收，但不管是盛夏酷暑还是阴雨连绵，每周一次团练教拳从不间断。我想这可能就是佛教的普度众生吧。跟庄老师学拳，让人受益匪浅的是不仅仅学到了强身健体的太极拳，更是在练拳的间隙，庄老师会讲到很多人生哲理，让人的精神世界得以提升。

作为一名太极爱好者，我感悟到太极蕴含了太多的内涵，对初学者来说首先要把拳架学好，一招一式动作一定要做到位。就像小时候学书法，开始练字时一笔一画从规矩的字体结构学起。如写描红簿。在规范字的基础后，才能融入自己的思想和情感，天长日久，慢慢地就能在你的字体中表达出力量和风格。这是一个从量变到质变的过程。这种变化不是凭空产生的,正是因为有了当初的规范,才能体现出变化的意韵。俗话说:拳不离手,曲不离口。每天要花时间练习,默诵心法,意领形随把动作做连贯。同时我把自己打的拳摄下来对照老师的视频,从中找出不足,加以改进。日积月累相信这样练出来的拳一定是有内涵的,一定是有别于"太极操"。

练太极可以使人放松心情,虽然学拳时间不长,不可谓已入门,但已受益匪浅。由于单位较远,早上很早出门,所以我就把练拳放在晚上。现在的人工作忙,压力大。但每天晚上练拳是必须完成的功课,虽然回家已深感疲惫,可每当我站在小区的花园里,虚领顶劲、两眼收视,在做太极起式时,我的心境立刻就开始平静下来,随着动作的延续,我仿佛已脱离凡尘,如入仙境,自我陶醉,此等享受只有己知。身心放松了,一天的疲劳也就自然离我而去。

中国太极的历史源远流长,实在是深不可测。记得第一次上课,庄老师就提到要学好拳就必须要有:决心、诚心、耐心、恒心、韧心。书痴者文必工,艺痴者技必良。练太极,学做人,在喧嚣浮躁的世界里让自己变得淡泊和豁达,太极——我人生的不可或缺。

# 初 遇 太 极

## (同好 屏)

一个偶然的机会,听朋友讲起庄英豪老师,于是,今年初夏的一个清晨,我来到上海西南的一个小区,有幸认识了庄老师和他的太极拳。

晨曦中的庄老师,身姿挺拔、鹤发童颜、满目慈爱。听他娓娓道来:"太极者无极而生,动静之机,阴阳之母也;学太极,意先形后,身随心动,内外合一,收放自如;习太极,旨在追回健康,寻求自在;静心、恒心、主动心,心法是踏进太极之殿堂的钥匙……"柔和的音乐声中,庄老师行拳舒展,刚柔并兼,行云流水,身心合一,从那一刻起,我喜欢上了太极拳!

在随后的日子里,庄老师悉心教导我们拳术心法,从走八卦、小炼形、大炼形开始,到孙氏九十八式,无论酷暑严寒、风雨无阻。每逢周末的清晨,庄老师不厌其烦地为我们讲解要领,纠正动作,传授心法。渐渐,太极进入了我的生活,改变了我的生活。

我是一名高校教师,伏案工作较多,爱静不爱动,颈椎酸、腰腿痛、失眠是常事。开始学习太极后,我在工作之余,一有空就练拳。起初,一套练习做下来腰酸背痛,但坚持三个月后,体质有了明显的改观,不仅颈椎腰腿不再酸痛,睡觉比以前香,而且,以前常常感冒的我,现在很少生病,连过敏性鼻炎也好了许多。

更重要的是,习拳之余,庄老师还常和我们聊一些生活、工作的道理,当今社会,生活工作压力大,不免有心燥气浮之时。太极拳的自然流畅、安静松弛,教会我们在生活中舍去计较和争斗,体会随意和顺势,从浮躁和繁华中解脱,从而获得更多空间和领悟,感受生命的和谐与愉悦;拳法还讲究以静制动、以柔克刚,当遇到困难时,不强求和不生硬,学会顺势和借力,进退自如、转换有余,扬长避短,四两拨千斤,不断充实自己,养性修身,工作也顺利多了!

虽然我只不过是个太极拳的初学者,但太极带给我的不仅是身体的健康,还教会我提升智慧、超越自我、积极人生!

这就是我的太极,我爱太极!

# 其实,他并不完美

## （同好 燕）

其实,他并不完美。

他有点小资情调,他有点审美洁癖,他还有点过于追求低调奢华的生活品质。

他有点率性而为,他有点兴趣盎然,他甚至有点与年龄极不相符的精力过剩⋯⋯

但他,又始终坚持一些本分——

谋生时,他是投资并购和资产评估专家。

生活中,他是太极的爱好者更是研修者。

生命里,他是藏传大手印佛法的追随人。

他走南闯北阅历丰富,又从不以长者而自居自傲。

他善于总结实践经验,又长年教学不屑以此谋益。

他广交朋友乐于分享,又珍惜繁华背后寂静淡然。

他做事尽心了事干净,又对人有情有义常怀感恩。

他热衷冒险自助旅行,又一直在追求心灵的安宁⋯⋯

他总是尝试——把管理经验、太极理念、佛学哲思、人生体悟等融会贯通。

他还真的因此就归纳出,于其于人都受益匪浅的许多"通感"。

他就是本书的作者——庄英豪。

而我……十多年前，就有缘与他相识。

近年，又欣然"混迹"于他那些正宗的"太极同好"们中间，是个既缺少先天慧根又不能后天勤奋的学生。

除了确有用"舍己从人、以柔克刚"等太极理念，指导提升处事和处世的适应力之外，拳法上，实在是无颜面师……

但凭着庄老师的广阔思路和乐观心态，估计也早已发现了一个"无用之用"，因为，我恰能向后来的"太极同好"们充分明证并警示——"师傅领进门，修行靠个人"，还真是一条至理古训。

自视的确无力讨论习练太极的感受，不如任性地彻底跑偏主题，
与有缘读到这本书的你，分享我认识庄老师这么多年来的感受。
或许，能给这本认真严肃正经有余的书籍，带来一点小小的温情感，
也或许，以此可以拉近，你与作者之间的距离。

毫无虚言，
他实在是一位有心有愿有行动，有知有慧更有坚持的，孜孜不倦的修行者。
所幸的是，
他虽然始终追求完美，但尚未完美——他，也在路上……
也因此，才有机会，让我们一直同好同行。

如果有缘，不如，你也来吧……

# 第一章

## 认识太极拳

了解太极拳理论，才有可能把握太极拳精髓。陈鑫大师在《学习须知》中写道："学太极拳先学读书。书理明白，学拳自然明白。"这也是我三十年来学练太极拳的重要心得。

理论的三重内涵表明：理论不仅是解释性的，而且是规范性的；理论不仅是实践性的，而且是超实践性的。太极拳的理论是人们认识太极拳的积淀和结晶，是规范人们学练太极拳的概念系统。太极拳理论能够让你把握到学练太极拳的"规律"，指导你在学练太极拳的过程中"做什么"、"怎么做"及"不做什么"，从而"缩短"你学练太极拳的"路程"。

多年来，我研读了不少古籍经典拳论与当代太极拳大师、名家的精辟论述，现摘录其精要，并糅合笔者的学习心得，提纲挈领汇编成这个章节。希望对准备踏进或正在踏进太极拳殿堂的太极同好们，在"认识太极拳"时有些帮助。

# 第一节　太极之定义

太极宗师王宗岳著作的《太极拳论》卷首就开宗明义曰："太极者，无极而生；动静之机，阴阳之母也。"

## ● 太极者，无极而生

老子的《道德经》第一章有云："无，名天地之始；有，名万物之母。"

天地之始，出于虚无；混混沌沌，无形无象。这"无"的状态又蕴藏着生出天地万物之"有"的能力；待吐气布化，元气混而为一，即成太初，太一也；故老子云：道生一，即此太极也。（孔颖达《太极元气论》）这太极是一，是谓"有"了。

## • 阴阳之母

根据《道德经》的说法，宇宙的规律是"道生一，一生二，二生三，三生万物。" 这太极是一，是"有"了；而这"一生二"的"二"又是什么呢？《系辞传》又有一说："无极生太极，太极生两仪，两仪生四象，四象生八卦。"这两仪即是阴与阳。故太极既不是纯阴也不是纯阳，是孕育着阴阳的母亲。宇宙间的一切事物和现象都包含着阴和阳，以阴阳二气造化万物。

《阴阳学说》述："阴阳对立、阴阳互根、阴阳消长、阴阳转化"，揭示了阴与阳之间的相克、共存、相生、转化的规律。太极拳修炼的就是这"一阴一阳谓之道"，其阴是意之隐，是虚、是空、是静、是开、是柔；其阳是形之显，是实、是动、是合、是刚。太极拳行拳中必须充分体现阴中有阳、阳不离阴、阴阳相济的深刻内涵，如此才能识得太极拳之真谛，获太极拳之功夫。

故太极拳强调："练拳须从无极始，阴阳开合认真求。"

## • 动静之机

何谓太极拳中的"动静之机"？

动为阳，静为阴。太极拳行功走架体现着"静极生动，动极生静，循环往复"的相互转化的规律。

"机者。阴阳未分，未有动静。即是无声无息，无形无象。在应用时，工夫高者，皆能知机、能造势，所谓无中生有、乘机而动。功夫下者，不知机，故不得势。"（《太极拳讲义》，吴鉴泉）故其"机"即为动静变化之枢纽，也意味着太极拳的行拳内蕴着动静相济的祥和状态。

# 第二节　太极拳之精神

笔者通过阅读余功保老师编著的《盈虚有象》前言中的"太极拳的精神内涵"之章节,对太极拳的认识有了更高的升华。余老师认为:"习太极者当深入领会(太极拳的精神)"。太极拳的精神是"人品"与"拳品"的综合体现;太极拳之精神亦是习练太极拳者之要旨。笔者不敢妄自表述"太极拳之精神",以摘录余老师精辟独到的专述与读者分享,以触动读者,提升对太极拳精神之认识。

太极拳之精神:

**其一,德。**

天地无,德居其中。天下之大,有德居之。拳学之浩渺,有德取之。

拳的德乃拳之修为,修养有多大,就有多大的可为。

太极拳的德包括尊重生命、尊重自然规律、尊重人伦、主张和平、扶立正义、尊师重道、提倡积极的社会价值观等。

太极拳秉天地之德而生,纳阴阳和谐之律,成顺随通达之变,内培本元,外应生机。

不立德不可为太极。

**其二,勇。**

敢为天下先,又不为天下先,张弛有度,大勇若怯。

太极拳之勇,不是鲁莽的躁动,而是有所为有所不为、以退为进、以柔克刚的章法。勇以仁为基础,"仁者必有勇"。

不畏强暴,是中国武术的传统性格;不畏强暴,是中国武术的行为规范。

太极拳培养的是智勇兼备的坚强性格,是克服困难的有效手段。

不具勇难以为太极。

**其三,慧。**

太极拳是"变"的智慧。世界充满着变。天地间唯一不变的就是"变化"。既然我们改变不了变化,那就从容面对。冷静地面对就是"定",定下心来,看得明,看得清,于是生"慧"。

真正的太极拳家不惧怕变化,在他们眼中,凌厉、快速的变化招数清晰在目,引进落空,随曲就伸,接之,化之,发之。这就是进入了"慧"的层次。

掌握了变化的规律,对生命的演进、变化也会有客观、科学的应对,不断提高自己的健康水平。"我命在我不在天",太极拳健康的主旨在于从我练起,从内心修起。

太极拳的大智慧表现之一,就是体察并弘扬了静、柔的作用。无为而为是太极拳的智慧特征之一,通晓的旷达与超然,那不是漠视,而是热情如火,升华为水,滋养万物的温润。

拳以载道。太极拳的慧体现在对自然规律的透彻理解,它融合了兵法、中医、易学、中国古典哲学的精华,其健康的原理、方法、方式,是人类智慧的结晶,可称为世界第一健康运动。

不通慧不足为太极。

**其四,情。**

太极拳之情,深如海,博如天,海天一色,大地春风。拳行处,便是情漫处。

太极拳有情,乃天地之情。道法自然,合于自然,物我相随又物我两忘。忘的是形,随的是情,情到深处情在心,浓情融化,便成细细涓流,在四肢百骸之中。

拈花一笑,情满人间。

太极拳的情是人和人心的和谐沟通,包括情感、志趣、人伦、个性、性情、修养、宽容、宽厚、畅达、乐观。

太极拳的情是从心底油然而生的一种亲和。澎湃是一种情,平和也是一种情,但太极拳充满更强烈的感染力、亲和力。

不钟情不会为太极。

**其五,"和"。**

和谐是能量消耗最低的一种状态。对于身心,和谐则平衡健康;对于社会,和谐则稳定有序;对于自然,和谐才能长久而可持续性发展。

"和生万物"是中国最重要的哲学思想之一。《老子》云:"万物负阴而抱阳,冲气以为和。"对于一个系统中诸多因素的综合考究,对一个事物的各个属性的全方位平衡,就是"和"的整体性思维的精神内质。

"和"必须是阴阳相合融合,单纯的一方不能构成"和"。太极拳所创造的就是阴阳共处的和谐结构,这种结构的具体表现就是太极拳势、拳架。

太极本身就是阴阳的对立统一,对立统一就是和谐。既合二为一,又一分为二。

太极的和首先是知己。"我守我疆",然后是化解矛盾,之后是达到统一。和谐是不同因素在同一个系统中合理、融会通达、稳定的共处,消除对立与隔阂。

和谐是一种立体化的思维。太极图是一种立体化变化的图示,五行生克是一种和谐模式,八卦循环也是一种和谐模式,太极拳势就是阴阳和谐的意象表达。

不和谐不能为太极。

# 第三节　太极拳之功能

太极拳是一种武术流派,它固然有着技击攻防的功能;但随着当今的社会人们对健康越来越担忧,健身的愿望也越来越强烈,太极拳作为一个行之有效的健身项目已被流传到一百多个国家,太极拳已成为全世界认同的一种健身方法。

世界卫生组织认定健康的四个标准是生理健康、心理健康、社会适应健康、道德健康。太极拳不仅是对生理健康有着强身健体的作用,而且懂得太极拳真谛的拳者一定还是修身养性的修行者。修身养性才是实现心理健康、社会适应健康和道德健康的捷径,而习练太极拳是一种直接的修身养性方式。

太极拳蕴涵着丰富的东方文化哲理,被称之为"哲拳"。太极原理可运用于人际关系的处理及企业、社会的管理。不追求深奥内涵的人也可把太极拳当作一种健身而又娱乐的形式,随着太极拳产业化的开发,其效益功能也正在逐步显现……

欣闻,在90年代初,美国宇航员就在太空舱内打太极拳以解决失重问题,可见太极拳神功的潜力是无可估量的。

## ● 太极拳的健身功能

### ① 运气动血

我国的医药经典说:"气为血帅,气行血行。"气血的调和通畅是人体健康的关键。从养生的角度说,能运"气"动"血"的,才是最好的运动项目。孙式太极拳创始人孙禄堂宗师云:"太极即一气,一气即太极。以体言,则为太极;以用言,则为一气。"又说:"人身养命之宝是气和血。理气之机为肺,理血之机为肝。气为先天,血为后天。故气在前,血在后,血无气不行。"太极拳练的就是为血之帅的气。太极拳意领形随、气随意走,进而推动血液运行。实现"气遍周身不少滞"。太极拳以虚静为本,静心养气,有利于心血的濡养和心神的安宁。所以就运动的健身效果而言,太极拳是当之无愧的最佳运动项目,是最理想的健身方法。

气为何物? 中医学认为气是人体生命活动的最基本的物质,是不断运动着的具有很强生命力的精微物质。

以气的生成分类为:

先天之精气——即受之于父母的先天禀赋之气；

水谷之精气——即饮食水谷经脾胃运化后所得的营养物质；

吸入之清气——由肺吸入自然界之清气。

以气的功能分类为：

元气——是人体生命活动的原动力。元气由先天之精所化成，并受后天水谷精气不断补充和培养，是维持人体生命活动的最基本物质。

宗气——是水谷精微之气与吸入之清气结合而成，积于胸中，其功能一是上行息道以行呼吸，二是贯注心脉以行气血。

营气——运行于脉中，由脾胃运化的水谷精气所化生，具有营养作用的气，其功能为化生血液、营养全身。

卫气——运行于脉外，也由脾胃运化的水谷精气所化生，具有保卫作用的气，其功能为防御外邪入侵，温养脏腑、肌肉、皮毛，控制汗孔开合。

太极拳则将元气、宗气、营气归成内气，将卫气归为外气，通过养、蓄、运、使四个方面来练气养生。

《黄帝内经》告诉人们："女子35岁起，阴阳经脉的气血衰退；男子40岁起肾气衰退。"其原因是"先天元气渐消"，而太极拳术顺逆阴阳之理，起点体内中和之气，培补人体之元气。故《太极拳谱解》云："天地为一大太极，人身为一小太极。人身为太极之体，不可不练太极。"

习练太极拳，可补充人体生命活动的原动力，是人衰补气的最好运动方法。

**② 疏通经络**

经络是经脉和络脉的总称。经，有路径之意。经脉贯通上下、沟通内外，是经络系统的主干。络，有网络之意。络脉是经脉别出的分支，较经脉细小，纵横交错，遍布全身。经络的生理功能为"经气"，主要表现在沟通表里上下，联系脏腑器官；通行气血，濡养脏腑组织；感应、传导、调节脏腑器官的机能活动。

常言道："（经络）通则不痛，不痛则通"，而太极拳以通任脉（注1）督脉（注2）为基础，要求"以气运身，如九曲珠无微不至"，又讲"运之于身，发之于毛"。故而通过太极拳的内外相

---

注1：任脉起于胞中，下出会阴，向上前行至阴毛部位，沿腹部和胸部正中线直上，经咽喉，至下颌，环绕口唇，沿面颊，分行至目眶下。与督、冲二脉皆起于胞中，同出"会阴"，称为"一源三岐"。任脉与六阴经有联系，称为"阴脉之海"，有调节全身诸阴经经气的作用。本经腧穴主治腹、胸、颈、头面的局部病症及相应的内脏器官疾病，少数腧穴有强壮作用和可治疗神志病。

注2：督脉为人体奇经八脉之一。督脉总督一身之阳经，六条阳经都与督脉交会于大椎，督脉有调节阳经气血的作用，故称为"阳脉之海"。主生殖机能，特别是男性生殖机能。督脉起于胞中，下出会阴，后行于腰背正中，循脊柱上行，经项部至风府穴，进入脑内，再回出上至头项，沿头部正中线，经头顶、额部、鼻部、上唇，到唇系带处。

合、上下相随、相吸相系、导引吐纳,自然而然地调节了经络气血,使之运行流畅无滞,使气由经络 — 经筋 — 皮部,由里及表,由表至里,无微不至。久而久之,可改善人体循环和脏腑之间的联系,加快人体新陈代谢,从而达到身体健康的目的。

③ 改善体能

练习太极拳要求全身放松、意识集中、以意行气、以气运身。使大脑皮层进入保护性抑制状态,消除大脑疲劳,活跃情绪,恢复神经系统的平衡,从而直接影响内分泌的平衡和免疫力的增强,提高了人们对疾病的抵抗力。

太极拳要求"用意不用力",其势如江海河水,滔滔不绝,用劲如蚕吐丝,绵绵不断。这种缓慢柔和的运动,会促使血管弹性增加,毛细血管增强,加强心肌的营养,同时可以稀释血液。因此,太极拳对于预防心脑血管疾病是一个理想的手段。

太极拳要求采用腹式呼吸,呼吸保持深、长、细、匀,并且与动作协调,这就使呼肌(横膈肌和肋间肌)得到很好的锻炼,加强呼吸深度,增大肺活量。同时,由于腹式呼吸,腹压变动增大,使下部的静脉血更快地回流到心脏,从而加快了血液循环,促进了新陈代谢。

腰为一身之主宰,太极拳强调松腰,然后两足有力,下盘稳固,虚实变化皆由腰转动。故曰:"命意源头在腰际"。腰的转动幅度大,带动胃、肠、肝、胆、胰作大幅度转动,对于肝、胆起了按摩作用,可以消除肝脏淤血,改善肝功能;同时,加强胃肠蠕动,促进消化液的分泌,进而改善整个消化系统。习练太极拳时,还要求舌顶上颚,使津液频生,徐徐送入丹田,对于助消化、养容颜均有好处。

有俗语说:"人老先老脚"。脚的状况标志着一个人的健康状况。太极拳要求分清虚实,步法稳健,动作轻灵,迈步如猫行,这对双脚的骨骼、肌肉、韧带和膝关节是很好的锻炼,能提高关节和韧带的灵活性和柔韧性。我们常说太极拳是"一只脚"的运动,它经常是一只脚独立支撑全身,脚踏涌泉穴,通过足底反射区的按摩,刺激位于神经末梢,使神经系统得到调节,从而达到体内各器官系统之功能平衡。

就美国老年人而言,摔倒是其最严重的健康问题之一。大约30%的65岁以上的老年人,一年至少摔倒一次,其中10%—15%的摔倒会导致股骨或其他部位骨折,进而促使老年人整体健康的恶化。为此,美国华盛顿大学医院的科学家通过以持续时间10周到9个月,以各种锻炼形式的锻炼结果作相应比较发现:太极拳的效果最好,使年龄在70周岁以上的老年人摔倒的可能性下降了25%。科学家们指出:动作舒缓,注意平衡的太极拳或许能帮助老年人意识到自己的体能、灵活及耐力的极限,使其在行动中更为小心,达到防止摔倒的目的。

### ● 太极拳的修心养性功能

#### ① 心性是什么

心性中的"心",特指"本心"、"本元心",不是一般心理学意义的心,心性中"性",特指"本性",不是一般"性别"、"性质"的"性"。那么其"本心"与"本性"又是什么?

仅次于孔子的儒家代表人物孟子所倡导的心性论告诉我们:"以性善为基础,以心性不二为核心,以天人贯通为特征。"心性论的确立,其重大的意义在于它将人与天、自我与外物沟通联结起来,从而将宇宙、人生打成一片让人的本性返回先天本性。

当你的"本心"与"本性"融为一体时,你就修得"明心见性"的佛果或证得"道法自然"的道果。你将真正实现你的身与心的和谐、你与他人的和谐、你与社会的和谐、你与自然的和谐。到那个时候,你主动遵循宇宙的规律,行万事皆自然流畅,并且宇宙的能量皆被你所用,无往不利。

#### ② 太极拳的"贵自然、求虚静、重养气、尚直觉"

邱丕相老师著作的《中国太极拳对人的修心养性价值超论》一文中对"太极拳是人生修为的有效之途"作了完整、精辟的论述,笔者摘录其精要段落介绍给读者。

**贵自然**——太极拳是受中国传统哲学影响最深的一个拳种,其所依附的阴阳学说是东方的宇宙本体论和认识论。自然界周而复始,由无极而太极,阴阳对转,化生万物。其核心是"天人合一"观,强调人与自然同样对应,自然是一"大太极",人身是一"小太极",两者应当和谐,人应"道法自然"。

太极拳正是以"道法自然"为指导思想,技术上要求松静自然"全身处于毫无牵制"、"动静作势,纯任自然";运行中,以意导动、圆活流畅、随曲就伸,做到"屈伸开合听自由"(《十三势歌》),遵循自然而不任意作为。

太极拳中的虚实、开合、刚柔等变化,处处包含了阴阳对转,故"习太极拳须悟明阴阳要义"(《武式太极拳的走架打手》),使人与天有浑然相通之妙。

以顺乎自然、天人相通的观念来行拳的太极拳,使人在精神上处于一种空明的"无人之境"的心态,与大自然静静地进行心灵交流,这种和谐不仅可以排遣忧虑、忘掉烦恼、抛却浮躁,还可使人的身心升华至一种轻松自如的境界,对陶冶人的风仪、格调、内在心境是颇有裨益的。

太极拳在行拳中还强调"中正"、"不偏不倚"、"无过而无不及"的适中,讲究实中有虚、虚中有实、柔中寓刚、动中求静、阴阳相生、浑然一体,达到一种中和的完美,把人的和谐观念纳入一个新的框架。

**求虚静**——老子提出："致虚极,守静笃"、"不欲以静",希望人注重道德修养,企求内心清净,也导致了太极拳主静贵柔的拳理的出现。

太极拳练拳前首先要入静,心静才能体松,练拳时"先洗心涤虑,去其妄念,平心静气,以待其动"(陈鑫《太极拳论》),使人的身心处于极宁静、极松脱的状态。最后达到"以静御动"、"虽动犹静"、"以一法应万法,化万法为一法"的"神明"阶段。练太极拳而进入一种无干扰、无欲念的宁静之中,会获得清心悦目的最佳情感。在当今节奏如此强的社会中,太极拳以静心养性、动中求静的运动方式,作为一种与之平衡的高情感活动,是非常可取的。

笔者深深体会到,习练太极拳是在造就一种从容淡泊、虚怀若谷、恬静无欲的平和心境,也是陶冶情操、升华人格、提高思维效率的有效方法。

习练太极拳求虚静,而虚静是修心养性返回先天本性的必要条件。

**重养气**——"人之生、气之聚也,聚之则生,散之则死"(《庄子·知北游》),"长生之要,养气为根"(《天隐子》)。从养生的角度,气被视为生命之本原。中国的太极拳集技击、养生、哲理于一身,从实践到理论,从观念到方法,都十分关注气,注重运气、练气、养气。练太极拳要求"气沉丹田",呼吸要匀、细、深、长,自然平和,"绵绵若存,用之不勤",尚属气息的调养运行。

《十三势行功心经》中对太极拳的气做了精到的开示:"以心行气,务令沉着,乃能收敛入骨。以气运身,务令顺遂,乃能便利从心。"这里的气指的正是心意、精神,使气如九曲珠遍及全身,无微不到,并非以力使气,全身"意在神,不在气,在气则滞"。正是这种主观精神,心境贯于行拳之中,太极拳才会达到"外示安逸,内宜鼓荡"、"气如车轮",做到"心为令,气为旗",才会"牵动往来气贴背"、"腹内松静气腾然"。

太极拳把人的心理 — 生理 — 人生哲学连在一起,把心理平衡 — 延年益寿 — 生活情趣融成一体,人生哲理与太极拳的养气蓄神统一起来。哲学为太极拳提供了宇宙观、人生观的理论基础,太极拳为人生哲学提供了具体实践方式,实现人的身与心的两个健康。

笔者曾阅读的太极拳的古老歌诀中就提出:"详推用意终何在? 延年益寿不老春。""春者,万物资始,元始也。一是喻人生理生机勃勃,二是喻人心理返回先天本性。"

太极拳是一种不可多得的体育形式。

**尚直觉**——中国传统思维的一个重要特点是重整体、重直觉,主张认知方式与修养方式一致起来,把本体论、认知论、道德论三合为一。老子主张"为道",以无欲之心直觉万物规律;朱熹提出了顿悟式的直觉"致知在格物",积习既久,就能豁然贯通。太极拳拳谚中说

"拳打千遍,神理自现",太极拳在学习认识的过程中,主张由自然入手而至虚实,把握阴阳和谐变化而明劲法,求虚静而懂神明,最后达到一个无形无迹、出神入化的最高境界。要求由熟而悟,由悟而通,渐熟渐悟,"一旦无障碍,豁然悟太空"(《太极拳全书》)。

在日常生活中,直接的直觉顿悟往往是短暂的,而太极拳则把它延长为一种持久的意识,通过体悟,使"贵自然"、"求虚静"、"重养气"、"尚直觉"在整体意识中得以体现。

"当人们按照自然的程序自然地采取行动并信赖他们直觉的知识时,就会获得人类的快乐"(《现代物理学与东方神秘主义》)。

## ● 太极拳的技击功能

### ① 太极拳是一种武术

太极拳本是一种武术,是武术就必须讲技击。太极拳技击的形式有推手、揉手、散手。

### ② 太极拳的技术特点与"反者道之动"

提及太极拳的技击,笔者非常赞赏姚继祖老师在《太极拳的技击特点》一文所论述的观点。姚老师述:太极拳技击的出发点是为了自卫,研究的是弱者在守势时制服强敌的技法,所以树立的是在"引进落空"的基础上"牵动四两拨千斤"、"借力打人"的战略思想。其技击特点,概括起来不外乎"以静制动"、"以柔克刚"、以慢打快、以退为进、以小胜大,而这一切皆是在柔和静的主导下进行的,皆是道家"反者道之动"思想的具体应用。"反者道之动"的意思是:"事物的运动和发展,都有着向着其反方向转化的规律。"这一辩证真理的应用,才使太极拳有"以弱胜强"、"耄耋能御众"的可能。

### ③ "静"在技击中的作用

"静以含机,动以变化"、"动中寓静,静中触动"。"静"是方法,"动"才是目的,静是为了更有效的动,这就是"以静制动"。太极拳的每一次技击,都是在从静到动的转化中完成的。这就是"反者道之动"。

### ④ "柔"在技击中的作用

"以柔克刚"是太极拳技击的核心。老子认为:"天下至柔,驰骋天下之坚",太极拳的"柔"并不是退缩、保守,而是柔而不软、韧而不折,行功时的松、稳、慢、匀、连绵不断是柔,技击时的"舍己从人"、"沾连粘随"、"不丢不顶"、"随曲就伸"是柔。"柔"只是手段,其目的是为了"克刚",积柔成刚。"极柔软,然后能极坚刚"其效果是小之胜大、弱之胜强、一击成功。所以"以柔克刚"也是"反者道之动"。

笔者的儿子自幼接受少体校的排球运动训练，成年后也不间断地健身锻炼，有一天，儿子对我说："老爸，太极拳软绵绵、慢悠悠练不出力量，还是给您买张会员卡，到健身房去锻炼。"我笑笑说："你站好，两手放在大腿两侧，我将用手轻轻按住你的手腕，看你能把我起动吗？"儿子按我的说法做了，但不管全身如何用力，我轻轻柔柔按住他的手腕，他就是无法使力。接着，我们又对换角色，他以同样的姿势用手按住我的手腕，他的手一用力按我的手腕，还没有得到感觉，就被我一个"起势"发出去，倒退了数步。他连声说："不对，重来，重来。"接下去我连续不费力地"发"了他六次，这身高一米八七，体重九十公斤的躯体一次又一次地被弹出去。儿子叹服了，说："这太极拳真是不可思议。"太极拳是武术，它就是具有"小之胜大"、"弱之胜强"的技击功能。

读者如有兴趣进一步了解太极拳的技击功能，笔者推荐你上"百度"搜索观看由CCTV4频道"发现之旅"节目曾经播送的视频《最高境界的格斗术》。这部视频拍摄的内容是：由国家体育研究所运用现代科学仪器和最先进的科学理念，以陈式太极拳十一代传人张志俊为例开展历史上第一次对传统武术太极拳的综合科学测试，数据显示张志俊的力量虽然与其他对手差距巨大，但是他却能施展出惊人的格斗力，这结果完全颠覆了现代竞技体育的理念。

# 第四节　太极拳之文化元素

太极拳研究专家余功保老师接受记者思成的采访《谈太极拳十大文化元素——运动与精神》(《随曲就伸》)是笔者所阅读的关于以"太极拳是一种文化"为题材的文章中最深邃最完整的论述。限于篇幅,我只能提纲挈领摘录如下为读者作个指引:

① **太极拳的社会性**

"太极拳从深层上讲是揭示人的一种生命状态,这种生命状态是综合性的因素合成,是社会性的。""状态是个完整的东西,是内外合一的,是精神和形体的融合,太极拳在这一点尚是个典范。"它强调形神合一,要练动作,练内功,练感觉,练精神。更重要的是它把这些状态"推广延伸到社会生活的许多方面,与许多社会因素相关联,这就是它的社会性,也是开放性"。

② **太极拳的哲学性**

哲学是太极拳身上最深的"印痕"之一,因此也有人将它称为"哲拳"。从技术上来看,太极拳处理的是一对对矛盾元素,如内外、开合、虚实、攻防、练养等等,统称为"阴阳"。太极拳的运动规律就是阴阳的变化法则。太极拳更强调"立"的成分,而不是"破";更强调"柔"的成分,而不是"刚";更强调"曲"的成分,而不是"直"。这说明它更注重方法以及对方法的研究,来期望达到更好的效果,更注重了思考和体悟。这是太极拳的大的哲学背景。

③ **太极拳的艺术性**

西方人把太极拳叫做"东方芭蕾"。太极拳的艺术性集中体现在两个方面,一是它本身具有艺术表现力,观看好的太极拳演练可以受到感染,觉得架式优美,造型生动,还可以感受到内在的向上的激情,健康的生活信念,对大自然的热爱,对人的尊重、宽容等。而练习太极拳的人如果沉浸其中,也有进行艺术创作的机会。太极拳的艺术性一方面是造型上的,还有精神层面上的。第二是太极拳提供了很多其他门类可以借鉴的元素,它的理论、技术、美学架构都是可供借鉴的题材,它对于节奏的处理,对于人的内在潜力的挖掘,都有很强的艺术创作、发挥的空间。

④ **太极拳的医学性**

太极拳与中医在理法上是合一的,与现代医学也不矛盾。"练拳不练功,到老一场空",这个功既是技击的基本功,也是养生的内功。太极拳吸收、融合了中国古代很多种养生术,如导引、吐纳,它的很多动作就是导引动作,在呼吸上也有很多调节的办法。现在一些医院、康复院、疗养所把太极拳作为辅助医疗手段,是古为今用的好例子。

⑤ **太极拳与军事**

太极拳和军事的关系是天然的。古代军事家运用太极拳等武术直接训练士兵的个体技击素质,另外将拳法中的对抗思想也注入兵法中。太极拳讲听劲。王宗岳说:"人不知我,我独知人",就是兵法所云"知彼知己,百战不殆"。太极拳论中阐述的"静中触动动犹静,因敌变化示神奇",就是兵法中"因敌而制胜"观点的展开。如果我们把孙子兵法和太极拳论作仔细对比可以看出惊人的一致。

⑥ **太极拳与宗教**

中国古代宗教对太极拳的影响是间接的。禅宗对少林拳的影响较大,所谓"拳禅合一"。少林拳应该对太极拳的发展成熟起到一定的借鉴作用,早期的太极拳也有很多刚猛的成分。道教比较多地涉及到养生,它的关于练养学说也得到一些太极拳家的研究,其人与自然的关系的认知对太极拳也有所启发。儒学思想在伦理上的影响比较大些,在练拳规范上也有一些痕迹,如"立身中正"、"不偏不倚",有一定的儒学色彩。

⑦ **太极拳与文学**

"文为心声",文学的作用在于发现和发掘,它应该对关于人的大的主题和细微的体验有足够的热情。太极拳在三方面给文学提供了足够的物质和精神载体,一是关于自身的体验,特别是关于健康状态;二是关于社会的体验;三是关于自然的体验。很多拳论是非常中国化的文学,有的是精致的古体散文,有的甚至是典型的骈文或律诗,读来朗朗上口,引导你自觉进入意境。自太极拳产生以后,出现了大量直接以太极拳为题材的文学作品,包括大量近、现代的影视文学作品。在近几年的一些好莱坞主流大片中也越来越多地出现了太极拳的内容。

⑧ **太极拳的伦理性**

有的文化学者将伦理看做是一种"隐秩序",具有一定的价值趋向。太极拳的伦理观主要还是受儒家的影响比较大。一是重"德"。儒家主张"万物以德为生",太极拳练拳者自身要十分讲究修养,武德不好难以练成或学到上乘太极拳功夫。二是讲"仁"。是关于拳的使用规则。不举无名之兵,不逞匹夫之勇,以静制动,后发制人。三是讲"礼"。这是指拳术的运用程序。练拳人之间互相尊重,"敬人者人恒敬之",尊敬师长、尊敬拳友。练拳即为修身,不要好勇斗狠,要谦恭有礼,虚怀若谷。

⑨ **太极拳与民俗**

太极拳最大的民俗特点是它的民族性。太极拳在传播上打破了单一的地域性，在全国各地均衡发展。太极拳的一些动作与一些古代的图腾、祭祀有些渊源关系。而太极拳动作在京剧等地方戏剧、杂技舞台上的应用也与民俗融为一体。

⑩ **太极拳的娱乐性**

现代社会"娱乐为王"。太极拳能不能娱乐？当然，它本身就是一种娱乐方式。它充满娱乐性就有更好的健身效果。太极拳经常是很多人一起练，互相交流，这个过程就充满娱乐性。太极拳具备多种娱乐元素，比如技击上，太极推手就是深受群众喜爱的形式，圆转走化中蕴含无穷乐趣。把中国传统音乐，甚至一些现代感很强的音乐，包括西方的音乐，配合太极拳的练习，增强节奏感，增强练拳过程中从视觉、听觉、感觉上带来的综合享受，这种愉悦是精神和肉体双重的。

# 第五节　太极拳之身法

太极拳极为注重身法,没有练拳的身法要求,也就无从提及符合太极要求的拳式了。历代各流派太极拳大家均有自己流派的身法要求,例如杨式太极拳有"十要",吴氏太极拳有"五心诀、五要求",孙式太极拳有"九要"……但其基本身法要求皆有共性。笔者以《十三势架》(武禹襄)提及的"身法"为线索,以《武式太极拳的身法要领》(刘积顺)为基础,以《太极拳研究》(唐豪、顾留馨)中介绍的"太极拳对身体各部姿势的要求"为参考,表述"太极拳之身法"。

《十三势架》文首:"身法:涵胸,拔背,裹裆,护肫,提顶,吊裆,松肩,沉肘。"

太极拳的身法贯穿了阴阳对立,矛盾统一的辩证法则,即有上就有下,有前就有后,有左必有右。如身法中的提顶与吊裆就是上下关系;涵胸与拔背、护肫与裹裆是前与后的关系;松肩与沉肘是左与右的关系。这八种身法在人体中既分开又有内部联系。太极拳要上下相随、内外协调形成一个统一的整体运动。

● 提顶

头颈正直,不低不昂,神贯于顶,提挈全身。

太极拳中特别强调"顶头悬"。陈鑫说:"拳自始至终,顶劲决不可失,一失顶劲,四肢若无所附丽,且无精神,故必须领起,以为周身纲领。"

提顶的要求是头顶百会穴轻轻上提,如同头顶上有绳索悬着,百会穴(注3)与会阴穴(注4)保持垂直("上下一条线")。百会穴始终保持"虚领顶劲的姿势,不但对全身中正不偏有提挈作用,而且由于下颌连带微向内收,对于呼吸顺遂和"内气潜转"也有极大关系。

练拳时头部要伸直,不低俯,不上仰,不偏侧,不伸头缩颈,左右转动仍然保持正直;头部正直,有上提之意,使颈椎关节节节松开,转动轻灵,气血不受阻滞,感觉反应清晰,以使练拳

---

注3:百会穴,人体穴位,位置在头顶正中线与两耳尖联线的交点处。归属督脉,别名"三阳五会",意为百脉于此交会。
注4:会阴穴是人体任脉上的要穴。它位于人体肛门和生殖器的中间凹陷处。会阴穴,为人体长寿要穴。会阴,顾名思义就是阴经脉气交会之所。

者精神提起,即所谓神贯顶也。

## ● 吊裆

两腿交力,臀部前送。裆部有向前上翻之势,就是吊裆。

会阴(位于两便之间)称作裆,是腰与腿互相衔接之处,臀部前送,肛门有后内提收感觉,臀部后面两侧的环跳穴(注5)部位向前收,使裆部有向前上翻之势,而小腹部也随之上翻,臀部肌肉与大腿前端股直肌相接,使大腿前股感到有力,两胯盆骨对准腿骨,胯骨伸直使腰与裆对准成一直线,裆部向前上翻时,大腿前端就用得上力。

裆要圆,又要虚,不可夹住像人字形的尖裆。胯根撑开,两膝有微向里扣的意思,裆自然能圆(即使两膝微向外叉开,而两大股外往里合,胯根撑开,同样能起到"圆裆"的作用)。会阴处虚虚上提,该处皮肤有不使下荡之意,这样裆自然能虚。裆的虚圆能使两髋关节撑开,旋转灵活,是使腿部可能以弧形转换虚实的唯一基础。只有在屈膝圆裆之下,才能节节贯串地劲起脚跟,发于腿,上升腰脊,形于手指。

人体的自然体型是臀部稍微有点向后翘起,这是向后凸臀,是太极拳身法所不容许的。一般地说凸臀必然会导致挺胸,破坏身法的安排。

同时,吊裆的身法安排与"立身中正"有关,即下以吊裆,上以提顶,相吸相系。上体前以劲项、后以大椎与裆的中心线或尾椎骨上下相对连成一条直线。定方向目标时,上以眼目传神,下以吊裆相随,形成上下一致、分合统一的整体性。

## ● 涵(含)胸

两锁骨之下,肋骨之上为胸。胸不可挺,要往下松,两肩微向前合,称为涵(含)胸。

含胸的身法要求是:胸肌从两锁骨处向下松沉,两肩骨外侧微微有向前合与包抄之势。胸骨不能内凹,含胸时,胸部不是向体内收小,而是在松开的情况下有向外扩张的感觉。

由于胸肌放松,能上下左右地旋转活动,使含胸在技击上起到重要的作用,凡是运用化劲(即走劲)的手法都离不开含胸的帮助。所以拳论说"两膊相系","紧要时全在胸中腰间

注5:环跳穴是足少阳胆经的经穴,穴近髋关节。故又称髋骨、环谷、髀厌、髀枢、枢中、枢合中。穴名之意的"环"为圆形、环曲;"跳",跳跃;穴在臀部。主下肢动作,指下肢屈膝屈髋环曲跳跃时,足跟可触及此穴,故名。

运化"。含胸即是胸部的"蓄势"。

有了含胸的身法,还必须与体后的拔背相互联系与配合,才能有"胸中运化"与"劲出背发"的行功要求。

## ● 拔背

两肩中间脊骨处有鼓进之意,两肩要灵活,不要低头,就是拔背。

肩背的肌肉向下松沉,而脊椎关节向上提拔,皮肉向下,脊骨就有向上的感觉,所以两肩中间脊骨处似有鼓进之意了。头部过高上昂或前冲俯低都会破坏身法要求。

含胸作用是为了有利于化劲,而拔背的作用则是为了有利于卷劲和放劲,所以在技击上是蓄发相变的关系。"力由脊发","若问此中讨消息,须寻脊背骨节中"。

含胸与拔背乃一前一后的身法,上与提顶相连,而下与护肫、裹裆相接是一完整的身法组合。

## ● 护肫

两肋微敛取下收前合之势,内中感觉松快,就是护肫。

胸之下、腹之上的两肋部位就是护肫部位所在之处。护肫时胸大肌向下松至腹部,经过两肋,两肋骨有收敛前合活动,背后有背阔与腹斜肌相合接,形成两肋与上腹部饱满而轻松自然的感觉,而下腹部要放松才不致影响胸肋与背腹斜肋等肌肉的联合。由于背部肌肉两侧向体前包抄,与腹斜肌、腹肌连接,就使腰椎微向前挺而竖直,亦称竖腰,使腰腹周围一带形成一股气满腰腹的感觉,同时要注意到内在的轻松舒适。

护肫时,前是气沉丹田,后以气贴腰直,前以两肋前敛,后腰椎竖起腰不后靠而身有主也,所以拳论说:"肫不护,竖尾无力"。但竖尾有力还需与裹裆身法配合。

也有简说:"肫即胃也,两肋松开下沉,上身微有内涵之意,加上下身开胯扩膝,气沉丹田,合成四周护肫之势,是谓护肫。"(《王氏水性太极拳讲记》,王壮弘)

## ● 裹裆

两膝着力,有内向之意,两腿如一条腿,能分虚实,就是裹。

裹裆是随着吊裆的身法而配合一致的要求。吊裆时两股用力,臀向前送,裆部有上翻之势,而裹裆随吊裆的要求使两膝着力,两膝有内向相连之意。同时,臀部从后面两侧向前包抄至大腿外侧而延长到膝部内沿,使两腿犹如一条腿,但又将两腿分虚实,即虚腿依靠实腿,实腿支持虚腿。这样的要求就虚中有实,实中带虚了,形成合二而一的要求,同时分虚实又顺一为二。

裹裆时,臀部后侧还要上连腰胯绕向体前两肋处,须与护肫形成前后连接的关系。

另有简说:裹,有内旋之意,指的是两大腿根部内旋。裹裆即是两大腿根内旋,两股向外包抄腿膝,两胯横撑,两膝与胯之间成圆弧形,即为"裆非裹不能圆也"。只有这样,才能使上身和下身连接起来,把起于脚的劲力传到上身,起到承上启下的作用。练习裹裆时只用意念:"两胯出现向后、向两侧半圆形撑开的感觉便可"。只需仔细体会这种感觉,如此反复进行,完全可以掌握裹裆了。

## ● 松肩

以意将两肩松开,气向下沉,心要静,气要顺,肩要灵活,就是松肩。

两肩关节要有脱开之感,肩部斜方肌和横韧带拉长,气向下沉与胯连接,前与两胸连接,后与两肩相接,肩关节松开意贯于两臂。肩不松则胸处气不能向下沉,影响含胸拔背。肩松了,上肢就没有用力的感觉,长期练拳而注意松肩,就会出现没有肩头的感觉,而手臂极为轻灵圆活但又极为沉重。

松肩时要注意腋下留有余地,称之为"虚腋",其秘法为"腋下夹着两个热馒头练拳",夹紧了要烫,夹松了要掉。迫使你的拿捏的劲道分寸恰到好处。两腋不虚,两臂就会紧贴肋部,肩松不开,内气难通。

太极拳研究家祝大彤老师在其著作的《太极揉手解密》一书中,提供了一个"端肩"的方法,以检验肩是否松沉。检验者左手端被测试者的上臂,右手攒前臂往上端,如被测试者耸肩歪身或站不住蹦跳出去,则表示肩还没有松沉,肩与身躯未形成整体。读者如有兴趣,可以一试。

## ● 沉肘

以意运气,行于两肘;肘尖有向下意识,沉肘必与松肩连在一起,谓之沉肘。

肘的内侧与两肋相吸相系,肘带动前臂时做到有身手相连的感觉。肘要与身体的两肋接连而不脱离,但肘又不能贴肋。

太极拳宗师汪永泉根据对杨式太极拳的深刻理解,以其丰富的教学经验,经过深思熟虑提出"开胸张肘"、"松肩阔背"更有利于神意气顺畅通达。避免习练者因对"含胸拔背"、"沉肩坠肘"不正确的理解而出现的胸凹,背驼、肩肘僵滞等偏差。有诀:"胸不开,气不通;肘不张,肩不松。"

笔者翻阅很多太极拳大家的专著,发现沉肘、坠肘的训练确实是很难有短期奏效的有效的方法。笔者在第三章和第四章编写的"心法"中,提示用意将"手心沾着的气球依偎下臂滚落至肘尖"的习练,是笔者实现"坠肘"的心得。练者可在行拳实践中加以体会。

# 第六节 太极拳之行拳要诀

笔者在逐步认识和体悟太极拳的身法要领及拳理功法的过程中,归纳了四十八字的"行拳要诀",以供初习练太极拳的同好们在行拳时刻提示以为参考。

意在先,形随后;

腰主宰,肢体跟;

分虚实,忌双重;

心不静,体不松;

内外合,上下随;

气鼓荡,势外涌;

柔至极,极坚刚;

求圆融,任自然。

## ● 意在先 形随后

《十三势歌》曰:"若言体用何为准,意气君来骨肉臣"。太极拳理论认为"心静用意"、"以心行气,以气运身",故心为主帅,骨、肉、筋、骨、皮宜为神使。故太极拳宗师武禹襄的《十三势行功心解》云:"先在心。后在身。""心为令,气为旗,神为主宰,身为驱使,所谓'意气君来骨肉臣'也"。

"用意不用力"是太极拳行拳的最高原则,所有动作在意识连续贯注下轻灵地运动,不使拙力,太极拳家们称此为"练意"。再结合"练气"(腹式呼吸)、"练身"(运动肢体内外),构成了太极拳行拳方法上意识、呼吸、动作三者的密切结合,且体现其整体性和内外合一性。

笔者有幸在2000年初,自《武当》杂志上获得信息,参加了由"北京混元文化传播中心"开办的"杨健侯秘传太极拳'老六路'函授班",成为第一个报名的学员,得到了魏树人老师的著作《杨式太极拳术述真》和《杨健侯秘传太极拳内功述真》的全套光盘,真是如获珍宝。当时,认真地自学比划了半年,自以为把这"老六路"的套路打下来了,兴致冲冲地赶到北京向"函授班"汇报自己的"自学成果"。结果呢？函授班的蓝晟老师看了我的演练,给我的评语是:"意不在先,开合不相寓"。从此,我在行拳时,刻刻记住"意在先,肢体跟"、"用意不用力"之要诀。

● 腰主宰　肢体跟

《十三势歌》首句:"十三势势莫轻视,命意源头在腰际"。太极拳,又名十三势,由十三种基本动作演变而来。

腰居一身之中,是谓轴心。维持人体重心的是腰,带动四肢活动的也是腰,所以拳论说"主宰于腰"。"腰间"中有命门(注6),命门居两肾之中,"即人身之太极,以生两仪"。肾间动气即人体之源头活水,故行太极拳须"刻刻留心在腰间",以培补人体之元气。

拳论又说"腰为车轴,气如车轮",就是要求行拳时,腰部要像车轴(轴心)那样地直竖、稳定、圆转、不摇摆、不软塌,徐徐转动来带动内劲和四肢如车轮般地旋转。

《太极拳论》又云:"其根在脚,发于腿,主宰于腰,形于手指。"笔者深有体会的是"行拳即行腰",四肢随腰而动才是正途。每每见到我的太极同好在行拳中"腰未动,而四肢已动"时,我总会提醒:"这不是太极拳。"

● 分虚实　忌双重

杨式太极拳先师杨澄甫说:"太极拳术以分虚实为第一义"(《十三势说略》),又云:"虚实宜分清楚:一处自有一处虚实,处处总此一虚实"。太极拳的姿势、动作、用意、呼吸、各有虚实之分,且虚中有实,实中寓虚,虚实相伴,虚实同源。

虚实变化,首先是心意的虚实转换,然后指挥以腰之虚实变换为先的两足重心之变换,及手随足,足随手的上下、左右虚实之转换。

双重即是不分虚实所致。拳论云:"偏沉则随,双重则滞,每见数年纯功,不能运化者,率皆自为人制,双重之病未悟耳。"分虚实,即无双重之病,转动方能轻灵。

在行拳中,分清了虚实的你,你将真真进入了"一条腿运动"的太极拳,你在行拳时会

---

注6:命门穴位于人体的腰部,当后正中线上,第二腰椎棘突下凹陷处。经属:督脉。指压时,有强烈的压痛感,该穴若被冲击则脊椎被破气机,易造成截瘫。

"迈步如猫行"，你的身形转换会"活如车轮"。

笔者自 2004 年 12 月觅得祝大彤老师夫妇编著的《太极内功解秘》，先后认真研读了四遍后，2005 年 11 月初，我就径直上北京，上门拜访祝老师，求教了三天。当时祝老师不幸车祸后，脚伤还未完全复原，但还是热忱、细致、耐心地面授了我十一个要点，笔者边学边一一作了记录。印象最深的第一个要点就是"虚实腿的减加法"，一个吴式太极拳"起势"前的"左足横开步"在祝老师的直接指导下，足足练习了一个半小时，使我真正体会了什么是"上下一条线"、"三尖相对"，怎么才是"虚脚虚净，实脚实足"，"虚实腿的减加法"如何操作，怎样实现"立柱式身形"……"太极拳术以分虚实为第一义"。笔者从祝老师那里得到的收获绝不是"受益匪浅"四个字可形容的。

## ● 心不静　体不松

汪永泉先师说："松和静紧密相连，必须心静，才能松。要先练静，后练松。"太极拳研究家祝大彤老师称"松、静拳之魂"。入静是太极拳的一个重要标志，也是一个重要的练功方法，是道家内观之道的基础。《丹经》曰："大道以虚静为本"。

老子说："夫物芸芸，各复归其根，归根曰静。""太极者，无极生"，太极之根即为无极，返之无极即入静。只有当你"至虚极，守静笃"时，你才会感受你的身与心都"放下"了，周身自然松了。

笔者得"松"的转折点是在修行佛法之后，"紫竹林中观自在，莲花座上现如来"，日日坐禅，其松才悠然而得。

笔者对"松"的感觉是：松了的你像是一个"揉透了的面团"，体内的骨骼节节脱开似同面团内的缕缕空隙，而外观的你"内固精神，外示安逸"的体态，似同面团饱满、无痕、光滑的表皮。周身松了的你与对方揉手时，你的任何一处已不是局部，而是一个整体。你任何一点发出的已不是力，而是已经化成一个整体的劲。

## ● 内外合　上下随

杨式太极拳创始人杨澄浦宗师的《太极拳说"十要"》述："'内外相合'太极拳所练在神，故云：'神为主帅，身为驱使'。精神能提得起，自然举动轻灵。架子不外虚实开合。所谓开者，不但手足开，心意亦与之俱开；所谓合者，不但手足合，心意亦与之俱合，能内外合为一气，则浑然无间矣。"

内是充盈于身体的内功，外是指身体的四肢躯干，行拳时以内动带动外形，达到内外合一。内功的要求是"内三合"：心与意合、意与气合、气与力合。外形的要求是"外三合"：肩与胯合、肘与膝合、手和足合。内外相合就是"内三合"与"外三合"紧密结合的统一行动，而"内三合"是"外三合"的后援和内在动力；行拳中，只有依靠内气的供给而开合的外形姿势，才会是"开合任自由"。

太极拳的开合在逆腹式呼吸的"练气"下进行，"吸为合为蓄，呼为开为发"，这"开呼合吸"是以内动外发为开合的标准。而行气运劲，在腰脊主宰下，运用螺旋形动作由内向着四梢去的叫做"开"；从四梢回归丹田的叫做"合"。陈鑫道："开合虚实，即是拳经"。

笔者与太极同好们交流时，强调每一动作必须"始而意动，继而内动，然后外动"。当你在行拳中你能揣摩到"一开一合"的节律，尤其当你在行拳中，你眼神的运用也配合着意气走向和形体动作的一开一合而一出一入时，你的内在之精神会舒畅地流露到颜面上，现出微微笑意。那时，你也就真正进入太极拳的意境了。

杨澄浦宗师的《太极拳说"十要"》又述："上下相随者，即太极拳论中所云：其根在脚，发于腿，主宰于腰，形于手指，由脚而腿而腰，总须完整一气也。手动、腰动、足动，眼神亦随之动，如是方可谓之上下相随。有一不动，即散乱也。"

《十三势行功心解》提醒拳者："切记一动无有不动，一静无有不静"。如此，你才能"上下相随人难进"。

笔者提示太极同好们：若你能协调连贯流畅地完成"云手"的动作，你就基本上理会了"上下相随"。


### ● 气鼓荡　势外涌

余功保老师编著的《精选太极拳辞典》解释"鼓荡"为："充实、饱满、周流不息。'气宜鼓荡'是太极拳技术要领"。也就是说，气在体内充实、饱满、周流不息为"气鼓荡"。

孙禄堂先师有述："太极即一气，一气即太极。""太极拳术起点腹内中和之气。"怎么"点"呢？先师又述："拳之开合动静即根之气而生，放伸收缩之妙，即由气而出。开者为伸、为动；合者为收、为缩、为静；开者为阳，合者为阴；放伸动者为阳，收缩静者为阴。开合像一气运阴阳，即太极一气也。"（《孙禄堂武学录》）故行拳时凡能"屈伸开合听自由"者则能得充实、饱满之内气，且"气遍身躯不少滞"而周流不息。

内气充实、饱满溢出体外就为"势"。故"气势"之说是"气为势之本,势是气之用"。太极拳练的是:"气"在体内鼓荡,而溢出体外的就是"势"。又说"行于外者为势。蕴于内者为劲。"(《太极拳讲义》,吴公藻)

笔者有一个比喻不知是否让读者能形象化的认识"气鼓荡、势外涌"。古时候,铁匠铺要使炉子里的火熊熊燃烧,必须依靠人来拉风箱。风箱内是个活塞,将活塞的拉出时,风箱的进风口吸入空气,空气蓄满风箱;将活塞推进时,使风箱内的空气压缩,空气从风箱的出风口涌出,形成的能量达到助燃的目的。太极拳的练者就是通过将气往内蓄合,将势往外发放而实现"气鼓荡、势外涌"。

笔者认为:以气为体,以势为用,气为养身,势为技击。

### ● 柔至极　极坚刚

武禹襄大师在《十三势行功心解》中说:"极柔软,然后极坚刚"。太极拳的拳性如水性,水有两种德性,静之时最柔、最弱、最顺;而动之时则最坚硬、最刚强、无坚不摧。太极拳柔静时为养,如汩汩清泉,松柔舒缓,气定而神闲;动之时则为用,其势如"长江大河滔滔不绝"(《太极拳论》),势不可挡。这就是太极拳松柔的水性,是外柔内刚,以柔克刚。它能够变通,又能随势而化。

松柔为太极拳之魂。柔是以松为条件的,去僵才能"极柔软",柔至极才能"极坚刚"。

笔者为两仪功夫掌门人段保华大师的入室弟子,习"两仪慢架"十余年,悉心体悟段氏两仪功夫"至刚、至柔"之大要,徐徐积柔成刚,当能品尝"臂膊如棉裹铁"又"臂如鞭绳"之感受时,是何等快乐。

笔者曾经与太极同好们做过一个游戏,分别由四位同好从四个方向轮番向我冲击,第一个同好"冲击"时,笔者用掤劲将对方发出,而同时转向第二个向我"冲击"的同好,与其接触的一刹那,笔者似乎感觉自身的重量叠加了第一个同好冲击的能量,第二个同好被发放得远些,第三个"冲击",第四个冲击……;随着连续轮番"冲击"的一次又一次,笔者被积累、叠加的能量越来越大,笔者像一个"醉汉",晃到哪一个"冲击者",哪个"冲击者"就像撞在"大气球"上,而被弹出好远。正是"借了地心引力与他人的力"体验了一番"松柔至极,极坚刚"的感觉。

## ● 求圆融　任自然

太极拳以"太极图说"作为基本理论。太极拳每一个动作的开合虚实、起落旋转，都是圆圈所构成。故拳谚曰"拳是周身转"，"手足运动不外一圈，绝无直来直去"，此圆或圈的运动，即为太极拳的圆运动。而这圆运动的形式是以立体的、螺旋式的弧形为轨迹的，所以太极拳的行拳中"无使有凸凹处，无使有断续处"（《太极拳论》），"乃有圆活之趣"（《十三势行功心解》）。

太极拳的圆运动中像太极图圆圈中的阴阳运动一样，因此，在太极拳的螺旋式旋转运动中，有柔有刚，有虚有实，刚柔相济，虚实相伴，其圆可以柔化对方的来力，并且随时可以由弧形转化为直线加以还击，实现"随曲就伸"，"引进落空合即出"（《打手歌》）。

地球在自转的同时要绕太阳公转。太极拳的运动与太阳系在天体运动中的运动规则基本相同。在太极拳运动中，人的四肢梢节在自转的同时还要绕中节转动，又随中节围绕根节转动，根节在自转的同时还要绕人体转动。太极拳运动就是人体周身各部都在做转动的一种运动。也就是拳谚所说："一动无有不动，一静无有不静"，"周身处处皆太极"。正因为太极拳运动与天体的运动一致，符合自然规律，才显示它有无限的生命力。故有"天地一大太极，人身一小太极"一说。太极拳效法天地，必与自然圆融。

太极拳练者若遵"天人合一"之"道"、循"负阴抱阳"之理、顺"贵静主柔"之法、效"开合虚实"之拳经，则人身小宇宙与大宇宙圆融了，也就进入"与天地精神独往来"（《庄子》），"道法自然"的境界。

# 第七节 太极拳之四项原则

2008 年末,我突然接到曾经教授我杨式"老六路"的蓝晟老师自香港打来的电话。告知我,他正在香港为其老师王壮弘先生(书法家、武术家、金石书画碑刻鉴定家)整理一部由王壮弘先生口述,名为《上善若水——王氏水性太极拳讲记》的专著。特地关照,该书于 2009 年年初出版发行,要我加以关注,及早拜读,可有意外教益。果真,我在 2009 年元月就购得此书。悉心阅读后,王壮弘先生有关太极文化的微言大义及太极拳与佛法"本具相通"的见解,真有醍醐灌顶、身心清静之感。本节仅将王壮弘先生提出的言简意赅的太极拳"四项原则"摘录如下,介绍给读者。

这四项原则是:

转用力为不用力(用自身本具的力量);

转有为法为无为法(即由己转为从人);

转自身僵硬之处为柔软可变之体(固体转为流体);

把一维进退往来开合转成三维或四维半,由点、线、面、体至超立体。

## ● 转用力为不用力(用自身本具的力量)

拳论有曰:"斯技旁门甚多,虽势有区别,概不外壮欺弱,慢让快,有力打无力,手慢让手快耳。"世人以"用力"为习惯。而太极拳是不用力的,用的是自身本具的自重量,即地心引力,随由地心引力下降的叫沉。由地面的反作用力,及由圆的阴阳转换作用而往上的叫浮。由沉浮的作用向四面散开的叫张力,反之是合力。习练太极拳是做减法,不断减除自身的拙力,才会实现"不用力",且能充分引用自身本具的地心引力或借力于他人。

## ● 转有为法为无为法(即由己转为从人)

法分有为法和无为法。学而后有的是有为法;不学而本具的是无为法。对方生什么心,我生什么法,心灭法灭,用之则显,不用则藏,谓"如来藏"、"智慧海"。这无为法是人人本具的,是深藏于内的,但不经过去妄存真的修炼是无法显用的。

太极拳的"舍己从人"的修习也是去妄存真的无为法修炼，改变惯用的、主观的"由己"，转变为"先听懂对方想做什么，随着他"，即"人刚我柔，我顺人背；左重则左虚，右重则右杳"（《太极拳论》王宗岳）。这就是"从人"的圆转，从人则随，随人则活，然后得机得势，出其不意，后发先至。太极拳"由己"转为"从人"的修习就是无为法的修炼。

## ● 转自身僵硬之躯为柔软可变之体（固体转为流体）

人的生命过程是：自婴儿出生时的柔软至人体死亡时的僵硬。这人体的柔软与否是生命功能的标志。太极拳的用意是通过"贵静主柔"的修习，保持人体处于婴儿般的柔软状态，以实现"延年益寿不老春"的目的。

外观人体是个固体，但维持人体生命的两个重要元素——气和血则是流体，体内50%以上是水。太极拳的内外开合、虚实圆转、上下相随、连绵不断所形成的"气"在体内周身鼓荡，使凝固之体转为流转荡漾之体，转僵硬之躯为节节贯串、全身放松的柔软可变之体。

## ● 把一维进退往来开合转成三维或四维半，由点、线、面、体至超立体

太极拳运动是螺旋式旋转运动，其方向涉及上、下、左、右，其轨迹是包含点、线、面、体的四维立体圆，还有半维按王师所说就是所谓的"精气神"。螺旋式旋转运动是天体运动方式，故太极拳与天合一，具有无限的生命力。

行太极拳离开了这四项原则，行的就不是太极拳了。

# 第八节　太极拳之层次

太极拳之层次按"状态"分：

"由着熟而渐悟懂劲，由懂劲而阶及神明。"（王宗岳《太极拳论》）

太极拳之层次按"功夫"分：

"知己之功——松、散、通、空；知彼之功——听、问、拿、放。"（《汪永泉授杨式太极拳语录与拳照》，刘金印整理）

● **太极拳之层次按"状态"分：**

① **着熟**

以笔者之理解，"着熟"自拳架上求。

练者若能在行拳中明"阴中有阳、阳不离阴、阴阳相济"之内涵；效"涵胸，拔背，裹裆，护肫，提顶，吊裆，松肩，沉肘"身法之要领；展"肩与胯合、肘与膝合、手与脚合"外三合之"太极形"；悟"心与意合、意与气合、气与力合"内三合之"太极术"；合"意在先、形随后、腰主宰、肢体跟、分虚实、忌双重，心不静、体不松，内外合、上下随，气鼓荡、势外涌，柔至极、极坚刚，求圆融、任自然"之行拳之要诀；熟"掤、捋、挤、按、采、挒、肘、靠、进、退、左顾、右盼、中定"十三势之展现，则可为"着熟"。

② **懂劲**

以笔者之理解，"懂劲"从推手（揉手）中得。

练者若在推手或揉手中明"阴阳相济、以静制动、以柔克刚、开合自如、虚实互变、舍己从人、引进落空、蓄而后发、屈中求直、后发先至"之理；熟"沾、粘、连、随（注7）"之化劲；除"顶、匾、丢、抗（注8）"之四病；善"掤、捋、挤、按、采、挒、肘、靠"八劲之运用，则"方为懂劲"。

③ **阶及神明**

以笔者之理解，阶及神明自明理而入"道"。

---

注7：沾粘连随解：提上拔高谓之沾，留恋缱绻谓之粘，舍己无离谓之连，彼走此应谓之随。

注8：顶匾丢抗解：顶者，出头之谓也。匾者，不及之谓也。丢者，离开之谓也。抗者，太过之谓也。（《杨谱》）

所谓"为学日益,为道日损,损之又损,以至于无为"(《老子》第四十八章),从有为到无为,由有意识成下意识,而达致神明。

《太极拳论》道:"懂劲后,愈练愈精,默识揣摩,渐至从心所欲"。这"从心所欲"就是"道法自然",从必然王国达至自由王国。回归到先天自然之能的"本具"上去,进入了"一法不生万法生"的境界。

若是技击,搭手即能判断对方力量的大小、长短、动向、快慢,依着何处即"从心所欲"从何处反击,无往而不胜。

《授秘歌》对"神明"境界作了最生动的写照(注9):

无形无象,全体透空。

应物自然,西山悬磬。

虎吼猿鸣,水清河静。

翻江播海,尽心立命。

### ● 太极拳之层次按"功夫"分:

#### 1. 知己之功——松、散、通、空

（1）松

松是习练太极拳最基本的功夫,只有松了,才能散、通、空,才能逐步掌握知己之功。

我们如何实现松的一些要领:

在"第五节 太极拳之行拳要诀"中"心不静 体不松"已表述了松静之间密切关系,也描述了松似"揉透了的面团"的感觉。这里我们摘录汪永泉大师教授的"如何松?"。

1）从上往下松。从头到尾间,沿大腿内侧静阴陵泉穴,经膝、踝到脚心。

① 虚领顶劲

虚虚想一下天,百会穴与天接。头皮放松,面部肌肉放松,包括眼皮、两颊、嘴巴、牙关都放松。面带笑容想一下颈靠衣领,颈勿挺直僵滞。

② 开胸张肘

胸部保持自然状态,勿凸勿凹。两乳放松。空胸下气,胸不能憋着气。松肩,张肘,肘向

---

注9:经当代太极拳大师吴图南考证,《授秘歌》的作者为唐代李道子。译为白话文:忘其有己,内外如一;随心所欲,海阔天空;锻炼阴精,心死神活;气血流动,神充气足。

斜下垂,背要阔舒。

③ 气沉丹田(注10)

下腹始终保持松鼓,带脉(注11)向四周舒散。丹田不能紧,不能较劲,发劲时也不能较劲,横膈膜放松。

④ 腰松鼓

如坐在板凳上的状态,感觉自然舒服,不吃力,不能用力去撑、涨、僵。腰不能紧,腰发劲时也是松着的。

⑤ 松胯

不要支胯。要圆裆,不能尖裆。

⑥ 松尾闾

尾闾逐节下松,如掉在水里,感到尾闾没有了。

⑦ 松膝

膝能自由转动,有上提之意。松小腿肌肉。

⑧ 松踝

踝不要吃力。

⑨ 脚底板放松

不要用力踩地,抓地,不要用意入地三尺。脚如同踩在漂浮在水面的葫芦上。

腕、脚吃力则容易影响全身放松。

⑩ 肩、肘、腕逐节放松

两臂像脱了臼似的。意气贯通到手,手腕要非常松软灵活。

2)从下往上松

只从上向下松不成,因为从上向下松,容易把全身重量压在脚上,下肢吃力。所以还要由下往上松:从脚心外侧向上松,松踝、松小腿肌肉、松阳陵泉穴、松膝、松胯、松腰,再向四周松散。

松,用意念运行来松,用意不用力。用力则松不了。用意松,但意不能过重。

3)要全过程松。

盘架子从始至终,走每个姿势、每个步骤都要松。无论哪一点定式都合乎松的要求,没

---

注10:丹田原是道教修炼内丹中的精气神时用的术语,有上中下三丹田:上丹田为督脉印堂之处,又称"泥丸宫";中丹田为胸中膻中穴处,为宗气之所聚;下丹田为任脉关元穴,脐下三寸之处,为藏精之所。

注11:带脉起于季胁,斜向下行到带脉穴、五枢穴、维道穴,约束冲任督三脉,横行腰腹,绕身一周。

有紧张之处。

（2）散

散和松是连在一起的，散是进一步的松，是有目的的松。

从上向下松，由头到脚。再从下向上松，松到腰胯，然后向四周圆散。如用石子投入水中，水纹圆圈向四周扩散，由小圈到大圈，无边无沿。

散是有个主轴的，轴即我的"中（心线）"。虚领顶劲，气沉丹田，尾闾下垂，身体竖直形成一条直线，由此向四周舒散。散不只是散成肩圈、腰圈、胯圈三个平圈，更要立体地散，向上下左右四面八方散，散成一个大气球，气球由小变大。

散是意气舒散，不是骨骼、肌肉的撑、涨。身体各部位不动，只是动意念。撑、涨出的圆有边，可以触摸着；意气舒散出的圈，无边，摸不着。

散不能带力，有力则滞。

意念舒散是从"中心"向四周空处散，不是向四肢散。否则就滞了。

散要精神放松，轻轻松松地散，意念太重则滞，散不出去。

散时要呼气，不能憋气。

散，意气松圆了，就能养生，就能"有"（内功）。

散不能弱，关键在于精神，神不能涣散。

（3）通

通，指意气贯通。

养生与技击的练法，对通的要求不同。

养生练法：要求意气贯通到手心、脚心，达于"四围"，不要通出体外。

技击的练法：要求意气通出体外1—3尺，能"穿透"对方身体。意气划一个圆圈，再沿原路返回到自己"中心"，在体内划一个圆圈，再通出体外。这样循环往复，进行"内外气交换"，可以增强内气。

盘架子时，意气贯通到手心脚心时，在初级阶段，手、脚心有麻、涨、热的感觉。到了高级阶段，麻、涨感都没有了，只剩下热感。

（4）空

盘架子时，全身都放松了，意气向四周舒散，练得"什么都没有了"。

技击发劲时，劲松通出去，和身体脱离，身体是松散着的，什么都没有了，空了对方反击，找不到着力点。

全身透空，空而不空谓之空。

周身合适,万法之宗。周身合适,万法通。

**2.知彼之功——"听"、"问"、"拿"、"放"**

知彼之功即技击功,汪永泉先师把技击功总结为"听"、"问"、"拿"、"放",这些都是太极拳的术语,不是字面原来的含义。

"听"、"问"、"拿"、"放"是神、意、气在对方身上的运行,进行变点,变劲。前提条件是要把自己的神,以气渗入对方体内,并且集中神意气击发对方的"中"(注12),从而击动其身体。

"听"、"问"、"拿"、"放"几乎是在一刹那同时完成的。

(1)"听"

"听"必须要全身松圆,"气遍全身",手上有"东西"(内功)。

与对方一接。通过接触点,要"听"出他的发劲之源、路线、劲的方向和力量变化。还要"听"出来劲是拙力,还是有功夫的轻力。接手时要有"一接点中求"(注13)的功夫。不但要很快错开其劲头,还要"听"出来劲有无空隙。要趁机把自己的劲,渗到他的劲源中去,使对方不适,甚至失中。

(2)"问"

"问"是验证"听"到的"中"是否准确。

两只手的手指张开,形成一竖一横的两个扇面形,用肘劲,通过接触点,从劲端之侧,沿劲边,把全身的意气轻轻地、虚虚地渗入到对方体内,找寻对方的"中"。

(3)"拿"

"拿"就是看住对方的"中",使对方发不出劲来,被"拿"住了。

用意气"拿",要轻、要稳、要准,但要穿其关节,把对方的劲截断,断在其肩,使其肩关节对死或拉僵。

用两只手"拿"对方,一虚一实,把对方的劲错开,意念走两条线交汇在对方身后体外,使他的平衡遭到破坏。

如果对方有变化和反应,要及时把手松开,不随对方的劲后面跟。待对方变换过去,再变点"拿"。如此,可变点数次,但一次比一次跟得紧,最后待对方有了定向,则为发"放"创

---

注12:"中"是"中心"的简称,太极拳讲的中心不是原来意义上的中心。它是劲源上的一个点,击发这个点则其全身均动。

注13:"一接点中求"。把接触点视为球形,接触点有顶力。要在顶点周围找到"侧"转着接(边转边接),从侧绕过顶端的顶力,沿劲边来路逆上溯到劲源,在劲源上求到"中"。

造条件。

（4）"放"

"放"，包括：化和发。

"放"有两种：一是把对方的来劲错开，把劲引进到自己身上，然后再把它引到自己身后。与此同时，要"听"出对方的来劲中有无间隙，如有可乘之机，就击发。

二是从对方的劲源之侧把自己的劲渗入，击发他的"中"。

**笔者将太极拳之层次的"状态"和"功夫"对应为：**

着熟——知己功夫：松、散。

懂劲——知己功夫：松、散、通；知彼功夫："听"、"问"。

阶及神明——知己功夫：松、散、通、空；知彼功夫："听"、"问"、"拿"、"放"。

# 第九节  太极拳之练习谈

## ● "五心候太极"

世人都知道"太极拳好",但是要得到这个"好",是要有"发"心的,要付出代价的。这个代价人人付得起,很多人却都"舍不得"啊。每次遇到有意与我一起团练太极拳的同好,我说的第一番话就是:"学太极拳,是要付出代价的啊。那么是什么代价呢? 一是您要'发五心',并且每天至少要让出半个小时以上的时间'伺候'太极拳;二是踏上太极拳之路,是不回头的,他将伴随您一生,成为您生活方式的一个组成部分。"愿意付出上述代价的,笔者求之不得地欢迎,否则也就不浪费"感情"了。

"五心"是:

① 诚心

太极拳是形而上、下意识的"哲拳",您必须诚心诚意接受"负阴抱阳"的学说、"贵静主柔"的拳理、"开合虚实"之拳经。你想通过修习太极拳获本具的先天自然之能,只有"心诚则灵"。至诚修习太极拳的练者与修炼佛法的行者一样,都是"觉悟"的人。

② 决心

下修习太极拳的决心是大不大,是小不小。在当今这个物欲横流、竞争遍布、浮躁皆是、节奏特快的社会里,人们把精力、时间都投向了"钱"的事业;要为自己的身心健康,为认识人的潜能,而每天挤出半个小时以上甚至于更多的时间,确是必须下极大的决心。但这是一笔"吃小亏,占大便宜"的"买卖"。大家不是说"青壮年时,以健康换金钱;到老年时,以金钱买健康"吗? 但可惜的是,到了老年,有时候就是有再多的钱也买不回健康了。还不如在健康时,取出些时间"呵护"健康,让健康伴随着你,让"赚钱"细水长流。这才是"明白人"该下的决心。

③ 信心

读者阅读了上述太极拳"健身"功能与"修心养性"功能,你或许将信将疑,毕竟还需要"眼见为实"。我可以告诉读者,每周六、日参加我们团练太极拳的同好,都是"职场精英",他们是经过考察后才加入这学练太极拳的"同好"行列的。考察什么? 一是考察笔者这个

"习练太极拳数十年,年近古稀"的团练太极拳的"头目",是不是练出个精神矍铄的面容及轻灵沉稳的体态?二是打听学练太极拳的同好们有何身心得到改善之感受。亲眼看到了,亲耳听到了,"嗯,真是这样的",这时,才会相信习练太极拳的效果,才会真有终身学练太极拳的信心。

为了不断激励自己的学练信心,练者应该会同自己的太极拳老师量身定制自己修习太极拳的阶段性目标,定期测试自己的太极拳拳艺,一步一步向太极拳的殿堂迈进。

④ 恒心

素有"太极拳十年不出门"一说,所以,没有持之以恒的精神是得不到真功夫的。不管刮风下雨、酷暑严寒,不管远行出差、度假旅游,你都成立不了"今天不练太极拳"的理由。笔者对团练太极拳的同好们,立了个规矩:周六、日因故不能参加团练,必须请假,但当天还须按"心法"自学。这个规矩,倒不是为了对笔者的尊重,而是为了让学练者的"持之以恒"得到实现。

如果把习练太极拳作为是伴之终生的运动方式,那么太极拳也一定会让你终身受益。

⑤ 耐心

学练太极拳是个"铁杵磨成针"的过程,欲速则不达。急于求成,适得其反。

多练、多看、多问、多琢磨才是学练太极拳的正途。笔者的学习心态是"只求耕耘,不问结果",在不经意间,则水到渠成。


## "三个条件"

习练太极拳之三个条件是:"明师、勤练、悟性"。

① 明师

练习太极拳,老师的作用是一个先决条件。你不一定那么幸运,有缘遇到一位太极拳的名家老师,但你想练好太极拳,还是必须有一位品德高尚、拳理精通、拳术精湛、教学有方的"明师"。尽管太极拳是一个实证的功夫,但你必须有个"指月手"为你指明路径。一旦误入歧途,就很难登入太极拳之殿堂。

当然,明师想收到好学生难,而学生要找到太极拳明师同样难。有志学练者在未寻觅到合适的"明师"前,可在学练太极拳的图书中,选择合适的图文并茂的专著,予以自学。

笔者在开始学练太极拳的数年,就是依着《杨式太极拳》(傅钟文演述、周元龙笔录、顾留馨审)和《太极拳研究》(唐豪、顾留馨著)这两本书自学杨式太极拳85式的。以后,笔者从阅读太极拳的专著或在《武当》《武魂》等杂志中寻觅太极拳老师的线索,一旦获得适合的信息,必躬亲求教,"精诚所致,金石为开"。笔者曾有幸在武当山学练由循经太极拳创始人李兆生老师教授的"循经太极拳"和"小炼形";上北京登门向太极拳研究家祝大彤老师求教太极拳拳理;参加严承德老师(杨式太极拳传人诸桂亭的弟子)举办的"推手"培训班;笔者连续多年在黄金周赶赴北京,由"22式老六路"创始人魏树人老师的弟子蓝晟老师,结合函授教材指导笔者学习杨健侯秘传的"老六路"太极拳;更得魏树人老师的弟子郭正勋教练(台湾)多次来沪一招一式地悉心指点"22式老六路";笔者还由沈善增老师介绍师从徐国昌老师(吴公仪宗师的学生丁得声老师的弟子)学练"吴氏(公仪)太极拳";又师从寿关顺老师(孙禄堂的弟子支燮堂的学生、孙式太极拳传人)学练"孙式太极拳"和"四正推手";在2000年秋,笔者以古礼在北京拜"两仪功夫"掌门人段保华为师,成为其入室弟子。笔者有缘得到这些太极拳名家、大师的真传,才有踏进太极拳殿堂之可能,在此,向我从学的各位老师叩首致谢。

② 悟性

悟性就是思路清晰、善于揣摩、反应敏捷、接受能力强、模仿能力强。太极拳的精妙之处不仅要靠老师的指导,还必须亲身体验、用心琢磨、心领神会。同样接受老师指导的学练者,由于其悟性有差异,其拳艺提高得也是不一的。

悟性是有天资聪颖的说法,但以笔者体悟的经验是"笨鸟先飞",以加倍的努力投入学练,当认识规律性的东西后,举一反三,那学练太极拳的水平也会顿时飞跃。

③ 勤练

勤练是练好太极拳的决定因素。有明师指导,你容易心领神会,但太极拳是要通过长时间的实践才能实证到它的精奥之处。如拳论所说"理清路明而犹未能,再加终日乾乾之功,进而不止,日久必到"。只有循规蹈矩,坚持不懈地于勤练中积累功夫,由量变产生质变,获得太极拳之真谛。有勤练精神的学练者,一年后即可化去僵滞,松开内劲,渐入佳境。


● 练习须知

① 选择拳式

当你准备好"五心候太极"了,第一个问题要抉择的是:选哪一种太极拳拳式? 杨式、陈式、吴式、武式、孙式……各式太极拳拳理一致、拳经一致、原则一致,仅就是特色、风格各异。

杨式太极拳的特点是:舒展大方、自然流畅、缓慢柔和、劲力圆满。拳架略大。

陈式太极拳的特点是：刚柔相济、快慢相间、立身中正、气宇轩昂。拳架较大。

吴式太极拳的特点是：功架紧凑、松静自然、轻灵圆活、细腻绵柔。拳架为中。

武式太极拳的特点是：端庄含蓄、气势鼓荡、开合有致、虚实有法。拳架为小。

孙式太极拳的特点是：开合相生、进退相随、舒展圆活、敏捷自然。拳架略小。

……

每个准备学练太极拳的人其品味不一，身体条件不同，年龄段也有差异，故选择的拳式合适与否，是至关重要的。现在的互联网给"选择拳式"创造了非常好的条件，你可以随意从网上浏览各式太极拳的相关视频，进行比较，以选择自己喜好、合适的拳式。说是选择，实际是"你是与那一式太极拳有缘"。

待你将这选择的一式太极拳学练到能基本符合太极拳"四项原则"的要求，并能体会这一式太极拳特色的时候，你可以加练一式所喜欢的其他太极拳式。你会在进一步揣摩"四项原则"的基础上，又体会到新学练的拳式的特色。如此，一式一式太极拳的特色积累、融会贯通，集众家之长，那时，你再演练的某一式太极拳时，不但保持它的本色，还会糅合了你自己的个性化特色。譬如，你演练吴式太极拳，因为你也熟识"老六路"，你会把老六路中"磨"的手法自然揉合到吴式太极拳的"单鞭"中…… 这时，你演练的吴式太极拳，就成为"我的吴式太极拳"，这就是笔者的"I. TaiJi"的理念。看过"中国好声音"电视节目的观众都知道，导师们常说的话就是："歌唱时，模仿原唱得再好，毕竟是人家的东西"。太极拳也一样，你既要继承，又要有个性化特色的发挥，这才会成为"你的太极拳"。

② 习练程序

a. 习练基本功：站桩、练形（练功者还可加练"抖杆"）；

b. 习练拳架；

c. 习练推手、揉手；

d. 再次则习练器械，如太极剑、太极刀、太极枪等。

③ 敬师之道

从师非常重要。在未求教前，应当先了解其师是否艺高德厚，有否有教授经验。当一旦求得明师，务必敬重有加、虚心请益、竭诚学练。否则虽有问道之志，恐怕亦不易得到其真传。

④ 练习时间

练功者，每日至少两次。即于晨起半小时后，临睡一小时前，各行拳之。每次盘架子至少须有三遍（即三套）。盖因第一遍无非舒展筋骨而已，在二遍以上方能增进工夫。而一般养身者每次练功不少于半小时。

笔者除晨起练功外,在每日上下午的工作间隙之中,均会行拳一套,约二十分钟。是此,即舒筋活络,又是最有效的大脑休息方式。

⑤ 练习场所

练习地点,以庭院与厅堂,能通空气,多光线者为相宜。忌直射、烈风、有阴湿霉气之场所。因身体一经运动,呼吸定然会深长,故烈风与霉气,如吸入腹中,有害于肺脏,容易导致疾病。

初练拳时,地位需宽大,如地方过于狭小,十三势拳式难以绵绵不断,动作不能开展,姿势容易缺陷而不能正确。然而,当练至功夫深时,即不拘场所、大小,一米见方的大小之地,亦能练习。甚至坐时、卧时,均可练意。

⑥ 练习服装

练习太极拳的服装,宜宽大,且是非装袖的上衣,下着裤裆宽松、裤脚肥大,裤口收拢的裤装。这样的服饰便于太极拳动作的舒展。鞋以底部软薄的平底鞋为好,练拳时脚底易引入似"踩在水中浮萍"上的感觉。

⑦ 生理反应

初习太极拳三四个月时,每次练后全身无力、手足发酸,此为正常生理反应,这是身体新陈交替的缘故,均不必为虑。只须每日多作些调节休养,此种现象不但自行能消失,且精气反较前充足。

初习太极拳有可能会胃口大开,这是因为内中消耗较多,并且须补以往所积之亏损,但至内部气分养足,亏损业已补全后,则气血调和,即无各种现象,其食量又恢复往常,是所谓"气足不思食"。

初学时,多有些贪睡也属正常,因内部血行加速,身体会有些疲乏。必须有较长时间的休息,方能恢复全身精神,日久后亦能渐渐恢复常态。至功夫深时,睡眠时间反而减少,每夜只须六小时即可。是所谓"神足不思眠"。练至精气神充足时,房事反而少思念,是所谓"精足不思淫"。

⑧ 勿求过急

练拳架时,切不可上一式未通就勉强练下一式。如发觉这一式有不明白之处,要请老师及时帮助纠正,以使动作达于精准为止。须知"学拳容易,改拳难"。如这一式不佳,其它式式亦不会妙。欲速不达,万事皆然。

⑨ 练拳卫生

练拳时，不可不注意卫生。如食后不可即练，练后不可即食，须中间隔离半小时方可。又精疲力倦时不可练，练后不可即用脑力，否则皆易伤神；忌食瓜果、生冷等物；不可解衣迎风，或用冷水洗身，衣服若汗湿即须更换；在脉搏未恢复常态前，不可立即坐卧，必须缓步数巡。习太极拳者，最忌迟睡，迟睡则休养不足，精神必定萎靡，容易半途而废。

⑩ **练拳的安全**

习练太极拳还有个安全问题吗？是的。我曾经在行车路上，偶而收听到一个"关于学习太极拳"的节目。主持人问嘉宾（一位太极拳名家）："学习太极拳需要什么身体条件？"嘉宾回答："只要膝盖没有病的，都可以学练太极拳。"这位名家的回答，点出了一个问题，学练太极拳是双刃剑，练得好神采奕奕、步履轻灵；而练得不得法，膝盖损伤成疾。笔者就亲临一个实例，一位年仅三十的女"白领"，练陈式太极拳数年，但因膝盖痛，想改学"老六路"，看看是否能加入我们的团练。笔者先请她演练一段陈式太极拳，一看，就发现一个问题，她每个马步动作都身体前倾，有"跪膝"（膝盖过足尖）之弊。笔者告诫说："陈式太极拳强调'立身中正'，但你在学练时未严格按照您老师的要求去做，积弊成疾。学任何拳式的太极拳均不允许'跪膝'。你学陈式太极拳数年，已基本掌握了套路，放弃很可惜，应该诚恳请教你的太极拳老师，纠正你的'前倾'、'跪膝'之弊端，适当调高些架子，你年纪轻，膝盖的损伤还是会恢复的。"女士欣然离去。所以，习练太极拳一定要注意控制拳架，保护好自己的膝盖不要受损。

行拳前还必须做准备运动。我的一位太极同好修习很有悟性，但公务繁忙，连续几周请假，不能参加周日团练。经联系，得知胯部扭了，原因是在学练吴式太极拳的"转身双摆莲"时，用劲过猛所致。所以，太极拳尽管是一个柔和的运动，但是它有伸展的要求，练拳架前，必须作热身运动。笔者的大多数太极同好都在练拳架前，先化十五分钟作基本功练习——《小炼形》与《大炼形》。通过"抻筋拔骨"、"对拔拉长"，这样，既是骨骼、韧带松开训练，又为习练拳架作热身准备，可谓一举两得。

在进行推手或揉手的发放训练时，发放者要把握分寸，被发者必须有保护措施。笔者在推手发放时曾有两次失手，幸运的是还没酿成大祸。一次是，发放一位太极同好时，下按的劲大了些，对方下盘软弱不稳，失去平衡的身体倒退数步，眼看就仰天跌倒，后脑勺正要撞在花台矮墙上，所幸另一位同好疾步上前，在花台矮墙前补了位，免去一场事故。但仍让笔者心有余惊、后怕不已。从此，笔者在训练发放时，必须安排好被发者的保护。另一次是，笔者在上掤发放对方时，不经意用了些"旋转"的意，对方有一定揉手经验，随即"跳开"；当时也没有不适，但回到家后，其腰部产生不适，不能自如转动，去医院就诊，诊断为"闪腰"，一个多

月后才复原痊愈。究其原因就是笔者在上掤时带了些旋转的意惹的祸。对方"跳开"后,双脚着地了,但上身的旋转还未停息,造成"闪腰"。笔者又作了深刻反省,日后在训练发放时必须把握好分寸。

**⑪习练反式**

太极拳练至正式(右式)全纯熟,且精气神均能显露;然后可将全套各势改为反式(即左式)——即动作为右手者,改成左手;左手者,改成右手;右足者,改成左足;左足者,改成右足;左转者,改成右转;右转者,改成左转。倘能将全套左式架子,练至绵绵不断如右式相同者,则功夫一定会更进一层。左右均能应用,则无偏重之弊,而比仅练右式时更觉兴味浓厚。如求深功夫者,更为必须。

笔者是为团练授拳需要,在"杨式'老六路'"、"吴氏(公仪)太极拳"、"孙式太极拳"及"段氏'两仪慢架'"右式(正式)精练的基础上,练就了反式(左式)行拳。反式行拳有利于开发右脑功能,提升思维效率,增进协调能力。

● **重要提示**

① **用意不用力**

太极拳论云:"此全是用意不用力。"

笔者编的"行拳要诀"首句就是"意在先",以体现"意气为君,骨肉为臣"的指导思想。在太极拳的运行中意气是统治者、领导者、支配者;骨肉(形体)是被统治者、被领导者、被支配者。这种关系必须明确,不能含糊,更不能颠倒过来。只有用"意在先"练习太极拳才能全身松开,以达到"不用力"之目的。这"不用力"的"力"是指拙力。拙力的表现就是因筋骨不放松而导致身体某些部位凹凸不顺的局部用力,用拙力,使浑身僵紧,气血停滞,转动不灵。若不用拙力而用意,意之所至,气即至焉,如此,气血流注,日日贯输,周流全身,无时停滞。久久练习,则得真正内劲,即太极拳论中所云:"极柔软,然后极坚刚"也。

还要强调的是:拳谱上的"用意不用力"是不用肌肉筋腱产生的拙力,而太极拳者是力从人借,用他人之力(包括地心引力及地面的反作用力和对方之力)。唯有自己不用力了,才能借他人之力。

② **先求开展后求紧凑**

太极拳有一名言:"先求开展,后求紧凑"(《十三势行功心解》)。这是给初学者的一个重要提示。这是因为:一是"开展"容易练,而"紧凑"难以掌握。故入手先求开展,动作逐步由大而小,最终实现紧凑;二是太极拳之松,是须骨骼节节脱开后实现的,动作开展即是抻筋拔骨将形体对拔拉长,为去僵存柔创造条件,至紧凑时才能做到内外合一。

③ **慢练出真功**

平心静气,静心慢练。随着外形动作的和缓转移,引动内气于体内无微不至地细细运行,使意气相合,使神形合一,顺其自然之势,听其自然之运,得其自然之机,合其自然之道,渐入物我两忘之境。只有中气存于中,虚灵含于内,方现一片太极原象。

与我团练的太极同好们每每问我:"虽然老师再三叮嘱'慢练出真功',但就是慢不下来。"我回答:"你是否在行拳时默诵行拳心法,按行拳心法提示的轨迹行拳?"问者语塞。

慢练时其慢是有内容的:你在慢练中专心默诵心法,意领形随,必定"用意不用力",且不经意间,你的腿部在慢练中承重力提高了;你在慢练中检查自己的身形是否符合身法要领的要求;你在慢练中体悟是否与行拳要诀有偏差;你在慢练中会感觉你的骨骼如何节节松开;你在慢练中可感受头顶的百会穴如何与天接,你的脚底的涌泉穴如何与地贴;你在慢练中会体会内气贯输指尖是何种感觉;你在慢练中学会你的眼神随着开合一出一入,颜面荡漾着笑意……

随着你的功夫长进,你在慢练中的感受会越来越美妙,你会在慢的意境中愉悦着、享受着、陶醉着。

④ **呼吸自然**

太极拳动作轻松、柔和、沉着、灵活,可以使呼吸逐渐做到有节律地"深、长、细、缓、匀"。初练时,不必关注呼吸,自然顺畅就行;随着拳式运行熟练,要求意识、呼吸和动作三者密切配合。行拳功深时,自然地运用逆腹式呼吸,即吸气时小腹微内收,呼气时小腹微外凸,古人称作"练气",吸为合、为蓄,呼为开、为发。这种呼吸运动称作"拳势呼吸"。

太极拳强调呼吸自然,由于姿势和动作的繁简不同,从而产生不同强度的自然呼吸,练气功夫,就是要在不同的自然呼吸基础上,顺应着动作的开合虚实来提高呼吸的强度和深度。


● **常见错误**

① **僵直**

拙力存身,有刚无柔。防治:行拳时"用意不用力",意领形随,全身放松。

② **耸肩**

肩上耸、上拔。防治:时时注意沉肩坠肘,掌根下塌。

③ 架肘

肘上架。防治:肘要下坠,不能离肋。

④ 凹胸

含胸过分,有合没开。

⑤ 突臀

臀可以上下立体螺旋翻动,切不可后突。裆部有开有合,肛门有松有提,臀部有翻有沉。

⑥ 跪膝

膝过足尖。防治:坐身,加强下肢功力锻炼。

⑦ 绷胯

胯松不下,即大腿根处凹不进去。防治:松胯的要领在于塌腰,打拳时腰后坐似"坐着打拳"。

⑧ 尖裆

裆不虚圆。防治:会阴穴放松,两膝里合,两大腿内侧肌有向后外翻之意。裆部如桥拱,总是半圆型,不能人字型。

⑨ 断续

劲断,动作不连贯,不能一气呵成。防治:形停意不断,意定劲还连。

⑩ 起伏

行拳时忽高忽低,起伏不定。防治:轻沉兼备,上有虚领顶劲,下有气沉丹田,对拉拔长,稳固下盘,裆呈锅底型。逐步做到上肢如风吹杨柳,下盘稳如泰山。

# 第十节　太极拳与佛法

笔者"喜好太极,修行佛法",自借助于佛法,才获太极拳之松静,后又研读了王壮弘先师《上善若水——王氏水性太极拳讲记》,笔者就专门为我的太极同好们作了一次《认识太极与佛法》的讲座,将佛法与太极拳融会贯通的同修心得与大家分享。

● **本具**

以前,每当研读山右王宗岳的《太极拳论》,读至"……斯技旁门甚多,虽势有区别,概不外'壮欺弱'、'慢让快'耳,有力打无力,手慢让手快,是皆先天自然之能,非关学力而有也。察四两拨千斤之句,显非力胜! 观耄耋御众之形,快何能为……"总是心里一阵纠结,这"壮欺弱"、"慢让快"、"有力打无力"、"手慢让手快"明明是"学"着用"力"而"有"的,怎么会是"先天自然之能"呢? 太极拳的精髓是"用意不用力"、"四两拨千斤"、"耄耋御众",这些才是太极拳"阶及神明"之奥妙啊。但翻阅太极拳研究家、名家对《太极拳论》众多的注释与解析,均是认为"壮欺弱"、"慢让快"、有力打无力、手慢让手快,是皆先天自然之能……

直至 2009 年初,读《上善若水——王氏水性太极拳讲记》,这才被指点迷津,解除"纠结"。王壮弘先师认为:"鉴于现在流传的王宗岳《太极拳论》,颇有后人妄改的痕迹,若将'是皆先天自然之能,非关学力而有也'。作句位改正成:'**……斯技旁门甚多,虽势有区别,概不外'壮欺弱'、'慢让快'耳,有力打无力,手慢让手快。察四两拨千斤之句,显非力胜! 观耄耋御众之形,快何能为? 是皆先天自然之能,非关学力而有也……**'"这才是王宗岳所要表达的原义。王壮弘先师还发掘出王宗岳的本意,即太极拳之道,既有儒、道更有佛的内涵,而且当太极拳功夫至"阶及神明"时,太极拳能证"本具",太极拳功夫即是内证的修行功夫。

笔者又读《太极拳讲义》中竖版的《太极拳论》,每句均以"句号"分隔断句。"……斯技旁门甚多。虽势有区别。概不外乎壮欺弱慢让快耳。有力打无力。手慢让手快。是皆先天自然之能。非关学力而有为也。察四两拨千斤之句。显非力胜。观耄耋能御众之形。快何能为……"。这样,至"有力打无力。手慢让手快。"被句断了。而"是皆先天自然之能。非关学力而有为也。"是另一层的意思引入,"是"可以是认定、断定、承认、接受时的一种状态,"学力"即是"学习能力",那么"是皆先天自然之能。非关学力而有为也。察四两拨千斤之

句。显非力胜。观耄耋能御众之形。快何能为"的意思是:认定先天自然之能,而非与学而后有的作为有关,不以力致胜的"四两拨千斤",不以快而为的"耄耋能御众"才是先天自然之能。故笔者认为:古文体的理解与如何断句有极大关系。只有上述的理解,才得以凸显出太极拳的核心内涵"本具"之理。这一活则全盘皆活,这一明则全文皆明。

"本具"就是本来具有的意思。佛法上把"本有"诠释为:"谓本来固有之性德,不论有情非情,其本性万德圆满,在圣不增、在凡不减亦不灭。譬如矿中之金,暗中之宝,是为本有。隐名如来藏,显名为法身"。(《佛法大辞典》,文物出版社,丁福保编纂)人人本具"佛性",但需去妄存真,即得"自在";人人本具"先天自然之能",但需"去僵存柔",即得"从心所欲"的太极拳功夫。

## ● 总纲

佛法的"三法印"与太极拳的"阴阳"学说均是人类认识万物的总纲。

① "三法印"

【经云】:诸行无常。诸法无我。涅槃寂静。

这是佛陀为了利益有情所宣说的一切佛法法义的总集纲要,是修行者认定的宇宙法则。

**诸行无常:一切和合事物皆无常**

何谓"和合"? 释迦牟尼佛所发现的宇宙自然规律"缘起法",启示人类:"因缘和合而生,因缘散尽而灭。"——即任何事物都是由一个前"因"和适当的条件(缘)配合而产生结果,而"缘"是由很多条件配合而成,所以"缘"会不停地变化着,同样的"因"遇到不同的"缘",其结的"果"便会很不相同。必须以善的"因"配以良的"缘"才能得圆满之"果"。

"无常"即是指世上所有的行为、现象和事物都是无常的、不稳定的、变幻着的。

**诸法无我:一切事物皆无自性**

这是指世上所有的法则、现象、人和事物,都是无我的。所谓无我,并非否认我的存在,而是指万物没有一个不变的本质。

《金刚经》经常出现的偈语:"所谓佛法,即非佛法,是名佛法。"套用于"我"则为:"所谓我,即非我,是名我。"所以说,所有事物皆没有固定不变的本质,只是我们常常执着于自己主观的看法。

明示"事物皆无自性"。目的是教导我们不要执着于事物的表面现象,将事情看得透彻一点。这样,你就不会偏激,就会包容,就会自觉取"中"取"和"去实现和谐。

**涅槃寂静:"灭一切生死之苦,而为无为寂静"**

这是代表一种心境寂静、舒畅、安宁的境界,到达这种境界时,烦恼已寂灭,再不会有生死、人我、痛苦等,是一个充满快乐、光明、自由自在的境界,也是学佛的最终目的。

在我们的人生中,不能达到不生不灭的涅槃境界,但"寂静"提示我们树立"远离烦恼,断绝苦患"的意识。

在日常生活中不起执著,不贪恋五欲(食、色、名、财、睡),豁达宽容待人,自然心境舒畅达到清净安宁的境界。

"三法印"是真理的总纲,以其博大精深的义理指引着觉悟者走向"智慧"的彼岸。同时,也是人们认知"世界"的指南。

② 阴阳

阴阳是对自然界相互关联的某些事物和现象对立双方属性的概括。阴阳学说是事物发生、发展、变化的规律。

就是中国人,真正能认识"阴阳"之涵义的,也不是大多数;但知道"电脑"(计算机)的却是绝大多数。殊不知,直接导致"电脑"的发明,是二进制的发现,二进制的实质是通过两个数字"0"和"1"。"0"和"1"在计算机中通过不同的组合与再组合,模拟出一个纷繁复杂、包罗万象的虚拟世界。

在易学中,我们前辈圣贤们认为阴阳是构成世界的基础,他们不断地使用阴阳进行组合和再组合来描述世界万物的变化规律,数的二进制就等同于自然界的"阴"和"阳",就是自然界中存在的两种对立统一的能量。自然界中"阴阳"能量就像电脑中的"二进制"一样,用"阴"来表示"0",用"阳"来表示"1",真实地构成了我们纷繁复杂的"万有"世界。但阴阳与数的二进制区别在于自然界的"阴阳"存在对立统一的关系,两种"阴阳"能量存在着各自的特性和规律,并不断地相互作用和影响;而计算机中的"0"和"1"只能按照我们人类给定的条件来运行,不能体现现实世界阴阳能量对立统一的特性,不能完全复制现实世界中"阴"和"阳"的全部特征和规律。

当今科学家论述:波色子(注14)和费米子(注15)是物质世界的两种存在。而波色子和费米子正好和中国古代的阴阳太极思想一致,即"阴"物质是波色子,是物质存在的基础;"阳"物质是费米子,是物质存在的形式。我们的现实世界就是以阴物质存在的基础而表现

---

注14:传递作用力的粒子(光子、介子、胶子、W和Z波色子)都是波色子。

注15:基本粒子中所有的物质粒子都是费米子,是构成物质的原材料(如轻子中的电子、组成质子和中子的夸克、中微子)。

出阳物质形式。哲学家时效波指出:惯性维护平衡(阴)与作用造成变化(阳)是物质最基本的属性矛盾,是物质世界最基本的矛盾。所以孔子说"一阴一阳谓之道"。

阴阳学说的基本内容:阴阳对立、阴阳互根、阴阳消长和阴阳转化四个方面。

**阴阳对立**

即指世间一切事物或现象都存在着相互对立的阴阳两个方面,如上与下、天与地、动与静、升与降等等,其中上属阳,下属阴;天为阳,地为阴;动为阳,静为阴;升属阳,降属阴。

**阴阳互根**

对立的阴阳双方又是互相依存的,任何一方都不能脱离另一方而单独存在。如上为阳,下为阴,而没有上也就无所谓下;热为阳,冷为阴,而没有冷同样就无所谓热。所以可以说,阳依存于阴,阴依存于阳,每一方都以其相对的另一方的存在为自己存在的条件。这就是阴阳互根。

**阴阳消长**

阴阳之间的对立制约、互根互用并不是一成不变的,而是始终处于一种消长变化过程中的,阴阳在这种消长变化中达到动态的平衡。这种消长变化是绝对的,而动态平衡则是相对的。从子夜到中午,阳气渐盛,人体的生理功能逐渐由抑制转向兴奋,即阴消阳长;而从中午到子夜,阳气渐衰,则人体的生理功能由兴奋渐变为抑制,这就是阳消阴长。

**阴阳转化**

阴阳双方在一定的条件下可以互相转化,达到极致便是物极必反。可以说,阴阳消长是一个量变的过程,而阴阳转化则是质变的过程。阴阳消长是阴阳转化的前提,而阴阳转化则是阴阳消长发展的结果。

《黄帝内经》的归结:"阴阳者,天地之道也,万物之纲纪,变化之父母,生杀之本始,神明之府也。"(《黄帝内经阴阳应象大论》)

太极拳以太极命名,是承阴阳太极之理。其理是孤阴不生,孤阳不长,阴阳是互生、互长的,它们的关系是阴由阳生、阳由阴生、阴不离阳、阳不离阴、阴极生阳、阳极生阴,阴即是阳、阳即是阴、阴阳相济,是为太极。太极者即自身,自身乃一太极。

佛法的"三法印"和太极拳的"阴阳学说"是人类认识万物最深刻的真理,太极拳和佛法一起参研,两者是珠联璧合。

## ● 空、有

### ① 佛法的"真空妙有"

一说到佛法的"空"，世人就会想到"虚无缥缈，什么也没有"或"受了刺激，看破红尘，消极迷信，堕入空门"。殊不知，佛法中"空"的含义是：

"事物呈现出变化无常的现象，两边相互依存而互动的关系，以及分别对立的统一。"佛学的"空"从哲学的高度揭示了宇宙的自然规律。

这个对"空"的理解是从什么地方获得的呢？笔者因背诵《般若波罗蜜多心经》而有缘寻觅到一本佛法的启蒙书《心经与生活智慧》，作者潘宗光曾任香港理工大学校长，是科学家、教育家，曾两次被瑞典皇家科学院提名为诺贝尔化学奖候选人，也是佛法的修行者。笔者自阅读了这本书，认识到佛法是一门深奥渊博的哲学，从此踏上了修行佛法之路。

一切事物因为是众缘假合而成，故非恒常不变，其性空，所以说"非有"。反之，因为性空，故能借因缘而生起，所以说"非空"。空不是空它的作用，而是空它的体性，有是有它的作用，而不是它的体性。故"空"而不空谓之"空"，有而不有谓之"有"。

中观论认为：在真实意义上一切皆空，在常规意义上一切存在。绝对意义上的空是空而不空，不有而有；常规意义上的有是有而不有，不空而空。这在禅思中空无所有与禅思之后一切皆现，是谓合二为一的真空妙有。

这些佛学中的表述似乎太拗口难理解，换一种说法。我们常人说有就是有，说空就是没有。这被认为是"常规真理"是吗？好，现在我们换一种"智慧"的说法：说"有"是"空"的变相，因为有"空"才有"有"。一个空杯子因为它是空的，才可以盛水，盛水就是有了；盛水就是"空杯子"的作用，而空杯子的空是它的体性，没有"空"，哪来"有"，而要"有"必须先"空"。这就是一个"绝对真理"。当圣者的智慧与常识之间没有一丝抵触，相安融洽时，就达到了常规与绝对的"二谛双运"。否则，常规真理与绝对真理是永远不会走到一起的。

释迦摩尼佛祖说："向佛门求福报是迷信；向佛门求神通是邪信；向佛门求智慧才是正信。"这才是佛法的正见。一个真正的佛法修行者是修正见求智慧，遵循宇宙自然客观规律，行利众利他之实践的觉悟者。

### ② 太极拳的"无中生有"

"太极者，无极而生"。生什么？"道生一。即此太极也。"

"无"即虚无，"有"为太极，太极拳由虚无而来，所以必须"贵静"。《太极元气论》曰"太

极谓天地未分之前,元气混而为一,即是太初,太一也";这"天地未分之前"就是"无极",但在这混混沌沌的无极状态,吐气布化使"元气混而为一"即成太极,故太极由气聚合布化而来必须"主柔",只有气和水才展现柔。行拳柔若水的太极拳才是真太极拳。

在行拳时,行拳者的意气向四周舒散,练得"什么都没有了",谓之空。在人体中,这空处于何处?《十三势行功歌诀》首句:"十三总势莫轻识,命意源头在腰隙",又云:"刻刻留心在腰间"。这个"隙"就是空隙处,在腰隙,即在"腰间"的空隙处,这个腰间千万不要误以为腰部能转动的这个关节实处,所谓腰间,也就是人身正中间的中心,而那个中心是空的,这就是要刻刻留意的命意源头。犹如飓风的中心是它的能量发动和交换处,它是空的。人体的这个阴极生阳的能量交换中心也必须是空的中心——腰隙。太极拳研究家祝大彤说:"空腰是命意源头,源头乃是发源地。高明的拳家不应该有腰,拳家的腰是'隙'是'间',是'空'是'无'"(《太极内功解秘》)。由这个"空"的中心之处向四面八方扩散谓之"开",也是"有",且"开"其大无外;由四面八方向中心合拢谓之"合",且"合"其小无内。其大无外的空处是阳,其小无内的空处是阴,阴阳相济,周而复始,能量也就源源不绝。太极拳就是由这个"空"产生能量的"有"。所以笔者与太极同好说:"贵静、主柔、虚实、上下相随还可理解,这'内外相合'就是一个大的'坎'了,能开合也就懂得'一阴一阳谓之道'的太极拳真谛了。"

"有"生于"无","无"为"有"之根。练"有"容易,练"无"难。以后天之"有"悟先天之"无"。太极拳的高层次修炼是要修道悟理,"道驭拳"、"拳合道",直至"拳无拳,意无意,无意之中有真意","说真意既非真意,仅是名真意"。

国学大师南怀瑾说:"整个宇宙由两部分组成,一个是物理世界,一个是精神世界;而一个人的生命活着也只有两样东西,一个是生理的、身体的,一个是精神的、思想的。"(《南怀瑾与彼得·圣吉关于禅、生命和认知的对话》)。而当今世界绝大多数的人都在"经济发展"与"政治民主"这两大领域忙碌着,至于"认知自己"的这个重要领域却被世人忽略了。佛法与太极拳正是人们"认知自己"的认识论和方法论。人们通过修行佛法与修习太极拳挖掘自己本具的"自性"和"先天的自然之能",认识宇宙万物运行法则与事物发生、发展和变化的规律,掌握"真空妙有"、"无中生有"的智慧,使人们有可能实现精神上的"绝对自由"和生理上的"从心所欲"。佛法与太极拳在"认知生命"中有异曲同工之妙。

# 第二章

## 行拳心法释要

本章节的内容,由笔者分别摘录了《杨式太极拳述真》(汪永泉 讲授)、《杨式太极拳术述真》(魏树人 著)的"内功劲法"和"内功理法"等相关内容,附加笔者个人在多年习练中积累的体悟汇编而成。

# 第一节　内功心法,何来?

## ● 两条脉络

通过第一章的阅读,我们已认识了太极拳,但"怎么做,才能踏进太极拳之殿堂呢?"太极拳的练者数以千万计,但大多数都是在做"太极操"。为什么练了多年太极拳,还仅仅是个"太极操"呢? 因为,太极拳近百年来有两条发展脉络:一条是只传授太极拳的肢体动作,这是太极拳的"阳"面,也就是我们现在所说的"太极操";另一条是"用意不用力"的内功心法,这是太极拳的"阴"面,这就不是每一个练者都有缘学得到的。

## ● 内功心法的传承

就以太极拳中传播最广泛的杨式太极拳来说,当年,杨式太极拳承前启后的代表人物是杨澄甫(注16),他在广泛传授太极拳之前,他的父亲杨健侯就告诫他:只能传架子不能传内功心法。于是,他定型的杨式太极拳就成为现在人们广为熟知的 85 式太极拳。大多数人认为杨澄甫定型的杨式太极拳架子就是杨式太极拳的全部了,其实,这是一种误解。

---

注16:杨露蝉是杨家第一代太极拳宗师,第二代宗师杨班侯、杨健侯,第三代宗师杨健侯之子杨少侯、杨澄甫。

当年杨露蝉三下陈家沟艰辛学拳,辛辛苦苦学来的"太极拳门里的(内功心法)"内容,哪能轻易向外传授呢? 这样,就造成太极拳的真谛被长期隐匿在另一条不为众人所知的发展脉络中。据笔者所知,这内功心法的传承体系是:杨露蝉→杨健侯→杨澄甫→汪永泉→魏树人等。

据汪永泉宗师的儿子汪仲明说:"我的父亲七岁时,开始跟随我的祖父汪崇禄一起在溥伦贝子府向杨健侯学习太极拳,后又跟随祖父在杨家练拳。到了十四岁时,由于辈分的原因,杨健侯指定我父亲拜其三子杨澄甫为师。一直到杨澄甫去了上海,父亲才中断了在杨家的直接受教。父亲在杨家学拳的过程中同时受到了师爷杨健侯及师伯杨少侯太极拳技艺的直接教授,得到了杨家两代三位拳师的真传。这是后来他所传授的杨式太极拳内功及轻劲、点断等劲法有别于杨家在外所传的一个重要原因。"(《汪永泉授杨式太极拳语录与拳照》,刘金印整理)

## ● 内功心法亮相于世

"汪永泉宗师七十岁时,应聘到中国社会科学院授拳。为了挖掘、继承杨式太极拳的真谛,社会科学院哲学研究所所长齐一、文学研究所所长王平凡商定邀约(魏)树人学习拳艺并记录、整理宗师所授的拳论、拳架之教程,以帮助宗师出书,将这已濒临失传的瑰宝向社会推广,并再三叮嘱(魏)树人要亲身将拳艺继承下来以传后世。""自先师汪永泉讲授的《杨式太极拳述真》一书面世后,中外朋友都希望进一步学习和探索这一门太极拳技艺,纷纷建议我(魏树人)编写一本由初学阶段转入中级阶段之后的书籍。为了满足大家的要求,余不揆庸昧,在先师所传的基础上,融合自己数十年学习、探索太极拳艺之所得,本着知无不言、言必由衷的精神,将这一门技艺的精华原原本本地告知所有太极拳的爱好者。"(《杨式太极拳术述真》,魏树人著)。从此,前辈拳师缄秘不传而险致湮没的太极拳真谛被公布于世,为人类造福。

笔者于2000年初,从《武当》杂志上获悉,"北京混元文化中心"受魏树人老师委托开办"杨健侯秘传太极拳《老六路》函授班",我在第一时间报了名,而且还成为函授班第一个报名的学员。当接到魏树人老师著作的《杨式太极拳术述真》一书和《杨健侯秘传太极拳内功述真》的光盘及说明时,真是如获珍宝,如饥似渴地研读,不分昼夜地学练,连续有好几年的黄金周假期,必赶赴北京,去接受魏树人老师的学生——蓝晟老师的指导。当我渐渐对"用意不用力"、"开合相寓"有所感悟时,又有缘得到魏树人老师入室弟子郭正勋教练（亦是台湾跆拳道七段）悉心指点老六路中一招一式的真谛，并多次拍摄了郭教练的示范教授"老六路"的视频，为笔者的深研"老六路"的内功心法创造了条件。十余年来，按照"意在先"的行拳心法习练"老六路"，使我叩开了太极拳殿堂之门，感悟非浅，并让一批跟我团练的太极同好们也"以心法为钥匙"，分享这踏进太极拳殿堂的有效方式。

近几年来，笔者分别以师从寿关顺老师和徐国昌老师而学得的"孙式太极拳"及"吴氏（公仪）太极拳"为基础，以魏树人老师创编的"22式老六路"行拳心法为样板，将"气"作为"意"领"形"随的载体，逐式试编了《吴氏（公仪）太极拳的行拳心法》和《孙式太极拳的行拳心法》，并试着给习练这两种拳式的太极拳爱好者提供一条尽快达成"松柔"境界的捷径。

# 第二节 何谓"行拳心法"

## ●"行拳心法"是什么?

我们所讲的"行拳心法"是通过人的心(意念)导引太极拳行拳的一种方法。行拳心法本无固定的模式和规矩,但笔者创编的行拳心法是以下述六条立论为原则的。

## ●六条立论

笔者为行拳心法拟定六条立论,分别是:

① 太极拳孕育着阴阳,且是以阴(神意气)的存在为基础而表现出阳(肢体动作)的形式。通过行拳心法展示太极拳的阴阳相生,并体现太极拳内外相合之基本规律。

② 意念贯穿太极拳行拳的全过程。即"凡此皆是意"。

③ 行拳心法的运程是:先用"意",导出"气",再催引"身形"。即"以心(意)行气,以气运身。先在心,后在身"。

④ 意气是统治者、领导者、支配者;身形是被统治者、被领导者、被支配者。即"若言体用何为准,意气君来骨肉臣"。

⑤ 强调"意在先",改变用拙力的习惯,达成摧僵化柔的目的。即"用意不用力"。

⑥ 所谓"行拳心法",非"行拳心法",名为"行拳心法";"行拳心法"仅是"筏",当渡到"弱胜强、无力打有力的先天自然之能"的彼岸时,这"筏"也就功德圆满完成使命了。

## ●行拳心法要素

笔者以汪永泉宗师讲述的《内功心法说明》和魏树人老师述真的《内功理法》为基础,归纳行拳心法的要素为:

| | |
|---|---|
| ① 气 | ⑥ 胸中十字 |
| ② 气球和气团 | ⑦ 劲源 |
| ③ 身中垂直线与钟锤 | ⑧ 眼神 |
| ④ 三关 | ⑨ 太极图与阴阳掌 |
| ⑤ 三道气圈 | ⑩ 八种劲法 |

# 第三节 气

行拳心法的第一要素就是"气"。"气"涉及天地为无中生有的本体;"气"涉及太极拳则为意领形随的载体。这是"气"之"理",即是"气"的客观规律。

气为何物?

在中国陕西师范大学哲学系许宁老师所撰写的《气化之道》一文中,中国现代哲学家张岱年(注17)明确将"气"规定为哲学意义上的物质范畴,他指出,"中国哲学中所谓气,有几个特点:1)气凝聚而成为有形有质之物,气是构成有形有质之物的原始材料;2)气是有广度深度而言的,即是有广寰的;3)气是与心相对的,是离心而独立存在的实体;4)气是能运动的,气经常在聚散变化过程中。从这些特点看,中国哲学所谓气与西方哲学所谓物 质,是基本类似的,但中国哲学所谓气又有两个特点:1)气没有不可入性,而贯通于有形有质之物的内外;2)气具有内在的运动性,经常在运动变化之中。在中国古代哲学中,气、形、质有层次之别。质是有固定形体的(质不是今日一般所谓性质之质)。西方古代哲学所谓原子,用中国传统哲学的名词来说,应云最微之质。而中国古代哲学则认为万物的本原是非形非质的贯通于一切形质之中的气,这气没有不可入性,而具有内在的运动性。这是中国古代唯物论的一个基本观点。"孙禄堂祖师曰:"太极即一气,一气即太极",太极拳的内功心法的核心就是这个"无形无质、没有不可入、又具有内在运动性"的"气",即"内气"。

## ● 无—有(气)—万物

在本书的第一章第一节"太极之定义"已提及老子《道德经》的开篇章中有曰:"无,名天地之始;有,名万物之母。"我们进一步将这两句表述如下:"无,名者为道,道无形,故不可名也。始者,道本也,吐气布化,出于虚无,为天地本原始也。""有,名谓天地,天地有形位,阴阳有柔刚,是其有名也。万物母者,天地含气生物,长大成熟,如母之养子。"

---

注17:张岱年(1909-2004年),中国现代哲学家、哲学史家。张岱年于1933年毕业于北京师范大学,任教于清华大学哲学系,后任私立中国大学讲师、副教授,清华大学副教授、教授。1952年后,任北京大学哲学系教授、清华大学思想文化所所长、中国科学院哲学研究所兼职研究员,1980年后任中国哲学史学会会长、名誉会长。

"无"是天地还没有生成以前的境界，"非常名"也就名"无"，为"道本也"，而"虚无"怎么成为"有"的呢？是通过"吐气布化"、"含气生物"成为天地的，"气"就是"有"的"本始"。故老子云："道生一，即此太极也。"这太极是一、是气。这本始的气孕育着阴阳两气，其阴阳二气互相作用而生成万物。

也有北宋的儒家气学派代表张载指出："太虚无形，气之本体"。他认为："太虚不能无气，气不能不聚为万物，万物不能不散而为太虚。"具体事物的生灭乃是气之聚散，但"气无生无灭、永恒存在"。

笔者费这些笔墨，目的是为让读者理会，太极拳内功心法的"气"之"玄妙"，是合天地的"气本体"之"理"的。

### ● 意—气—形

想踏进太极拳之殿堂的太极爱好者，当然不甘心仅将太极拳演练成肢体活动的"太极操"，但要体悟太极拳内功劲法的奥妙，必须通过"内功心法"来实现，而"内气"是构成太极拳内劲的一大要素。

《十三势行功心解》明白指出："以心行气。以气运身。先在心。后在身。"这就告知练者，太极拳的运程是：先用"意"，导出"气"，再催引"身形"。即"以意领气，以气催形"，这内气是"意领形随"的载体。

太极拳的各种形体动作都是在意气的催动和影响下运行的。意气通过形体动作的转换而进行变化并发挥作用。在运行中，形体与意、气的支配不可有割裂与分离，要以内在的意气走向为主，形体动作服从神、意、气的支配与之协调配合。

需要说明的是，意气的走向并不像形体动作那样连绵不断，而有一定的节律，它来自练者的主观意识的产生与变化，故用时则有，用过即无，精神贯注，意导气行，富于变化。

天地是一大太极，人体是一小太极。天地从无到有是以气为本体，人们习练太极拳由意到形也必然以气为载体，才有可能踏进太极拳之殿堂。

### ● 意到，气到

说到内气，一般人总觉得有些神乎其神，而当你已认识了气是"无形无质、没有不可入、又具有内在运动性"的客观存在后，内气就不显得神秘了。接下来的问题是：内气是怎么形成的？大道至简,回答是:"意到,气到。"就是那么简单。在长期盘练拳架的过程中,以意念引导而产生的内气,它布散于全身,服从于意念的调遣,体内内气的聚散、圆转、升降等变化皆由内气不同的动荡方式而产生。初始用意也许你仅是"意到",感受不到"气到",但日复一日,年复一年,到某一天,你行拳时突然会发现有股气流贯通你的指尖,你的手掌温热,这时候,你才明白,这是"气到"了。

  还有个现象,练者也可自己判断一下。你可检查一下自己的手指甲根部白色月牙部分—半月痕(注18),如你十个手指中已有八个指甲有半月痕,则你的内气一定较充沛了。

---

注18:在指甲下方五分之一处,出现一条白色弧形的痕迹,这就是半月痕,也有人称之为小太阳。指甲半月痕是阴阳经脉界线,是人体精气的代表,故也称为健康圈。十个手指只要有八个手指有半月痕,就表示精力充沛,如小手指也有半月痕表示精力相当旺盛。

# 第四节　小气球与气团

## ● 小气球

魏树人老师说："先师（汪永泉）授拳时讲，盘拳自始至终手中都要有小气球，无论成掌、变拳、还是勾手皆须如此。""练太极拳时，手心虚拢成瓦垄状，要意想在虚拢的手心里沾有一个小气球。小气球在圆形圈走的拳架中起着婉转衔接气韵的重要作用，小气球的出现与运用是手部动作虚灵变换的内在根由。"（《太极拳术述真》）

笔者自学练"老六路"的十余年来，行拳中自始至终意想手心沾着一个圆活的小气球，有效实现了"用意不用力"的行拳原则。近几年，笔者试着将这有效的"小气球"成果嫁接到"吴氏（公仪）太极拳"、"孙式太极拳"和"两仪慢架"的行拳之中，并进一步设想了"小气球动态"的功能，不但"减除拙力"效果斐然，还明显地促进内劲的增长。所谓"小气球"在行拳中动态运用，如下：

　　①　　　　　　　　　　②　　　　　　　　　　③

④ ⑤ ⑥

① 手掌心向上时,意想手心似擎着小气球;

② 手掌心旋转朝下时,意想手心似沾着小气球;

③ 欲双臂前举,先意想手心含拢着小气球欲向前向上升腾;

④ 欲肘下坠,先意想两手掌心含拢着的小气球各自顺着两前臂滚至肘尖;

⑤ 欲手臂垂下,先意想贴于两肘尖的小气球,顺着前臂回落至手掌心;

⑥ 欲持掌前展,先意想手心小气球前行,融入前方气圈;

……

## ● 气团

笔者体悟了"以心行气,以气运身"的行拳心解,引出了"气团"的运用:

① ② ③ ④

① 凡双臂与胸腹形成闭环,必意想闭环中弥漫着气团;

② 凡须动作开展前,先意想蓄着的气团渐渐膨胀;

③ 凡须动作合拢前,先意想将环绕身形的气团渐渐压缩;

④ 按意念的调遣,小气球可变化成气团,气团亦可拆分成两个小气球;

……

在本书的第三章"吴氏(公仪)太极拳行拳心法"与第四章"孙式太极拳行拳心法"中,将具体表述"小气球"与"气团"在各式中运用。

# 第五节 身中垂直线与钟锤

## ● 身中垂直线

身中垂直线是人体正中直线向下垂落的一条意识线,身中垂直线不能上提下落,只能向前后、左右直摆,通过身中垂直线的运动,身形可达到"上下一条线"的立身中正、不偏不倚;行拳运功时,则能做到"平送腰胯、手脚齐进"。待功深时,身中垂直线会膨胀粗大,摆动更趋灵活。(《太极拳术述真》,魏树人)

## ● 身中钟锤

行拳时意想身中有一钟锤。"钟锤既可以向前后左右悠荡,又能旋摆,还可以在胸胯之间上提下落。盘拳时,身体短促、灵动的旋摆、悠荡动作都赖于钟锤从中主导。"(《太极拳术述真》,魏树人)

以钟喻人,钟身即是人之外形。钟锤即是运用内劲的准绳。身形的前后运动,是钟锤的前后摆动所致;身形的旋转,则是钟锤旋摆所致。如此才能做到意先动,继而形动,利用钟锤的动荡使两下肢自然相连相系,下盘动作便既轻灵而又稳固。

## ● 运用规则

不能同时意念身中垂直线与身中钟锤,两者不会同时出现、同时应用。当意念运用身中垂直线时,身中垂直线即出现,用过即消失。身中钟锤也是如此。(《太极拳术述真》,魏树人)

# 第六节　三关及其运用

## ● 何谓"三关"？

三关指人体背后的尾闾关、夹脊关和玉枕关。尾闾关位于脊椎骨的最下段，在尾骨尖端与肛门连线的中点处；夹脊关位于背部，人俯卧时正当两肘尖连线正中处；玉枕关恰在人仰卧时头部的着枕处。三关通起一条髓路，乃阳气上升之路。

## ● 三关的运用方式

三关的运用方式有竖立三关、领起三关、前长三关、斜长三关和后撤三关。三关的任何方式的运用，皆由意念引领内气贯穿三关成一线来完成的。竖三关、长三关均是脊椎的伸缩运动。长三关，即为开，要虚领顶劲，尾闾松垂，对拉拔长，脊椎伸展。竖三关，即为合，脊椎缩回，恢复自然竖立状态。脊椎伸缩促进内脏活动，有利养生，且能发脊背劲，用于技击。

① 竖立三关：

意念中犹如一根旗杆由头后经玉枕、夹脊直插至尾闾处，促使身形自然正直、舒适、精神亦随之提起。

② 领起三关：

　　意想三关由一线贯串自头后向上领起，周身随之舒展。三关领起后可使动作转换轻灵，周身上下毫无重滞之处。

③ 前长三关：

　　意想三关一线斜向侧倾，双脚虚实分明，两臂对拔拉长。

④ 斜长三关：

　　意想三关一线斜向前倾，其势不可阻挡。此为"斜中寓直"，又为"斜中寓正"。斜长三关时，前弓腿支撑全身重量为大实；后伸腿与三关同一斜直线牵制前冲为大虚。以使"进之则愈长"，却又不失周身平衡。

⑤ 后撤三关：

　　三关之意从尾闾后撤。意想一条贯穿三关的细线，从尾闾处向后牵拉而出，由此意带动身形，轻松自如地后移。

# 第七节　三道气圈

● 三道气圈的形成

　　心念一动,两眼微睁,意想胸部犹如两扇门,门中间下端夹着一块小石子。当用意将门向身后两侧推开之际,会有一种心胸豁然开朗之感。与此同时,小石子直坠腹中,丹田内犹如静水投石,激起道道水圈向四外蔓延鼓荡。当内气荡至身后时,腰向后塞,继而内气荡向两旁,两手腕外掤鼓起。而后内气继续下行至"会阴"(注19),再分别从两腿内侧前三分之一处,沿足太阴脾经的"血海"(注20)、膝内侧"阴陵泉"(注21)、小腿内侧"三阴交"(注22),转足少阴肾经的踝内侧"太溪"(注23)、"然谷"(注24),向下涌流至"涌泉"(注25)。

---

注19:"会阴":位于人体肛门和生殖器的中间凹陷处,是人体任脉上的长寿要穴。功用:醒神镇惊,通调二阴。

注20:"血海":位于大腿内侧,髌底内侧端上2寸,当股四头肌内侧头的隆起处,属足太阴脾经。功用:引血归经,治疗血分诸病。

注21:"阴陵泉":位于小腿内侧,当胫骨内侧髁后下方凹陷处。功用:清利湿热,健脾理气,益肾调经,通经活络。

注22:"三阴交":位于内踝尖上三寸,胫骨后缘。功用:健脾益血,调肝补肾,安神助睡眠。

注23:"太溪":位于内踝高点与跟腱之间凹陷处。功用:清热生气。

注24:"然谷":位于足内踝前下方,舟状骨粗隆下方凹陷处。功用:补阴益气固肾,清热利湿。

注25:"涌泉":位于足掌心的前三分之一与后三分之二交界处。功用:散热生气。

复由踝外上遁足少阳胆经,经"丘墟"(注26)、小腿外侧"光明"(注27)、膝外侧"阳陵泉"(注28)、大腿外侧"风市"(注29),向胯两侧上行"环跳"(注30)、"带脉"(注31)涌流。左右汇入"命门"(注32)、流注"会阴",继而翻转沿尾椎前侧"中极"(注33)、"关元"(注34)至胯间(丹田);遂以意气的上行线为中心,一意引领内气,向胯四周散出直径约一米的"胯气圈"。同时,"胯气圈"中心的内气仍继续上行至腰间,圆散出直径约八十厘米的"腰气圈"。"腰气圈"中心的内气仍继续上行至胸上方,再向四周圆散出直径约一米的"肩气圈"。

## ● 三道气圈的功能

### ① 是"散"的通道

在第一章的第八节中提到"知己之功"的"散"。

从上向下松,由头到脚。再从下向上松,松到腰胯,然后意气向四周空处圆散,散成肩圈、腰圈、胯圈三个平圈。待功夫深了,不仅散成肩圈、腰圈、胯圈三个平圈,更要立体地散,向上下左右四面八方散,散成一个大气球。

### ② "意念转动腰圈"在先

拳论说"主宰于腰"。行拳中,身形的左右圆转也是由腰主宰,如以腰部直接转动,就违背了"意在先"的原则,身形必定滞重。腰是空腰,左右圆转必须是先由意念转动腰圈,然后身形随着转动,身形才会轻灵。

### ③ 行拳定位的标尺

行拳中的上肢,是"梢",似流动的气、似荡漾的水,上下起伏。"掤、捋、挤、按、采、挒、肘、靠"八劲之运用,其基本起伏的幅度是在肩圈与胯圈之间。

---

注26:"丘墟":位于足外踝的前下方,当趾长伸肌腱的外侧凹陷处。功用:生发风气。

注27:"光明":位于人体的小腿外侧,当外踝尖上5寸,腓骨前缘。功用:联络肝胆气血。

注28:"阳陵泉":位于小腿外侧,当腓骨头前下方凹陷处。功用:降浊除湿。

注29:"风市":位于直立两手自然下垂时,大腿外侧中指尖所到之处。功用:运化水湿之气。

注30:"环跳":侧卧屈股,位于股骨大转子最凸点与骶管裂孔连线的外三分之一与中三分之一交点处。功用:健脾益气。

注31:"带脉":位于侧腹部,当第11肋骨游离端下方垂线与脐水平线的交点上。功用:通调气血,温补肝肾。

注32:"命门":位于人体的腰部,当后正中线上,第二腰椎棘突下凹陷处。功用:外输的阴性水液能维系督脉气血流行不息,为人体的生命之本,故名命门。

注33:"中极":位于脐下四寸处。功用:募集膀胱经水湿之气。

注34:"关元":位于脐下三寸处。功用:培元固本、补益下焦。

# 第八节　胸前十字

● 胸前十字的形成

盘拳时,若意想胸前悬垂着一个十字,则无论演练什么拳式,两肩都能平正,且身体不会倾斜,故有"势势存心揆用意,得来全不费功夫"和"运用在心"之说。

● 手不离"口"

"习太极拳有手不离'口'之说。此处之口并非指嘴,而是胸口的意思。若不明此义就会忽略行拳要领中的关键一环。"无论手的开出与合回,其意向都要由衷而发。其间,开意、合意皆经胸前十字中心往返贯串,手上之意随之与胸中之意相呼应,此开则彼开,此合则彼合。此即所谓手从口出、手从口收,而非手的开合之形而言。譬如,当手欲开时,手上的开出之意要与十字中心相呼应,继而,以十字中心之意气催促手势的开出方能顺遂。合亦如是,惟方向相反而已。这样,才能做到"发于中、形于外、达于四围",使躯干与上肢在运行中感到舒适、平稳、开合自由。

# 第九节　劲　　源

## ● 何为"劲源"

劲源是内劲的发端地。劲源在人体有两处：一处位于背后两肩胛骨下角连线正中；另一处须内功进入较高层次时，出现在手掌心偏上的中指根处。先师传之谓"劲源上手"。

## ● 劲源的运用

练拳时，背部之劲源是全身内劲的集散之处，每一拳势所需的内劲都要由劲源发出，经两臂的上线或下线通向两手。

劲源的运用很有节制，当拳势需要时就催发相应的内劲通向落点，内劲到达预定的落点后，劲源便马上变空，故前人讲劲源的奥妙是"一通即空"。

各种内劲相互之间的转换与变换也要由劲源变劲而达成。例如，当四正内劲改变为四隅内劲时，只要背后劲源内意想的十字微一旋转，形体无须任何变动其正隅就能互变，此谓之"正隅相化"。功深后，劲源上手，手上劲源之功用与背部劲源相同。

# 第十节 眼　　神

## ● 眼神的表现

太极拳的眼神是结合意气的集散,在身体姿势的配合下,通过视线所及处的转化来体现内在精神、气势的一种方式。当正确掌握了颈项松直的身法时,头部便会空空如也,眼神自然能做到视而不见,并牵连两耳也听而不闻,头部轻松的感觉会使内在之精神舒畅地流露到颜面上,现出微微笑意。

## ● 眼神的运用

眼神的运用要配合着意气走向和形体动作的一开一合而一出一入,使周身内外上下皆一致,与神、意、气相合。

眼神的收敛、展放与眼睛本身的睁大、眯小无关,而是体现在视线所及的轨迹上,以意领气向前延伸和向回含收的运行变化。当眼神向前延伸时,要将眼中的内气从两眼的外角松弛地放射出去;回收时,是将放出的眼气由茫然一片的视野中渐渐向中间聚拢,再由眼部正中尽收眼底。

眼神之出必定伴之以入,眼神之入必定伴之以出,如此出入相间、循环有致,才能真正做到眼神的运用是阳中有阴、阴中有阳、阴阳相合。

# 第十一节 太极图与阴阳掌

## ● 太极图

太极图是图式最简单、内涵最丰富、造型最完美的图案。它可以概括宇宙、生命、物质、能量、运动、结构等内容,可以揭示宇宙、生命、物质的起源。其含义:

① 太极图中以"S"线相隔,将太极图清晰地分为两个相互独立部分,即阴和阳,表明这两个部分是"阴阳对立"、不容混淆的。

② 太极图的两个独立块面各有一个对方的小点,即阳块中有阴小点,阴块中有阳小点,也就是说,阳中含阴,阴中含阳,互相包含为"阴阳互根"。

③ 太极图是圆形图,运动以旋转为基本形式,运动轨迹是流畅圆融的。

④ 太极图的阴块和阳块都有大头和小尾的形状,大头为强,小尾为弱,表示阴块和阳块在旋转中的强弱变化,是谓"阴阳消长"。

⑤ 太极图阴块和阳块的大头处分别有对方的小点,同时与对方的小尾衔接,这就显示了太极内部两种能量的变化由小到大,又由大到互变的变易性,呈现出物极必反的状态,也就是说道家认为:事物达到一定程度就会向相反的方向发展。这就是"阴阳转化"。

● 阴阳掌

为在行拳中有机会提示练者遵循太极图的阴阳对立、阴阳互根、阴阳消长、阴阳转化及螺旋圆弧的习练运动的内涵,体悟太极拳的真谛,笔者在行拳心法中编排了"阴阳掌"的手法。当行拳时,一个手掌瓦状在上在前、另一手掌瓦状接前手掌掌根在下在后时,意想其中一个手掌心似擎着黑色的小气球,但在黑色的小气球中央有一个小白点,此谓"阴中含阳";意想另一个手掌心沾着白色小气球,但在白色小气球中央有一个小黑点,此谓"阳中含阴"。

例如,在试编的学练吴氏(公仪)太极拳行拳心法中第三式——"七星式"的心法:

① 静极而动,大气团向右(西)膨胀,使头扭向右,眼神向西远去。

② 腰圈右转,松肩坐左脚,腾右脚脚跟虚贴于地,面向正西,同时大气团蹦出成各自含拢于两手掌心的小气团。

③ 右掌瓦状齐肩圈在上在前,左掌瓦状接右掌根在下在后,两掌合成左右相对的阴阳掌形成太极图,面向正西。

# 第十二节　八种劲法

## ● 八种劲别(《杨式太极拳述真》,汪永泉讲授)

即掤、捋、挤、按、采、挒、肘、靠。每一种劲都有其特定的含义与功用,且又与别种劲相互联系、依赖并存而发挥功用。

在练习拳架中,要使这八种劲有机地穿插结合,才能针对姿势的需要提供圆满无亏的、内在的资助力。同时,拳架的运行、转换得自然合度,才便于太极拳内劲施用得顺达便利。

### ① 掤劲

内气沿身中垂线直落到两脚之间的地面后自然向四面弥漫散开,而后用意念领内气在两腿前方如同气柱一般向上升腾而起。同时,使之周身形成一股自下而上、由内而外、不露形迹的松张之劲,由劲源催发至手上后从中指根部向前涌出。催促两手向上圆转掤举。

行掤劲时,与八卦之"乾"相应,气柱呈金色。

出掤劲时,常伴着按、挤内劲同时催发。

### ② 捋劲

内气沿着肩圈向身前圆散而出,眼神呈展开的扇面形向前平视,随即以意领气,将散出之内气自前而后,经胸前吞向背后劲源;同时,两臂由前捋回的内气要经两肘尖向身体两侧后方消散。要意想"身形"容身在一个大气球中,有后背向气球内壁偎靠之意,后捋之劲便会油然而出。

行捋劲时,与八卦之"坤"相应,气团呈黄色。

捋劲常伴着采、挒内劲同时发出。

### ③ 挤劲

内气沿身中垂直线直落脚底，催动肩、腰、胯三道气圈平行向外松散，直至三道气圈的前缘（肩胯之间）叠垒成一个与三道气圈垂直的一个平面。发挤劲时，右肘端要调向胸部中心前方，使前臂斜立于胸前，右掌心向上，左手掌心向下搭接右掌掌根，形成"阴阳掌"，意想胸臂环抱气团。当身中钟锤前荡，环抱的气团膨胀，内劲从劲源经两肘、两腕通至两手的中指根，随即调动内气已形成的这个平面由后向前带动身形作平直冲撞。

行挤劲时，与八卦之"坎"相应，气圈呈黑色。

挤劲多伴着按、掤内劲同时催发。

### ④ 按劲

意想双手轻扶在胸腹前的大气球的边缘上侧，随后内气沿三关向上升腾，由劲源催发至手上后，从中指根部向前通出，双手贴住大气球且沿大气球的球面行上掀之势，周身如俯伏在大气球上。

行按劲时，与八卦之"离"相应，气球呈红色。

出按劲时，常伴着挤、掤内劲同时催发。

### ⑤ 采劲

内气自劲源透达胸前十字中心，圆散成气球与胸前。意想右手轻扶气球右侧边缘，气球骤然顺时针向下急旋，周身意气向右下方突然沉坠，致使右手沿球面边缘下行旋采之劲。

行采劲时，与八卦之"巽"相应，气球呈绿色。

采劲常伴随着挒、将内劲同时运用。

⑥ 挒劲

内气自劲源透达胸前十字中心,圆散成气球与胸前。意想右手扶贴气球底部右侧,气球骤然逆时针向右上方旋转,周身内气沿三关向上升腾,致使右手随气球逆转,向右上方行挒内劲。

行挒劲时,与八卦之"震"相应,气球呈深青色。

挒劲常伴随着采、捋内劲同时使用。

⑦ 肘劲

内气由劲源催发至肘端集束之后,并沿肘尖所指的方向继续向身外通出,多作为援助力配合手部的动作而起作用。肘劲根据动作的需要向前方或侧后方发出,且总是与靠劲结合使用。

行肘劲时,与八卦之"兑"相应,气圈呈青色。

⑧ 靠劲

内气由劲源催发至肩或背部,而后根据动作的需要向侧面或侧后方发出,靠劲多与肘劲相结合,作为援助力配合手部的动作而起作用。需要说明的是,当肘劲向左前方发出时,靠劲即向右前方发,两者凝聚合一同时催发。

行靠劲时,与八卦之"艮"相应,气团呈黄色。

⑨ 八种劲的混合运用

八种劲体现在姿势中的走向是迥然相异的。

掤是向前上方掤起；按是向前下方按落；挤是平直向前挤出；肘、靠是作用于侧前、侧后方；采是向后下方采落；挒是自内而外呈螺旋形向左或右拧旋发出；捋是由前向后直线捋回。

在掤、按、挤劲混合运用时，要用平直的挤劲督促着上掤、下按之劲，使之浑然形成垂直的折扇状向前发出。

当采、挒、捋劲混合运用时，要用直线向后的捋劲带动采、挒内劲向身体的侧后方引发。

肘、靠内劲的混合运用，多在发出掤、按、挤或采、挒、捋混合内劲之后，肘、靠劲混合成平行的折扇形向侧前或侧后方发出。

当练至功深时，各种劲法皆融于身手之间，可以随时随地随心所欲地支配各种劲法，贯穿于套路的演练和揉手中，达到"掤捋挤按皆非似，妙手一招一太极"的高超境界。

⑩ 打入另册的踏劲

发踏劲时，内劲由劲源松沉至手上，手心朝下如虚含着小气球，要与足之踏地相仿，促使手中的气球沉稳地垂直向下松落，周身切忌紧张用力。在向下踏落的过程中，手中的气球有微微向前滚动之意所发出的劲为"踏按劲"；相反，有微微向后滚动之意所发出的劲为"踏采劲"。

## ● 八法之秘诀(《太极拳讲义》，吴公藻)

### ① 掤劲(向上漂浮之劲)(注35)

掤劲义何解，如水负行舟；先实丹田气，次要顶头悬；全体弹簧力，开合一定间；任有千斤重，飘浮亦不难。

### ② 捋劲(引进落空之劲)

捋劲义何解，引尊使之前；顺其来时力，轻灵不丢顶；力尽自然空，丢击任自然；重心自维持，莫被他人乘。

### ③ 挤劲(集势前迎之劲)

挤劲义何解，用时有两方；直接单纯意，迎合一动中；间接反应力，如球撞壁还；又如钱投鼓，跃然声铿锵。

### ④ 按劲(波浪起伏之劲)

按劲义何解，运用似水行；柔中寓刚强，急流势难当；遇高则澎满，逢洼向下潜；波浪有起

---

注35：八种劲法标题右侧括号中的文字，是笔者试着归纳出来，以帮助读者参考和理解之用。

伏,有孔无不入。

⑤ 采劲(下踏杠杆之劲)

采劲义何解,如权之引衡;任你力巨细,权后知轻重;转移抵四两,千斤亦可平;若问理何在,斡捍之作用。

⑥ 捌劲(斜向旋转之劲)

捌劲义何解,旋转若飞轮;投物于其上,脱然掷丈寻;君不见漩涡,卷浪若螺纹;落叶堕其上,倏尔便沉沦。

⑦ 肘劲(上提融通之劲)

肘劲义何解,方法有五行;阴阳分上下,虚实须辨清;连环势莫挡,开花捶更凶;六劲融通后,运用始无穷。

⑧ 靠劲(肩背后倚之劲)

靠劲义何解,其法分肩背;斜飞势用肩,肩中还有背;一旦得机势,轰然如捣碓;仔细维重心,失中徒无功。

第三章

吴氏（公仪）太极拳行拳心法

# 第一节 吴氏太极拳简介

吴式太极拳以柔化著称,架子斜中寓正,松静自然,大小适中。推手时,守静而不妄动,以善化见长。吴式太极拳,分南北两派。南派为吴鉴泉宗师传承,其传人主要有吴公藻、吴公仪、吴英华、马岳梁等。北派为王茂斋宗师传承,其传人主要有赵铁庵、杨禹廷等,再传有赵安祥、李经梧、王培生等。

## ● 起源与传承

吴鉴泉,河北大兴人。在杨露禅到北京授拳时,其父全佑从学太极拳,后又拜杨之次子杨班侯为师,在杨式小架太极拳的基础上逐步修订,又经吴鉴泉改进修润而形成了一个流派,即"吴式太极拳"。

王茂斋,祖居山东省莱州市(原掖县)大武官村,他是吴式太极拳宗师吴鉴泉的师兄,在当时威望极高。吴式太极拳门人中流传着一本《同门录》,第一页便是王先生的英照,第二页是吴鉴泉宗师的英照,以后是二位先生的弟子及子侄们的照片。王先生对吴式太极拳的形成是很有影响的。

## ● 重要代表人物

### ① 创始人全佑

全佑(1834－1902),字公甫,号保亭,老姓吴福氏,满族,北京大兴人。杨露禅在京授拳时,神机(火器)营中的万春、凌山、全佑受益最佳。经数年勤学苦练,三人各得所长。凌山善发劲,万春得刚劲,全佑则长于柔化。后全佑从杨氏次子班侯继续深造,事师最孝,学习笃诚,深受杨露禅宠爱,兼得杨家父子之长,称著京城。

全佑先生,性格外柔内刚,外表斯文。他为人慷慨,乐于助人,曾于路上见有军人打商贩,遂上前阻止。但军人自负孔武有力,又见全佑斯文,认为可欺,则一言不合即拳脚交加,但如蜻蜓撼树,即刻倒地不起。全佑则告诫其不可自负拳技,欺凌百姓。

一天,全佑在书房读书,忽有客人来访。全佑出客厅相迎,只见客人已经进了大门。全佑款款相迎,那人疾步向前,一揖到地说:"晚生拜见。"全佑拱手还礼,这一瞬间,只听得咣的一声,来客突然飞起,倒撞到客厅门外。周围的人大吃一惊,莫名其妙。原来客人在施礼时突然用一招"仙人指路",直朝全佑下腹打来。全佑明察秋毫,连消带打,便把来客腾空发了出去。

传子鉴泉,徒有王茂斋、郭松亭、常远亭、夏公甫、齐阁臣等。为吴式太极拳奠基人。

② 集大成者吴鉴泉

吴鉴泉(1870－1942),又名爱伸,满族,从汉姓吴。北京大兴人,全佑之子。自幼秉家学,并在其父杨式小架拳式的基础上逐步修改,形成松静自然、架式紧凑、缓慢连绵、不纵不跳、长于柔化的吴式太极拳三十七式。

1912年,吴鉴泉在北京体育研究社教授太极拳,从那时起他对家传的太极拳加以充实和修改,去掉重复和跳跃动作,使拳架更加柔化,形成吴式太极拳流派。

吴鉴泉还对太极拳推手作了改进,他的吴式太极推手别具一格,要求立身中正安静,细腻绵柔,宁静而不妄动。他的推手不仅手法严密,而且招数特别多。

吴鉴泉演练的太极拳,除了慢架子外,还有快架子。快架子是一种刚柔相济、快慢相间的太极拳术,演练起来既轻快又柔和。

吴鉴泉不仅精于太极拳,对各种器械,如太极剑、太极对剑、太极刀、太极十三枪等也非常精熟。

1914年他在北京体育研究社任教,

1927年,吴鉴泉由北京迁居上海,

1928年到上海授艺,被上海精武会及国术馆聘为教授。

1928－1936年,在上海市各届武术比赛、国术国考及民国时期第六届全运会国术比赛中,皆被聘为评判。

1930年聘为上海市国术分馆董事,1932年任该馆太极班教员。

1933年起,创鉴泉太极拳社,任社长。它的分社目前已发展到香港,以及新加坡、菲律宾、加拿大、美国等地区和国家。

主要弟子有徐致一、金寿章、金云峰以及子女吴公仪、吴公藻、吴英华、婿马岳梁、侄吴耀宗等。

### ③ 吴式太极拳的奠基人之一王茂斋

王有林(1862－1940),字茂斋,吴式太极拳始祖全佑的弟子。山东掖县(今莱州市)大武官村人。少时在北京的砖瓦灰铺学徒,从学于全佑。他生性忠厚老实,为人热心助人。在师兄弟中居长，极用功。功夫扎实稳固，身手非凡。自从吴鉴泉、杨澄甫南下以后，他留在北平传拳，授业众多，人才辈出，成为北方吴式太极拳最具影响的代表人物，有"南吴北王"之称。弟子门人遍及北平（今北京）、山东、东北各地。至今北京的吴式太极拳传人大都出其门下，形成强大的体系。曾创办北平太庙太极拳研究会，此研究会是当时太极拳高手云集之处。

全佑在京弟子中王茂斋令人瞩目，他与吴鉴泉齐名，素有"南吴北王"之赞誉。"南吴"是吴鉴泉先生，他1928年去上海教拳，形成了以上海为中心的南方吴式太极拳系。"北王"就是王茂斋先生。至今，以北京为主的中国北方地区习吴式太极拳者，多为王先生的门下。

少时来京，在砖灰铺学徒，后经营此业。他尊师重教，功底扎实，空松自如，深得全佑大师之真传。与鉴泉师弟情义极深，在拳理认同上十分默契，深研太极拳艺，敢于突破前人，大胆改进教学，成为北方创业奠基的掌门人。吴鉴泉和杨禹廷南下在上海，江南各省发展。王茂斋大师留京发展。名声大振，在京宗于吴式太极拳者皆为其传人。王茂斋大师为人忠厚老诚，热心助人，凡南来北往路经北京的名士，多去拜访交流拳艺，互相切磋。有从学者，也毫无保留，如缺少盘缠，尽在大师家中吃住。

常有投学或试功者。一天，有一位试功者到铺店来买筐，正当王茂斋在柜内支应，给他几个筐他都不满意，一定要架顶上的筐，王茂斋蹬凳拿下，往柜台一放，这位买家扶筐而入劲，王大师在瞬间松空后看他一眼，此人即被飞身发放至门外，跌于街上，此事在京城传为佳话。

④ 吴图南

吴图南（1884－1989），生于北京，蒙古族。原姓乌拉汗，名乌拉布。原籍辽宁喀喇沁左旗。9岁起，先后师从吴鉴泉、杨少侯学艺12年。年轻时，就读于京师大学堂学习医学。以后，长期从事武术研究、教育工作，并在考古、文史、心理学、经络学、养生长寿学等方面有较深造诣。先后任南京中央大学、西北联合大学、北平艺专等学校教授、故宫博物院专门委员。建国后，曾在北京市文物调查研究组及北京文史馆任职，是中国武术协会委员、中国武术学会委员、北京市武协副主席、顾问。多次参加国家体委主持制定的武术教材等审定工作，并任全运会武术比赛太极拳裁判长。1988年获中国国际武术节武术贡献奖。著有《科学化的国术太极拳》、《太极剑》、《太极功·内家拳·玄玄刀》以及《国术概论》等。后均收人于《吴图南太极拳精髓》一书中。

太极拳家莫斐为吴图南大师上世纪30年代弟子。莫斐之子莫韫龙在1993年到海南传授《科学化国术太极拳》，由于多拳种的研修此拳演变为轻、柔、圆、融、风格飘逸的太极拳。

为纪念太极泰斗著名武术家吴图南,莫韫龙特将此拳简称为南国太极(即:吴图南国术太极之意)又在祖国南方传播,为新时代矗立起一新风格拳种。

⑤ 杨禹廷

杨禹廷(1888 - 1982),又名瑞霖,北京人。光绪二十三年(1897 年)开始习武,先后从周相臣、赵月山、田风云、高克兴习练十路及十二路弹腿、八卦掌、长拳、黑虎拳、形意拳、太极拳等拳术及摔跤。后从高子铭又习八卦掌和太极拳。1916 - 1941 年师从王茂斋习吴式太极拳。20 岁始,在太庙(今劳动人民文化宫)及志华寺设场授拳。建国后,继续教拳。建国初,曾倡议成立了北京市武术界联谊会。1962 年到阿富汗驻华使馆教太极拳。编有《太极拳讲义》《太极拳简易八大式》《太极拳动作解说》等,1983 年经弟子马有清修订成《太极拳规范》一书。曾任北京市政协委员、市武协副主席以及中国武术协会委员。

⑥ 吴公仪

吴公仪(1897 - 1968),吴鉴泉长子。天资聪敏,勤谨好学,悟性极高。弱冠即代父教学。北京体育讲习所首届毕业生。1924 年受黄浦军校聘请,任军校学生部及高级班太极拳教官,兼任中山大学体育系讲师。1937 年,在香港成立鉴泉太极拳分社,担任社长。抗日战争时期,1942 年香港沦陷前回上海,担任鉴泉太极拳社社长。1948 年重返香港复社。1954 年,在澳门为慈善筹款举办的"吴陈比武"中,一交手,对方陈克夫即鼻部中拳而流血过多,休息超时;再因起脚过膝犯规;裁判公证宣布停赛。由此吴公仪及吴式太极拳名噪一时,海外团体纷纷致函邀请。吴公仪命其长子吴大揆于九龙设立分社。次子吴大齐、侄吴大新分赴新加坡、吉隆坡、马尼拉等地设立分社,并于九龙佐敦道建立总社。从此,吴氏太极拳风行于东南亚并在海外发展。吴公仪对吴式太极拳在海外的传播做出了极大的贡献。

⑦ 吴公藻

吴氏太极拳宗师吴鉴泉次子吴公藻(1900 - 1985),家学渊源尤以理论见长,著作甚多。自第一届北京体育讲习所毕业后,任国民革命军第十三军教练。1929 年于上海精武体育会任教。1933 年随吴稚辉等赴长沙,在欢迎会上表演太极拳,举座赞赏。得到省长何健器重,聘为湖南国术训练所教官兼省党部教席。1934 年南京中央国术馆举办第二届国人武术考试,吴公藻任湖南省教,成绩斐然。

1937 年吴公藻南下香港,与兄吴公仪共同建立香港及澳门鉴泉太极拳社。1942 年香港沦陷前回沪。

吴公藻一生著作甚多,1980 年于八十七岁高龄,在香港出版《吴家太极拳》一书,堪为吴氏太极拳之经典著作。

⑧ 吴英华

吴氏太极拳宗师吴鉴泉之长女吴英华（1907－1997），九岁起从父学太极拳，天资聪慧，她所学拳架柔和、大方、极其工整。吴鉴泉曾赞誉"巾帼不让须眉"。十七岁即在北京同仁堂药行等处代父教授太极拳。十九岁时应上海西门子洋行总经理邀请，赴上海教拳。1956年应上海体育宫邀请出任教练。培养出许多人才。1978年担任上海鉴泉太极拳社社长，1990年与马岳梁一起改变成"吴氏精简太极拳"。著作有《吴氏精简太极拳》、《吴氏太极拳快拳》、《吴氏太极拳详解》等经典著作。1992年被中国武术协会授以"中国武术协会荣誉委员"称号。历任上海太极拳社副社长、社长，为弘扬吴式太极拳作出杰出贡献。

⑨ 马岳梁

马岳梁（1901－1998），系吴氏太极拳宗师吴鉴泉之女婿、吴英华之丈夫。满族人，祖籍北京。幼年习文练武，学习之余，好舞刀弄枪。先后跟名师学过三皇炮锤、通臂拳、查拳、摔跤等传统武术。后来遇到黎元洪总统府的武术教官吴式太极拳宗师吴鉴泉，并为他高超的武艺所折服，便心悦诚服拜吴鉴泉为师，尽弃前学，专攻吴氏太极拳。在吴鉴泉的精心指导下，他勤学苦练，三年内打拳万遍；又跟随宗师长子吴公仪、妻子吴英华不断切磋研究，逐渐洞见吴氏太极拳精义秘要，并悉数掌握。马岳梁先生从20世纪30年代初开始在"鉴泉太极拳社"任教，1986年马岳梁、吴英华夫妇应邀访问西德，并与其子马江豹建立"欧洲鉴泉太极拳学校"，积极传播吴氏太极拳，对吴氏太极拳的发展做出重大贡献。

## ● 吴式太极拳的特征

吴式太极拳的特征可概括为：功架紧凑、松静自然、轻灵圆活、细腻绵柔。符合太极阴阳理论。具体体现在修炼时必须注意：

① 中正

每一个姿势务求端正，最忌偏斜。重心必须稳定，开合必须讲究虚实对称。尤其是三盘（胸臂以上为上盘、腰胯为中盘、腿为下盘）功夫必须协调。要注意以腰胯为全身之枢纽，下盘是基础，上盘则以顶头悬（虚领顶劲）作为纲领。中正即《十三势歌诀》中说的"尾闾中正神贯顶，满身轻利顶头悬"。

② 安舒

安舒的要领就是自然，切忌牵强。要求"神清气和、体静身柔"。练拳时必须排除一切干扰，动作要柔和、舒展，呼吸要平稳、深长。

安舒还有一个重要的法则,即是"气沉丹田"。如果在练拳中达不到安静的要求,也就无法做到"气沉丹田"。

③ 轻灵

练太极拳必须遵守"轻灵"法则。《太极拳论》开始就说:"一举动,周身俱要轻灵,尤须贯串。"轻灵是相对于重浊而言。这是太极拳区别于其他武术的最为重要之处。

在练拳中产生的"灵敏度",在《太极拳论》中有"一羽不能加,虫蝇不能落"的提法,足以解释"轻灵"的重要性。

④ 圆活

圆活所表现的,绝不仅是"形(即拳架)"的一个方面。形圆,仅是学拳的初始阶段,但也不是三五年能达到的;意圆,则更难;能练到"神圆"的,则更是凤毛麟角。

圆活的评判标准:

▲ 无使有缺陷处;无使有凹凸处;无使有断续处。

▲ 动之则分,静之则合。无过不及,随曲就伸。立如平准,活如车轮。

▲ 以心行气,务令沉着。以气运身,务令顺遂。意气须换得灵,乃有圆活之趣。

# 第二节　吴氏（公仪）太极拳（112 式）拳谱

## 第一段

| | | |
|---|---|---|
| 0. 预备势 | 1. 太极起势 | 2. 提手势 |
| 3. 七星式 | 4. 揽雀尾 | 5. 单鞭 |
| 6. 提手上势 | 7. 白鹤亮翅 | 8. 搂膝拗步 |
| 9. 七星式 | 10. 搂膝拗步 | 11. 七星式 |
| 12. 手挥琵琶 | 13. 高探马 | 14. 上步搬拦捶 |
| 15. 如封似闭 | 16. 抱虎归山 | 17. 十字手 |

## 第二段

| | | |
|---|---|---|
| 18. 斜搂膝拗步 | 19. 翻身斜搂膝拗步 | 20. 七星式 |
| 21. 揽雀尾 | 22. 斜单鞭 | 23. 肘底看捶 |
| 24. 倒撵猴 | 25. 斜飞势 | 26. 提手上势 |
| 27. 白鹤亮翅 | 28. 搂膝拗步 | 29. 七星式 |
| 30. 海底针 | 31. 扇通背 | 32. 翻身撇身捶 |
| 33. 卸步搬拦捶 | 34. 上步揽雀尾 | 35. 单鞭 |
| 36. 云手 | 37. 单鞭 | 38. 左高探马 |
| 39. 右分脚 | 40. 右高探马 | 41. 左分脚 |
| 42. 转身蹬脚 | 43. 搂膝拗步 | 44. 进步栽拳 |
| 45. 翻身撇身捶 | 46. 上步高探马 | 47. 一起脚 |
| 48. 退步打虎势 | 49. 一起脚 | 50. 双峰贯耳 |
| 51. 披身踢脚 | 52. 转身蹬脚 | 53. 撇身捶 |
| 54. 上步搬拦捶 | 55. 如封似闭 | 56. 抱虎归山 |
| 57. 十字手 | | |

## 第三段

| | | |
|---|---|---|
| 58. 斜搂膝拗步 | 59. 翻身斜搂膝拗步 | 60. 七星式 |
| 61. 揽雀尾 | 62. 斜单鞭 | 63. 七星式 |
| 64. 野马分鬃 | 65. 七星式 | 66. 野马分鬃 |
| 67. 上步玉女穿梭 | 68. 反身玉女穿梭 | 69. 七星式 |
| 70. 野马分鬃 | 71. 上步玉女穿梭 | 72. 反身玉女穿梭 |
| 73. 七星式 | 74. 揽雀尾 | 75. 单鞭 |

**第四段**

| | | |
|---|---|---|
| 76. 云手 | 77. 单鞭 | 78. 下势 |
| 79. 金鸡独立 | 80. 倒撵猴 | 81. 斜飞势 |
| 82. 提手上势 | 83. 白鹤亮翅 | 84. 搂膝拗步 |
| 85. 七星式 | 86. 海底针 | 87. 扇通背 |
| 88. 翻身撇身捶 | 89. 上步搬拦捶 | 90．上步揽雀尾 |
| 91. 单鞭 | | |

**第五段**

| | | |
|---|---|---|
| 92. 云手 | 93. 单鞭 | 94. 高探马 |
| 95. 扑面掌 | 96. 转身十字摆莲 | 97. 搂膝进步指挡捶 |
| 98. 上步揽雀尾 | 99. 单鞭 | 100. 下势 |
| 101. 上步七星 | 102. 退步跨虎 | 103. 翻身扑面掌 |
| 104. 转身双摆莲 | 105. 弯弓射虎 | 106. 上步高探马 |
| 107. 扑面掌 | 108. 翻身撇身捶 | 109. 上步高探马 |
| 110. 上步揽雀尾 | 111. 单鞭 | 112．收势 |

# 第三节 吴氏（公仪）太极拳（112式）行拳心法

## 目 录

## 0. 预备势

心法：

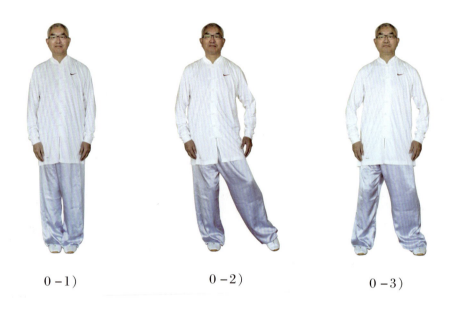

0-1）　　　　　　　0-2）　　　　　　　0-3）

### 1) 无极式——"沙地立杆"

"太极者,无极生",心静神凝,万念俱空,混混沌沌,无阴无阳,无我无他,舒泰站立,似杆插地,腾云驾雾,天人地混为一体。

①虚灵顶劲:百会穴顶与天接,头部松。

②两眼收视:舌顶上颚,下巴内收。

③开胸张肘:两乳放松,肩向后向下,肘斜向下坠,胸部自然,背部阔舒。

④气沉丹田:意存丹田,下腹松鼓,带脉向四周舒散,不用劲、不较劲。

⑤松胯:圆裆,尾椎向下,不上提,不前翘。

⑥松膝:膝有上提之意,松小腿肌肉。

⑦松踝:踝不着力,脚底板如踩在浮萍上,脚趾不抓地,意想入地三尺。

### 2) 心念萌动—"道生一,太极也"

心念一动,两眼微睁,在腰的前方约一米远处,意想有一圆点于朦胧中渐渐地显现,随即圆点垂直上行,眼神关注圆点的上行线至齐眼平时,圆点左移带动左腿于不经意间自然向左开步,左右两脚齐肩宽。

### 3)意气运行,散出三道气圈

意想胸部犹如两扇门,门中间下端夹着一块小石子;当用意将门向身后两侧推开之际,会有一种心胸豁然开朗之感;与此同时,小石子直坠腹中,丹田内犹如静水投石,激起道道水圈向四处蔓延鼓荡。当内气荡至身后时腰向后塞,继而内气荡向两旁时,两手腕外掤鼓起,而后内气继续下行至"会阴",再分别从两腿内侧前三分之一处,经"血海"、膝内侧"阴陵泉"、小腿内侧"三阴交"、踝内侧"太溪"、"然谷"向下涌流至"涌泉";复由踝外经"丘墟"、小腿外侧"光明"、膝外侧"阳陵泉"、大腿外侧"风市",向胯两侧上行"环跳"、"带脉"涌流;左右汇"命门"流注"会阴",继而翻转沿尾椎前侧"中极"、"关元"至胯间(丹田);遂以意气的上行线为中心,一意引领内气向胯四周散出直径约一米的"胯气圈";同时"胯气圈"中心的内气仍继续上行至腰间,圆散出直径约八十厘米的"腰气圈";"腰气圈"中心的内气仍继续上行至胸上方,再向四周圆散出直径约一米的"肩气圈"。

### 4)准备起势

立身中正,腹内松净,双目平视,精神内守。面朝南立。

## 1. 太极起势

心法：

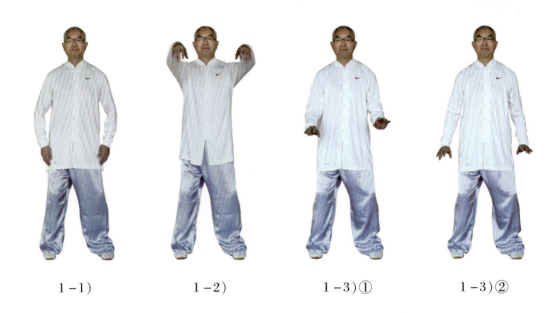

| | | | |
|:---:|:---:|:---:|:---:|
| 1-1) | 1-2) | 1-3)① | 1-3)② |

1）内气沿身体的中垂直线再下行至丹田，内气鼓荡散出胯圈，致使张肘，空腋，两手无名指、小指微离大腿外侧，两手背向前，意想两手掌心各含有一个小气球。

2）吸气，意想内气由两肩部向后向下汇合至"劲源"，继而沿脊椎往下运行至腰圈，而同时双臂前举，手掌心含拢着小气球的两手徐徐提起至肩圈。

3）心中一静，呼气，意想两手掌心含拢着的小气球各自顺着两前臂滚至两肘尖，致使肘下坠；至上下臂成直角时，贴于两肘尖的小气球仍顺着两前臂各自回落至手掌心，同时两手臂渐渐垂下，两手掌微持于大腿外侧。面朝正南。

## 2. 提手势

心法:

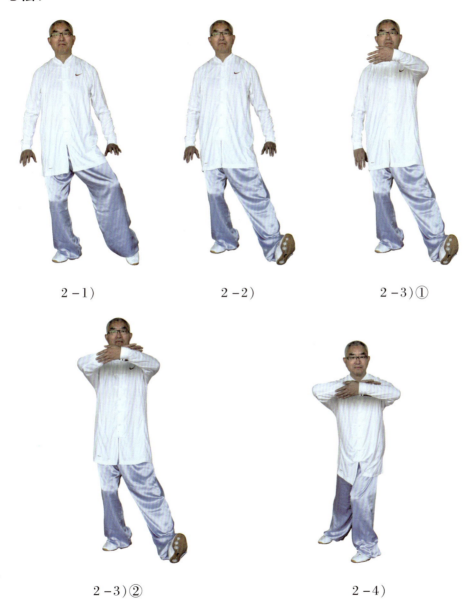

2 - 1)　　　　　　　2 - 2)　　　　　　　2 - 3)①

2 - 3)②　　　　　　　2 - 4)

1) 意想腰圈右旋,以右脚后跟为轴,使右脚尖右旋45度(西南),身体重心实于右脚;左脚尖虚点于地。

2) 松肩坐于右脚,腾出左脚前跨一步,左脚后跟虚贴着地,脚尖指向鼻尖。

3) 意向左手跟随掌心含拢的小气球徐徐升至肩圈,右手也跟随掌心含拢的小气球徐徐升至肩圈,左右手搭接似阴阳鱼,且两手掌心的小气球汇成一大气团环抱于胸前。

4）大气团前移，使左脚尖向右45度（西南）踏定，左弓步（注36）为实脚，身形前倾、斜长三关。

## 3. 七星式

**心法：**

3-1）　　　　　　3-2）　　　　　　3-2）侧

1）静极而动大气团向右（西）膨胀，使头扭向右，眼神向西远望。

2）腰圈右转，松肩坐左脚，腾右脚脚跟虚贴于地，面向正西，同时大气团蹦出成各自含拢于两手掌心的小气团；右掌瓦状齐肩圈在上在前，左掌瓦状接右掌根在下在后，两掌合成左右相对的阴阳掌。面向正西。

---

注36：弓步，是武术五大基本步型（五大步型：弓步、马步、虚步、仆步、歇步）之一。俗称弓箭步，前腿屈膝前弓，膝盖不超过脚尖；后腿自然蹬直（后腿膝关节可微屈），脚跟外展，脚尖斜向前方约45度。两脚横向距离约为10-30厘米。弓腿为实，蹬腿为虚。两腿分担体重的虚实比例是：前腿承担三分之二，后腿承担约三分之一（俗称前七后三）。左脚在前称左弓步，右脚在前称右弓步。从方向讲，分正向弓步和斜向弓步（也叫斜式弓步）。前者由前上步形成，后者则侧开步形成。

## 4.揽雀尾

心法:

4-1)　　　　　　　　　　4-2)

4-3)　　　　　　　　　　4-4)

1)意想将左右相对的阴阳掌向右翻转成上下相对的阴阳掌太极图,搁于腰圈,致使肘下坠,重心居中,身形为竖立三关。

2)腰圈先左转后右转,以右实脚为轴,右手掌心向上托着小气球、左手掌心朝下含着小气球,以上下相对的阴阳掌沿腰圈自西南至西呈扇形伸展,右转平旋为掤、捋,弓腿向前劲为挤,身形呈斜长三关。

3)腰圈继续右转(西北),松肩坐左脚,意想两手掌心含拢着的小气球各自顺着两前臂滚至两肘尖,致使两肘下坠,退时见捋劲。

4)腰圈先左转后闪右,此刹那肩背向后呈靠(劲)、上臂前伸行肘(劲)、掌根前展显按(劲),变上下相对的阴阳掌为右掌瓦状齐肩圈在上在前,左掌瓦状接右掌根在下在后,左右两掌合成左右相对的阴阳掌。面向正西。

## 5. 单鞭

**心法：**

5-1)　　　　　　　5-2)　　　　　　　5-3)

1)腰圈左转,以虚贴于地的右脚跟为轴,右脚尖左转90度后脚掌踏定(朝南),右脚为实,左脚虚开成仆步(注37)。同时,左右错对的阴阳掌拆分,含拢小气球的右手作钩挂于肩圈。

2)粘连小气球的左掌照着面缓缓沿肩圈东去,其身形松肩坠肘后坐,随着腰圈左转,重心由右脚移至左脚继而居中。胯肩齐朝正南。

---

注37:仆步,是武术五大基本步型(弓步、马步、虚步、仆步、歇步)之一。两腿左右分开,两脚距离约脚长的三至五倍,一腿屈膝半蹲或全蹲为实,膝部与脚尖外展;另一腿伸直平仆,其脚虚贴地面。左腿伸直为左仆步,右腿伸直为右仆步。

3)心中一定,左右掌心的小气球各自坠落至其肘尖,在左右肘尖的顺磨和逆磨中,由"劲源"催发依偎于肘尖的小气球,分别送回右钩和持起的左掌,融入肩圈;此时,眼神掠过左掌,领起三关,身备五弓(注38)如泰山。胯肩齐朝正南。

## 6.提手上势

### 心法:

| 6-1) | 6-2) | 6-3) |

1)擎着气球的左手掌朝左上方上旋斜向穿越肩圈,同时,粘连着气球的右手掌向右下方下按于胯圈;其身形是重心由居中移至左脚,右脚掌贴地虚点,形成仆步;身形前长三关。眼神由左上方掠向右下方。

2)腰圈左转,腾出右脚跟向前跨步,下按的右手上提至腰圈,手掌心朝里。

注38:太极拳技法术语。又称"一身备五弓"。太极拳理论中,把劲力的蓄发比喻为"蓄劲如张弓、发劲如放箭","一身备五弓"。五弓,即身弓、臂弓或称手弓(左右)、腿弓或称足弓(左右)。身弓,以腰为弓把,阀门(第一节颈椎)和尾闾骨为弓梢;臂弓,以肘为弓把,锁骨与手腕为弓梢;腿弓,以膝为弓把,胯骨与足跟为弓梢。五弓以身弓为主,臂弓、腿弓为辅。蓄劲时,含胸、收胯、屈膝、屈臂;发劲时,足跟蹬劲、伸膝、送髋、立腰、展臂,形于手指。要求一身备五,五弓合一,形成全身协调统一的整劲。

3）腰圈右转，上展的左手其气球沿手臂往下滚落，左肘下坠，左手搭接右手内关（注39）于腰圈；身中钟锤前荡，右脚掌踏实，右腿成弓步，且环抱腰际气团呈挤劲，身形呈斜长三关。面向正南。

## 7. 白鹤亮翅

**心法：**

7－1）

7－2）①

7－2）②

7－3）①

7－3）②

7－4）

注39：仰掌，位于前臂正中，腕横纹上2寸，在桡侧屈腕肌腱同掌长肌腱之间。

98

1)左脚移步上前与右脚齐平,重心居中,竖立三关。

2)两手环抱的气团膨胀蹦出,导引粘连着小气球的右手逆时针上旋,手掌心朝外亮于额前;出肘劲;同时,气团压左手背,沉肩坠肘,含拢小气球的左掌融入胯圈。右掌随气球直向"百会"上行升腾,心中一静,双腿后坐,三关前倾,缓缓下坠,气团弥漫胸胯间。

3)腰圈左转(东),居上的右手下落与左手虎口相对合抱气团于左侧(东),重心偏于左脚;吸附着气团的两手随着三关竖立徐徐上升至肩圈。

4)腰圈右转(南),重心由左脚移至居中,沉肩,肘搁腰圈,两手掌心似白鹤的两个翅膀亮相于外。面朝正南。


## 8. 搂膝拗步

心法:

8-1)①　　　　　　　　8-1)②　　　　　　　　8-2)①

8-2)②            8-3)            8-3)侧

1）两肘聚合，两手掌相对捧着气团；气团顺时针旋转，两掌拆分，粘着小气球的右手掌右旋至右肩前，右掌心朝里；粘着小气球的左手掌左转至左肩前，左掌心向外；重心由居中移至右脚坐实，左脚尖虚点着地。

2）腰圈左转45度（东南），开胯，左脚迈向左前方，左脚跟虚贴着地，左脚尖指向正东；左手掌心的小气球滚落肘尖，左下臂横搁于腰圈；右掌心的小气球滚至肘尖。

3）腰圈继续左转45度（东），下踩踏实左脚掌，意想左手肘尖的小气球膨胀成以肘尖为圆心下臂为半径的大气团，左掌轻拂气团斜穿胯圈搂过左膝，后将前按于左胯前，步型随身换成左弓步；同时，右臂随身左转搁于肩圈，右肘尖的小气球顺势前行回入右掌心，此时，掤、挤、按三劲蓄于右手，指向东方；身形斜长三关、斜中寓正，眼神聚焦于前上方肩、腰、胯三圈之交点。

## 9. 七星式

心法：

9-1）　　　　　　　　　　　　9-2）

9-1）侧　　　　　　　　　　　9-2）侧

1）心中一静，竖立三关，两手臂环抱大气团。

2）松肩坐右脚，左脚脚跟虚靠于地，左脚尖指向鼻尖，同时大气团蹦出成各自含拢于两手掌心的小气团；左掌瓦状齐肩圈在上在前，右掌瓦状接左掌根在下在后，两掌合成左右相对的阴阳掌。面向正东。

## 10. 搂膝拗步（左/右/左）

**心法：**

● 左搂膝拗步

10（左1）- 1)　　　　　　10（左1）- 2)

10（左1）- 3)　　　　　　10（左1）- 3)侧

1) 腰圈右转，意想将左右相对的阴阳掌阴阳拆分，粘连小气球的右掌照着面缓缓沿肩圈西去至右肩前；此时，眼神掠过右掌。

2) 腰圈左转45度、开胯，左手掌心的小气球滚落至肘尖，左下臂横搁于腰圈；右掌心的小气球滚至肘尖。

3)腰圈继续左转45度(东),下采踏实左脚掌,意想左手肘尖的小气球膨胀成以肘尖为圆心下臂为半径的大气团,左掌轻拂气团斜穿胯圈搂过左膝,后将前按于左胯前,步型随身换成左弓步;同时,右臂随身左转搁于肩圈,右肘尖的小气球顺势前行回入右掌心,此时,身形斜长三关、斜中寓正,掤、挤、按三劲蓄于右手,指向东方;眼神聚焦于前上方肩、腰、胯三圈之交点。

● **右搂膝拗步**

10(右)-1)　　　　　10(右)-2)　　　　　10(右)-3)

10(右)-4)　　　　　10(右)-3)侧　　　　　10(右)-4)侧

1）心中一静，竖立三关，意想腰圈左旋，以左脚后跟为轴，使左脚尖左旋45度（东北）。

2）松肩坐于左脚，腾出右脚前跨一大步，右脚后跟虚贴着地，脚尖指向鼻尖；下按的左手上提，其肘搁于腰圈；腰圈左转，粘连小气球的左掌照着面缓缓沿肩圈西去至左肩前；此时，眼神掠过左掌。

3）腰圈右转45度，开胯，右手掌心的小气球滚落至肘尖，右下臂横搁于腰圈；左掌心的小气球滚至肘尖。

4）腰圈继续右转45度（东），下采踏实右脚掌，意想右手肘尖的小气球膨胀成以肘尖为圆心下臂为半径的大气团，右掌轻拂气团斜穿胯圈，搂过右膝，后将前按于右胯前，步随身换成右弓步；同时，左臂随身右转搁于肩圈，左肘尖的小气球顺势前行回入左掌心，此时，身形斜长三关、斜中寓正，掤、挤、按三劲蓄于左手，指向东方；眼神聚焦于前上方肩、腰、胯三圈之交点。

● **左搂膝拗步**

10（左2）–1）　　　　　　　　10（左2）–2）

10(左2)-3)　　　　　　　　　10(左2)-4)

1）心中一静,竖立三关,意想腰圈右转,以右脚后跟为轴,使右脚尖右旋45度(东南)。

2）松肩坐于右脚,腾出左脚前跨一大步,左脚后跟虚贴着地,脚尖指向鼻尖;下按的右手上提其肘搁于腰圈;腰圈右转,粘连小气球的右掌照着面缓缓沿肩圈西去至右肩前;此时,眼神掠过右掌。

3）腰圈左转45度、开胯,左手掌心的小气球落肘尖,左下臂横搁于圈;右掌心的小气球滚至肘尖。

4）腰圈继续左转45度(东),下采踏实左脚掌,意想左手肘尖的小气球膨胀成以肘尖为圆心下臂为半径的大气团,左掌轻拂气团斜穿胯圈搂过左膝,后捋前按于左胯前,步型随身换成左弓步;同时,右臂随身左转搁于肩圈,右肘尖的小气球顺势前行回入右掌心,此时,身形斜长三关、斜中寓正,掤、挤、按三劲蓄于右手,指向东方;眼神聚焦于前上方三圈之交点。

## 11. 七星式 【同9式】

### 心法：

11－1)    11－2)    11－1)侧    11－2)侧

1）心中一静，竖立三关，两手臂环抱大气团。

2）松肩坐右脚，左脚脚跟虚靠于地，左脚尖指向鼻尖，同时大气团蹦出成各自含拢于两手掌心的小气团；左掌瓦状齐肩圈在上在前，右掌瓦状接左掌根在下在后，两掌合成左右相对的阴阳掌。面向正东。

## 12. 手挥琵琶

### 心法：

12－1)

1)左脚掌踏定,同时,将左右相对的阴阳掌下采成左掌在前掌心向下,右掌在后掌心朝上的上下相对的阴阳掌;两臂环抱气团,重心居中,不进不退,静以待动。肩胯齐向正东。

## 13. 高探马

**心法:**

13-1)                13-2)①              13-2)②              13-3)

13-1)侧            13-2)①侧          13-2)②侧          13-3)侧

1）气团前移,牵动右脚上步,左右脚齐肩宽。

2）腰圈先右转后左转,重心随身先右脚后左脚,左手掌心朝下含着小气球在前,与右手掌心向上托着小气球,形成上下相对的阴阳掌自腰圈(东南)至肩圈(东北)呈扇形向左上方伸展,左转上平旋为掤、捋,至左上方肩圈(东北)直出挤劲。

3）再自左上方肩圈(东北)斜向下捋至右下方腰圈(东南);两掌上下叠合抱球,松肩坐右脚。面向正东。

## 14. 上步搬拦捶

### 心法：

14 –1)①          14 –1)②          14 –1)③

14 –2)①          14 –2)②          14 –3)

14 – 3）侧

1）腾左脚进步，脚跟靠地，以两肘带动腰圈闪右后左转，左上右下叠合的两掌随身左转沿腰圈上平旋为掤、捋，至正东时，上下叠合的两掌为左右合掌，左脚掌踏定成弓步，出采、挤劲。此为搬。

2）左肘搁于腰圈，持掌出肘劲；腰圈右转，右掌心外拂气团画弧，由胯右侧收拳至右腰间，重心由左脚渐渐移至右脚坐实。此为拦。

3）腰圈左转，身中钟锤前荡，松肩，内劲由"劲源"向肘端输送，促使右拳自腰间上抛穿越肩圈向前下落，出掤、按、挤劲，意想右拳犹如打落在水面上，激起水花四溅。左掌顺护右臂弯。此为捶。

## 15. 如封似闭

**心法：**

15 – 1）        15 – 2）①        15 – 2）②

15-3）　　　　　　　15-1）侧　　　　　　　15-2）①侧

15-2）②侧　　　　　　　15-3）侧

1）右拳外旋前伸变掌，左手手掌心朝下经右肘尖逐渐外旋前伸至手掌心朝上，意想将溅出的意气接回手中，两手等距平行。

2）由左弓步渐渐坐实右脚，两手随身后捋时，意想有一横置的"山"字环绕贯通胸前背后，内气沿着"山"字中间的"一竖"纳入胸中，旋经背后孕育出一大气团，意气转沿"山"字外缘之两竖绕向胸前延伸，包裹两肘，内气沿两手臂"V"形发散。

3）身中钟锤前荡，内气带动两手随之内旋圆转前伸，集掤、按、挤劲向前辗滚，复回左弓步。面向正东。

## 16. 抱虎归山

**心法：**

16 - 1)①      16 - 1)②      16 - 2)①

16 - 2)②      16 - 3)      16 - 1)①侧      16 - 1)②侧

1）意想两手掌心含拢着的小气球各自顺着两手臂滚至两肘尖，致使两肘下坠；至上下臂成直角时，贴于两肘尖的小气球仍顺着两手臂各自回落至手掌心，两手臂渐渐垂下，两手掌相对夹持气团于胯圈。竖立三关；面向正东。

2）腰圈右转，以左脚跟为轴，左脚掌贴地右旋135度（西南），左右脚内扣成八字（面向东南），继而右脚跟为轴，右脚掌贴地右旋90度（西南），左脚在后右脚在前斜向平行，重心居中。

3）两手掌相对夹持的气团分别向右斜上方和左斜下方膨胀,致使两手臂自大腿外侧起,向右斜上方和左斜下方"一"字伸展,掌心朝外;重心实于右弓步,眼神掠过右掌。面向正南。

## 17. 十字手

**心法:**

17-1)　　　　　　　　　　　　　　　　17-2)

1）左脚前移,左右脚齐肩宽;重心居中,两脚尖旋向正南;右掌下落在外,左掌上提在里,呈十字半贴折叠于胸前肩圈,两臂环抱气团。

2）气团膨胀,两掌十字相持,领起三关;出肘、掤、挤劲。

## 18. 斜搂膝拗步

### 心法:

18 - 1) ①                           18 - 1) ②

18 - 2)                              18 - 3)

1) 两肘聚合、两手掌相对捧着气团,气团顺时针旋转拆分,沾着小气球的右手掌右旋至右肩前,右掌心朝里;沾着小气球的左手掌左转至左肩前,左掌心向外;重心由居中移至右脚坐实,左脚尖虚点着地。

2) 腰圈微左转、开胯,左脚迈向东南方,左脚跟虚贴着地,左脚尖指向东南,手掌心的小气球滚落至肘尖,左下臂横搁于腰圈;右掌心的小气球滚至肘尖。

3）下采踏实左脚掌,意想左手肘尖的小气球膨胀成以肘尖为圆心下臂为半径的大气团,左掌轻拂气团斜穿胯圈搂过左膝,后将前按于左胯前,步型随身换成左弓步;同时,右臂随身左转搁于肩圈,右肘尖的小气球顺势前行回入右掌心,此时,掤、挤、按三劲蓄于右手,指向东南方;身形呈斜长三关、斜中寓正,眼神聚焦于前上方肩、腰、胯三圈之交点。

## 19. 翻身斜搂膝拗步

**心法:**

19-1）　　　　　　　19-2）　　　　　　　19-3）①

19-3）②　　　　　　19-1）侧　　　　　　19-3）②侧

1）心中一静，竖立三关，带动手臂上提、左掌心朝里、右掌心向外，掌中气球坠落至肘尖搁于腰圈，重心居中。

2）腰圈右转，左脚跟左旋90度，左脚尖指向西南。松肩坐左脚，开胯、右脚迈向西北方、右脚跟虚靠于地、右脚尖指向鼻尖，右下臂横搁于腰圈。

3）腰圈继续右转，下采踏实右脚掌，意想右手肘尖的小气球膨胀成以肘尖为圆心下臂为半径的大气团，右掌轻拂气团斜穿胯圈，搂过右膝，后将前按于右胯前，步随身换成右弓步；同时，左上下臂随身右转搁于肩圈，左肘尖的小气球顺势前行回左掌心，此时，身形斜长三关、斜中寓正，掤、挤、按三劲蓄于左手，指向西北方；眼神聚焦于前上方肩、腰、胯三圈之交点。

## 20. 七星式

**心法：**

20－1）　　　　　　　　20－1）　　　　　　　　20－2）侧

1）心中一静，竖立三关、重心居中、两手臂环抱大气团。

2）松肩坐左脚，右脚脚跟虚贴于地，右脚尖指向鼻尖，同时大气团蹦出成各含拢于两手掌心的小气团；右掌瓦状齐肩圈在上在前，左掌瓦状接右掌根在下在后，两掌合成左右相对的阴阳掌。面向西北。

## 21．揽雀尾

**心法：**

21-1) 21-2)① 21-2)② 21-3)

21-4) 21-1)侧 21-2)①侧

21-2)②侧 21-3)侧 21-4)侧

1) 意想将左右相对的阴阳掌向右翻转成上下相对的阴阳掌搁于腰圈,致使肘下坠,重心居中,身形呈竖立三关。

2) 腰圈先左转后右转,以右实脚为轴,右手掌心向上托着小气球接右掌根,掌心朝下含着小气球的左手合成上下相对的阴阳掌,自西至北呈扇形伸展,右转平旋为掤、捌;弓腿向前劲为挤,身形呈斜长三关。

3) 腰圈继续右转(北),松肩坐左脚,意想两手掌心含拢着的小气球各自顺着两前臂滚至两肘尖,致使两肘下坠,退时见捋劲。

4) 腰圈先左转后闪右,此刹那肩背向后呈靠(劲)、上臂前伸行肘(劲)、掌根前展显按(劲),变上下相对的阴阳掌为右掌瓦状齐肩圈在上在前,左掌瓦状接右掌根在下在后左右,两掌合成左右相对的阴阳掌。面向西北。

## 22. 斜单鞭

**心法:**

22 − 1)　　　　22 − 2)　　　　22 − 3)

1) 腰圈左转,以虚贴于地的右脚跟为轴,右脚尖转90度后脚掌踏定(朝西南),实右脚,左脚虚开成仆步。同时,左右错对的阴阳掌拆分,含拢小气球的右手作钩挂于肩圈。

2) 粘连小气球的左掌照着面缓缓沿肩圈东南而去;其身形松肩坠肘、后坐,随着腰圈左转,重心由右脚移左脚继而居中。胯肩齐朝西南。

3）心中一定（注38），左右掌心的小气球坠落其肘尖，在左右肘尖的顺磨和逆磨中，由劲源催发依偎于肘尖的小气球分别送回右钩和持起的左掌融入肩圈；此时，眼神掠过左掌，领起三关，身备五弓如泰山。胯肩齐朝西南。

## 23. 肘底看捶

### 心法：

| 23－1）① | 23－1）② |

| 23－2） | 23－3） |

注38：瞬间心、意、形骤定，前念已去、后意未至，前后际断之时为"心中一定"。

1)两臂"一"字伸展搁于肩圈,腰圈左转,左脚跟左旋,脚尖指向正东。

2)腾右脚上前、脚尖内扣指向东南,松肩坐右脚、左脚尖上抬指向鼻尖。

3)"劲源"催动伸展的两臂内合,两掌含拢小气球握成拳、拳眼向上,右下臂横搁腰圈、左肘尖搁于右拳眼上、胸臂环抱气团,眼神穿过齐肩高的左拳眼远去。面朝正东。

## 24. 倒撵猴(左/右/左)

● 左倒撵猴

　　心法:

24(左1)-1)①

24(左1)-1)②

24(左1)-2)

24(左1)-3)

24(左1)-1)①侧

24(左1)-1)②侧

24（左1）−2）侧　　　　　　　　　　24（左1）−3）侧

1）腰圈先闪右后左转，左掌外旋呈捌劲，旋至左臂顺直时，左脚弓腿肘膝相合。

2）身中钟锤后荡，右腿后坐，左脚尖上抬，胸臂间气团膨胀，引导右掌前推将手心的小气球嵌入肩圈，又促使左下臂上举，左手心小气球滚落左肘尖搁于腰圈，掌心往右。

3）腰圈右转、开左胯，眼神凝视前方，意想有一条贯穿三关的细线从尾闾向后牵出，带动左腿自然经右脚内侧后撤成虚步，重心实于右脚步随身换成右弓步；此时，意想右手肘尖的小气球膨胀成以肘尖为圆心、下臂为半径的大气团，右掌轻拂气团斜穿胯圈搂过右膝，后将前按于右胯前；同时，左臂随身右转搁于肩圈，左肘尖的小气球顺势前行回入左掌心，掤、挤、按三劲蓄于左手，指向东方，身形呈斜长三关、斜中寓正，眼神聚焦于前上方肩、腰、胯三圈之交点。

## ● 右倒撵猴

**心法：**

24（右）−1）①　　　　　　　24（右）−1）②　　　　　　　24（右）−2）①

24(右)-2)② 24(右)-1)①侧 24(右)-1)②侧

24(右)-2)①侧 24(右)-2)②侧

1) 身中钟锤后荡,左腿后坐,右脚尖上抬,意气由"劲源"透过双肩,引导左掌前推将手心的小气球嵌入肩圈,又促使右下臂上举,右手心小气球滚落右肘尖搁于腰圈,掌心往左。

2) 腰圈左转、开右胯,眼神凝视前方,意想有一条贯穿三关的细线从尾间向后牵出,带动右腿自然经左脚内侧后撤成虚步,重心实于左脚步随身换成左弓步;此时,意想左手肘尖的小气球膨胀成以肘尖为圆心下臂为半径的大气团,左掌轻拂气团斜穿胯圈搂过左膝,后将前按于左胯前;同时,右臂随身左转搁于肩圈,右肘尖的小气球顺势前行回入右掌心,掤、挤、按三劲蓄于右手,指向东方;身形呈斜长三关、斜中寓正,眼神聚焦于前上方肩、腰、胯三圈之交点。

● 左倒撵猴

心法：

| | | |
|---|---|---|
| 24（左2）－1） | 24（左2）－2）① | 24（左2）－2）② |

| | | |
|---|---|---|
| 24（左2）－1）侧 | 24（左2）－2）①侧 | 24（左2）－2）②侧 |

1）身中钟锤后荡，右腿后坐，左脚尖上抬，意气由"劲源"透过双肩，引导右掌前推将手心的小气球嵌入肩圈，又促使左下臂上举，左手心小气球滚落左肘尖搁于腰圈，掌心往右。

2）腰圈右转、开左胯，眼神凝视前方，意想有一条贯穿三关的细线从尾闾向后牵出，带动左腿自然经右脚内侧后撤成虚步，重心实于右脚步随身换成右弓步；此时，意想右手肘尖的小气球膨胀成以肘尖为圆心下臂为半径的大气团,右掌轻拂气团斜穿胯圈搂过右膝,后捋前按于右胯前;同时,左臂随身右转搁于肩圈,左肘尖的小气球顺势前行回入左掌心,掤、挤、按三劲蓄于左手,指向东方;身形呈斜长三关、斜中寓正,眼神聚焦于前上方肩、腰、胯三圈之交点。

## 25. 斜飞势

心法:

25-1)　　　　25-2)　　　　25-3)①　　　　25-3)②

1) 竖立三关,以两肘搅动内气,形成顺时针旋转的气团,两手在大气团的滚动下右手升左手降,上下相对抱气球于右侧,与右膝相合。

2) 重心下沉,腰圈右转,右脚右旋90度朝南,左脚左旋45度向东南,左膝屈在右膝后坐成歇步;下坐的同时,两手相抱的气球逆向旋转,拧动成左手掌心朝上在前,右手掌心向下在后,上下相对的阴阳掌搁于腰圈。

3) 提起左腿向左跨步,擎着气球的左手掌朝左上方上旋斜向穿越肩圈呈背、靠劲;同时,粘连着气球的右手掌向右下方下按于胯圈,其身形是重心由居中移至左脚,右脚掌贴地虚点,形成仆步;身形前长三关,眼神由左上方掠向右下方。

## 26. 提手上势

心法:

26-1)　　　　　　　　　　　　26-2)

1)腰圈左转,腾出右脚向前跨步,脚跟靠地、脚尖上抬;下按的右手上提,右下臂横搁腰圈,手掌心朝里。

2)腰圈右转,上展的左手其气球沿手臂往下滚落,左肘下坠,左手搭接右手内关于腰圈;身中钟锤前荡,右脚掌踏实,右腿成弓步;且环抱腰际气团膨胀呈挤劲,身形呈斜长三关。面向正南。

## 27. 白鹤亮翅　【同7式】

心法:

27-1)　　　　　　27-2)①　　　　　　27-2)②

27 - 3)①　　　　　　27 - 3)②　　　　　　27 - 4)

1）左脚移步上前与右脚齐平,重心居中,竖立三关。

2）两手环抱的气团膨胀蹦出,导引粘连着小气球的右手逆时针上旋,手掌心朝外亮于额前,出肘劲;同时,气团压左手背,沉肩坠肘,含拢小气球的左掌融入胯圈;右掌随气球直向"百会"上行升腾,心中一静,双腿后坐,三关前倾,缓缓下坠,气团弥漫胸胯间。

3）腰圈左转(东),居上的右手下落与左手虎口相对合抱气团于左侧(东),重心偏于左脚;吸附着气团的两手随着三关竖立徐徐上升至肩圈。

4）腰圈右转(南),重心由左脚移至居中,沉肩,肘搁腰圈,两手掌心似白鹤的两个翅膀亮相于外。面朝正南。

## 28. 搂膝拗步 【同8式】

心法：

28-1)①         28-1)②         28-2)①

28-2)②         28-3)         28-3)侧

1）两肘聚合，两手掌相对捧着气团；气团顺时针旋转，两掌拆分，粘着小气球的右手掌右旋至右肩前，右掌心朝里；粘着小气球的左手掌左转至左肩前，左掌心向外；重心由居中移至右脚坐实，左脚尖虚点着地。

2）腰圈左转45度（东南），开胯，左脚迈向左前方，左脚跟虚贴着地，左脚尖指向正东；

左手掌心的小气球滚落肘尖,左下臂横搁于腰圈;右掌心的小气球滚至肘尖。

3)腰圈继续左转 45 度(东),下踩踏实左脚掌,意想左手肘尖的小气球膨胀成以肘尖为圆心下臂为半径的大气团,左掌轻拂气团斜穿胯圈搂过左膝,后将前按于左胯前,步型随身换成左弓步;同时,右臂随身左转搁于肩圈,右肘尖的小气球顺势前行回入右掌心,此时,掤、挤、按三劲蓄于右手,指向东方;身形斜长三关、斜中寓正,眼神聚焦于前上方肩、腰、胯三圈之交点。

# 29. 七星式 【同 9 式】

## 心法:

| 29-1) | 29-2) | 29-1)侧 | 29-2)侧 |

1)心中一静,竖立三关,两手臂环抱大气团。

2)松肩坐右脚,左脚脚跟虚靠于地,左脚尖指向鼻尖,同时大气团蹦出成各自含拢于两手掌心的小气团;左掌瓦状齐肩圈在上在前,右掌瓦状接左掌根在下在后,两掌合成左右相对的阴阳掌。面向正东。

## 30．海底针

**心法：**

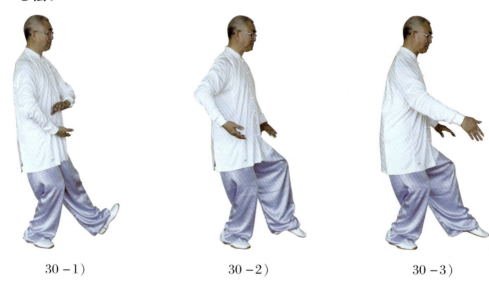

30－1) 　　　　　　30－2) 　　　　　　30－3)

1）三关下沉，阴阳掌顺转下采，以两肘带动腰圈右旋，坐实右腿，左臂横搁腰圈与直搁于腰圈的右下臂成90度，左右手心上下相对合抱气球，意想胸腹前"幽谷"蓄满大气，且气团包裹左右两臂。

2）腰圈左转，左脚掌虚点着地，背部有圆散后倚之意，"幽谷"气团膨胀，左下臂轻拂气团斜穿胯圈搂过左腿，左手后将前按于左胯前。

3）向下通出踏采内劲；同时意想右前臂如拢托着一个大气球，随着意念的一蓄、一放，右手向前下方穿掌，内劲如箭离弦弹向膝前。

## 31．扇通背

**心法：**

31－1) 　　　31－2) 　　　31－3) 　　　31－4)

1)意气回收,右臂如同钟摆后荡至右腿外侧。

2)腰圈右转,右肩、背后倚,两臂往前上撩,左臂在内,右臂在外,掌心向里,十字交叉,肘尖搁于腰圈。

3)心中一静,内气下沉,三关下降,身垂下沉坐右腿,意想气团纳入身中,随即贴背上行至"劲源",左脚随之向前移步,脚跟靠地。

4)身中钟锤前荡,左脚掌踏实成左弓步;腰圈右拧,内气由"劲源"输向两臂,右掌即先向前再往后经额前抽挂,同时左掌集靠、肘、掤、挤、按混合劲向前击出,两掌对拉,前长三关,眼神直视左掌中指往东远去。肩胯朝南。

## 32. 翻身撇身捶

**心法:**

| 32-1) | 32-2) | 32-3)① | 32-3)② |

1)竖立三关,内气下沉,两臂下垂,两掌抓握小气球变拳,双臂在胸前环抱气团搁于腰圈,右下臂交错叠合左下臂之上,右拳插入左臂弯,左拳插入右臂弯,谓"肘里藏捶"。

2)腰圈右转,左脚右旋135度(西南),脚尖内扣,两足成内八字步,沉肩坐左脚。

3)腰圈继续右转,开胯,腾出右脚弧形移至右前方,脚尖指向西方,右脚掌落平踏采成弓步的瞬间,"劲源"催发内气布于两臂,藏于肘里的右拳弧形甩出,拳背下采搁于腰圈,左手指顺势按于右腕内关。面向正西。

## 33. 卸步搬拦捶

心法：

33-1)

33-2)①

33-2)②

33-2)③

33-3)

33-2)②侧

33-2)③侧

33-3)侧

1)以两肘带动腰圈闪右后左转,左上右下叠合的两掌随身左转沿腰圈上平旋为掤、捯,至正西时,上下叠合的两掌为左右合掌向前伸展出采、挤劲。此为搬。

2)左脚坐实,腾右脚经左脚内侧向后撤步,左肘搁于腰圈,持掌出肘劲,腰圈右转,右掌心外拂气团画弧,由胯右侧收拳至右腰间,重心由左脚渐渐移至右脚坐实。此为拦。

3)腰圈左转,身中钟锤前荡,松肩,内劲由"劲源"向肘端输送,促使右拳自腰间上抛穿越肩圈向前下落,出掤、按、挤劲,意想右拳犹如打落在水面上,激起水花四溅。左掌顺护右臂弯。此为捶。

## 34. 上步揽雀尾

心法:

| 34 - 1) | 34 - 2)① | 34 - 2)② |

| 34 - 3)① | 34 - 3)② | 34 - 3)③ |

34 – 4 )　　　　　　　　　　　　　　34 – 5 )

1）心中一定，钟锤后荡，右腿后坐，左脚跟虚靠，肩背后倚，内气聚于胸前，右手在前掌心向上，左手接右掌根在后掌心朝下，合成上下相对的阴阳掌搁于腰圈。

2）钟锤前荡，踏实左脚，右脚经左脚内侧前移上步，重心居中。

3）腰圈先左转后右转，以右实脚为轴，右手掌心向上托着小气球与左手掌心朝下含着小气球上下相对的阴阳掌沿腰圈自东南至西北呈扇形伸展，右转平旋为掤、捋；弓腿向前劲为挤，身形呈斜长三关。

4）腰圈继续右转（西北），松肩坐左脚，意想两手掌心含拢着的小气球各自顺着两前臂滚至两肘尖，致使两肘下坠，退时见将劲。

5）腰圈先左转后闪右，此刹那肩背向后呈靠（劲）、上臂前伸行肘（劲）、掌根前展显按（劲），变上下相对的阴阳掌为右掌瓦状齐圈在上在前，左掌瓦状接右掌根在下在后左右，两掌合成左右相对的阴阳掌。面向正西。

## 35. 单鞭　【同5式】

心法：

| 35－1) | 35－2) | 35－3) |

1）腰圈左转，以虚贴于地的右脚跟为轴，右脚尖左转90度后脚掌踏定（朝南），右脚为实，左脚虚开成仆步。同时，左右错对的阴阳掌拆分，含拢小气球的右手作钩挂于肩圈。

2）粘连小气球的左掌照着面缓缓沿肩圈东去，其身形松肩坠肘后坐，随着腰圈左转，重心由右脚移至左脚继而居中。胯肩齐朝正南。

3）心中一定，左右掌心的小气球各自坠落至其肘尖，在左右肘尖的顺磨和逆磨中，由"劲源"催发依偎于肘尖的小气球，分别送回右钩和持起的左掌，融入肩圈；此时，眼神掠过左掌，领起三关，身备五弓如泰山。胯肩齐朝正南。

## 36. 云手（两个）

心法：

| 36－1) | 36－2) | 36－3) |

36－4）　　　　　　　36－5）①　　　　　　　36－5）②

36－6）　　　　　　　　　　　36－7）

　1）重心右移，实右脚，左脚虚开成仆步，同时左掌斜向下捋，左臂横搁腰圈，右钩成掌朝西南斜按于右肩圈。

　2）腰圈微微左转，重心渐渐左移，左脚跟徐徐左旋45度；同时右掌心小气球滚落右肘尖随肩下沉后回落右掌心融入胯圈，掌心朝左；左手上提，掌心照面，掌心小气球落于肘尖支于腰圈。

　3）腰圈继续微微左转，腰胯左移，左手随身沿肩圈朝左呈掤、捌劲，右手沿胯圈由右往左随身施捋、采劲，重心渐渐实于左脚，右脚随身左旋45度。

　4）沉左肩，坠左肘，左掌翻转掌心向外，依附左肘尖的小气球升腾回入左掌心往东南前按于肩圈；同时右掌下采，掌心向下，横搁腰圈，右脚跟进左脚，两脚平行，脚尖指向东南。腰胯朝向东南。

5)腰圈微微右转,重心移至右脚,右脚跟右旋45度;同时左掌心小气球滚落左肘尖随肩下沉后回落左掌心融入胯圈掌心朝右,右掌上提,掌心小气球落于肘尖支于腰圈,掌心照面。

6)腰圈继续微微右转,右手随身沿肩圈朝右呈掤、捯劲,左手随身沿胯圈往右施将、采劲,左脚随身右旋45度,两脚平行,脚尖指向西南。腰胯朝向西南。

7)重心右移, 实右脚,左脚虚开成仆步;同时沉右肩,坠右肘,右掌翻转掌心向外,依附右肘尖的小气球升腾回右掌心向西南前按于肩圈;同时左掌下采,掌心向下,横搁腰圈。腰胯朝向西南。

【重复2)、3)、4)、5)、6)、7)】

# 37. 单鞭　【同 5 式】

**心法:**

37 - 1)　　　　　　37 - 2)　　　　　　37 - 3)

1)腰圈左转,以虚贴于地的右脚跟为轴,右脚尖左转90度后脚掌踏定(朝南),右脚为实,左脚虚开成仆步。同时,左右错对的阴阳掌拆分,含拢小气球的右手作钩挂于肩圈。

2)粘连小气球的左掌照着面缓缓沿肩圈东去,其身形松肩坠肘后坐,随着腰圈左转,重心由右脚移至左脚继而居中。胯肩齐朝正南。

3）心中一定,左右掌心的小气球各自坠落至其肘尖,在左右肘尖的顺磨和逆磨中,由"劲源"催发依偎于肘尖的小气球,分别送回右钩和持起的左掌,融入肩圈;此时,眼神掠过左掌,领起三关,身备五弓(注38)如泰山。胯肩齐朝正南。

## 38. 左高探马

**心法:**

38 –1)

38 –2)①

38 –2)②

38 –3)

1）腰、胯、肩三圈左转，右脚跟左旋45度，右脚尖指向东南，坐右脚，左脚跟着左旋90度，左脚掌虚贴于地，左脚尖指向东方；同时右钩换掌吸附着小气球升腾，右掌心朝东，右肘尖搁于右肩圈，持起的左掌顺势翻转掌心朝上，上下臂顺直搁于肩圈，左右两掌心遥遥相对结成气链；眼神掠过左掌东去。

2）"劲源"催发内气输布两掌，压缩气链成小气团上下相对合抱于胸前；钟锤前荡，左脚跨左前方（东）成弓步，合抱小气球的两掌顺势前摆与左膝合。

3）腰胯圈左转，左脚跟左拧45度，小气球膨胀，两掌拆分，擎着气球的左手掌朝左上方上旋斜向搁至肩圈呈背靠劲；同时，粘连着气球的右手掌向右下方下按于胯圈，其身形左倾，重心植左脚，右脚掌贴地虚点，形成仆步；眼神由左上方掠向右下方。肩胯朝东。

## 39. 右分脚

**心法：**

39－1） 39－2） 39－3）①

39－3)②　　　　　39－1)侧　　　　　39－2)侧

39－3)①侧　　　　　　39－3)②侧

1)三关顺直,实左脚,虚右脚,双掌翻转划圆变拳十字合抱气团于胸前;双肘搁于腰圈,左肘在内,左拳心朝外,右肘在外,右拳心向里。

2)神凝于右脚尖,意想内气自然升腾,促使右腿不经意间屈膝提起,与右肘合,胯圈内气包裹右腿。

3)腰胯右拧,意想"劲源"催发内气输向四肢,依附右膝的内气滚落右脚背且向胯圈左侧(东北)送去呈掤劲,继而沿胯圈横扫分脚于胯圈右侧(东南)成捯劲;同时两臂一字伸展,内气沿肘滚向两掌上抛下劈于肩圈呈挤、按劲,右手与右脚合。

## 40.右高探马

**心法：**

|  |  |  |  |
|---|---|---|---|
| 40－1) | 40－2)① | 40－2)② | 40－3) |
| 40－1)侧 | 40－2)①侧 | 40－2)②侧 | 40－3)侧 |

1) 心中一静,伸展的右腿屈膝挂于胯圈,双掌压缩气链合拢成左上右下相对合抱气球于腰圈。

2) 身中钟锤前荡,右脚跨右前方(东南)成弓步,合抱小气球的两掌顺势前摆与右膝合。

3) 腰胯圈右转,右脚跟右拧45度,小气球膨胀,两掌拆分,擎着气球的右手掌朝右上方上旋斜向搁至肩圈呈背靠劲;同时,粘连着气球的左手掌向左下方下按于胯圈,其身形右倾、重心植右脚,左脚掌贴地虚点,形成仆步;眼神由右上方掠向左下方。肩胯朝东。

## 41. 左分脚

**心法:**

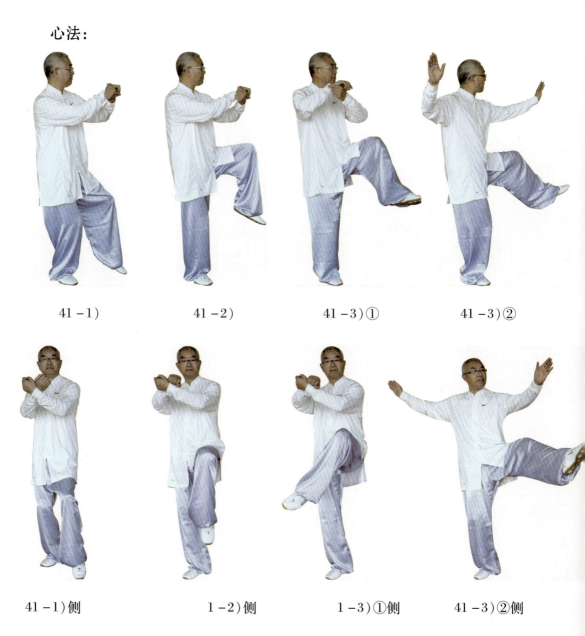

| 41-1) | 41-2) | 41-3)① | 41-3)② |

| 41-1)侧 | 1-2)侧 | 1-3)①侧 | 41-3)②侧 |

1) 三关顺直,实右脚,虚左脚,双掌翻转划圆变拳十字合抱气团于胸前;双肘搁于腰圈,右肘在内,右拳心朝外,左肘在外,左拳心向里。

2）神凝于左脚尖,意想内气自然升腾,促使左腿不经意间屈膝提起,与左肘合,胯圈内气包裹左腿。

3）腰胯左拧,意想"劲源"催发内气输向四肢,依附左膝的内气滚落左脚背且向胯圈右侧(东南)送去呈掤劲,继而沿胯圈横扫分脚于胯圈左侧(东北)成捌劲;同时两臂一字伸展,内气沿肘滚向两掌上抛下劈于肩圈呈采、挤、按劲,左手与左脚合。

## 42. 转身蹬脚

### 心法：

| 42-1)① | 42-1)② | 42-2)① | 42-2)② |

| 42-3) | 42-4) | 42-5) |

42 － 3）侧          42 － 4）侧          42 － 5）侧

1）心中一静，伸展的左腿屈膝向后撤一大步，双掌压缩气链，两臂环抱气团合拢成左拳在外右拳在里，拳心朝内，十字折叠于胸前肩圈。

2）腰圈左转，右脚左拧180度，双脚呈内八字；腰圈继续左转，左脚拧135度（西）。

3）三关顺直，实右脚，虚左脚，双掌翻转划圆变拳十字合抱气团于胸前；双肘搁于腰圈，右肘在内，右拳心朝外，左肘在外，左拳心向里。

4）神凝于左脚跟，意想内气自然升腾，促使左腿不经意间屈膝提起，与左肘合，胯圈内气包裹左腿。

5）意想"劲源"催发内气输向四肢，依附左膝的内气滚落左脚跟向胯圈正前方（西）蹬去呈掤、挤劲；同时持两掌沿肩圈一字推展呈挤、按劲，左手与左脚合。

## 43. 搂膝拗步（左/右）

**心法：**

### • 左搂膝拗步

43（左）－1)　　　　　　　　43（左）－2)

43（左）－1)侧　　　　　　　43（左）－2)侧

1）心中一静,意气内收,重心下沉,松肩坐右脚,左脚跟下采虚靠着地;同时粘连小气球的右掌翻转照面,右掌心的小气球滚至肘尖搁于腰圈,左手掌回转,左下臂横搁于腰圈。

2）腰圈左转,下采踏实左脚掌,意想左手肘尖的小气球膨胀成以肘尖为圆心下臂为半径的大气团,左掌轻拂气团斜穿胯圈搂过左膝,后将前按于左胯前,步随身换成左弓步;同时,右臂随身左转搁于肩圈,右肘尖的小气球顺势前行回入右掌心;此时,身形呈斜长三关、斜中寓正,掤、挤、按三劲蓄于右手,指向西方;眼神聚焦于前上方肩、腰、胯三圈之交点。

● 右搂膝拗步

43(右)−1)　　　　　　43(右)−2)　　　　　　43(右)−3)

43(右)−1)侧　　　　　　43(右)−2)侧　　　　　　43(右)−3)侧

1）心中一静,竖立三关,意想腰圈左旋,以左脚后跟为轴,使左脚尖左旋45度(西南),松肩坐于左脚;腾出右脚跨前一大步,右脚后跟虚贴着地,脚尖指向鼻尖;下按的左手上提其肘搁于腰圈。腰圈左转,粘连小气球的左掌照着面缓缓沿肩圈西去至左肩前;此时,眼神掠过左掌。

2）腰圈右转45度、开胯,右手掌心的小气球滚落肘尖,右下臂横搁于腰圈;左掌心的小气球滚至肘尖。

3）腰圈继续右转45度(西),下采踏实右脚掌,意想右手肘尖的小气球膨胀成以肘尖为圆心下臂为半径的大气团,右掌轻拂气团斜穿胯圈,搂过右膝,后捋前按于右胯前,步随身换成右弓步;同时,左上下臂随身右转搁于肩圈,左肘尖的小气球顺势前行回入左掌心;此时,身形斜长三关、斜中寓正,掤、挤、按三劲蓄于左手,指向西方;眼神聚焦于前上方肩、腰、胯三圈之交点。

## 44. 进步栽拳

**心法:**

44-1)　　　　　　　　　　　　44-2)

1）心中一静,竖立三关,钟锤前荡,左脚顺势进步,脚跟靠地,重心实于右脚;同时左手后撤下采按于裆前,右手往上牵引,沉肩屈肘,屈收前臂,握拳至右肩平。

2）意气下沉,左脚掌踏采成弓步的瞬间右捶由上而下,目送右捶,内气直栽入地,而左手上提护着右肘。

## 45. 翻身撇身捶

心法：

45－1)

45－2)

45－3)①

45－3)②

1）竖立三关，内气下沉，两掌抓握小气球变拳，双臂在胸前环抱气团搁于腰圈；右下臂交错叠合左下臂之上，右拳插入左臂弯，左拳插入右臂弯，谓"肘里藏捶"。

2）腰圈右转，右脚右旋135度（东北），脚尖内扣，两足成内八字步，沉肩坐左脚。

3）腰圈继续右转，开胯，腾出右脚弧形移至右前方，脚尖指向东方；右脚掌落平踏采成弓步的瞬间,"劲源"催发内气布于两臂,藏于肘里的右拳弧形甩出,拳背下采腰圈,左手指顺势按于右腕内关。面向正东。

## 46. 上步高探马

**心法:**

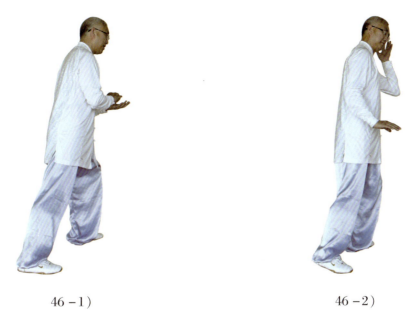

46－1)　　　　　　　　　　46－2)

1) 钟锤前荡,左脚跨前成弓步,两掌翻转,右掌在上左掌在下合抱小气球顺势前摆与左膝合。

2) 腰胯圈右转,左脚跟右拧90度,小气球膨胀,两掌拆分,擎着气球的左手掌朝左上方上旋斜向搁至肩圈呈背靠劲;同时,粘连着气球的右手掌向右下方下按于胯圈;其身形左倾,重心移至左脚,右脚掌贴地虚点,形成仆步;眼神由左上方掠向右下方。肩胯朝东。

## 47. 一起脚

**心法:**

47 - 1)                    47 - 2)

47 - 3)

1) 三关竖立,实左脚、虚右脚,双掌翻转划圆变拳,十字合抱气团于胸前;双肘搁于腰圈,左肘在内,左拳心朝外,右肘在外,右拳心向里。

2) 神凝于右脚尖,意想内气自然升腾,促使右腿不经意间屈膝提起,与右肘合,胯圈内气包裹右腿。

3) 意想"劲源"催发内气输向四肢,依附右膝的内气滚落右脚背且向胯圈正前方(东)送去呈掤、挤劲;同时两臂前后一字伸展,内气沿肘滚向两掌上抛下劈于肩圈呈挤、按劲,右手与右脚合。

## 48. 退步打虎势

### 心法:

| 48-1)① | 48-1)② | 48-2)① | 48-2)② |

| 48-3) | 48-4)① | 48-4)② | 48-4)③ |

48－3）侧　　　　　　48－4）①侧　　　　　　48－4）③侧

1）心中一静，伸展的右腿屈膝经左脚内侧后撤一大步，双掌压缩气链，两臂环抱气团合拢两手臂环抱大气团；松肩坐右脚，左脚脚背侧靠于地，同时大气团蹦出成各含拢于两手掌心的小气团；左掌瓦状齐肩圈在上在前，右掌瓦状接左掌根在下在后，两掌合成左右相对的阴阳掌。面向正东。

2）左脚经右脚内侧后撤一大步，右腿成弓步，沾连内气的右掌逆时针翻转伸展在上在前融入右肩圈，沾连内气的左掌顺时针翻转下采在后在下融入右腰圈，手掌心均向下。

3）左腿渐渐后坐，内气沥沥下沉，两掌缓缓下将至左胯前，右脚成虚仆步。

4）腰圈闪左后右，左腿独立，右小腿横提掩裆；同时带动两臂晃荡，左拳挡于额前拳眼朝下，右拳搁于腰圈拳眼向上，内气由左拳眼穿过右拳眼直达右脚大拇指。面向正东。

## 49. 一起脚

### 心法:

49 -1)　　　　　　　　　　　　　　　　49 -1)侧

1)　心中一定,右小腿挂膝下垂,神凝于右脚尖,意想内气自然升腾,胯圈内气包裹右腿。环抱的气团膨胀,意想"劲源"催发内气输向四肢,依附右膝的内气滚落右脚背且向胯圈正前方(东)送去呈掤、挤劲;同时两臂内旋裹合将内劲,继而左右一字舒展呈挤、按劲。面向正东。

## 50. 双峰贯耳

### 心法:

50 -1)　　　　　　　　　　　　　　　　50 -2)

151

50-1)侧                    50-2)侧

1）右小腿自然屈回成提膝,足尖松垂;两手掌由上而下向膝两侧沉落,手掌轻握汽球成拳,拳心朝里。

2）身形随内气下落而沉降,右脚随钟锤前荡向右前方落成弓步;内劲由"劲源"通经两臂流向两拳,促使两拳圆转上旋至头部前方,两拳眼转朝两侧下方,由两拳背中指根通出掤、挤劲;身形呈斜长三关。肩胯朝正东。

## 51. 披身踢脚

**心法：**

51-1)                  51-2)                  51-3)

1）竖立三关，双拳持将内劲回勾，左脚上前虚点于地，实右脚，双肘夹持内气，双拳翻转划圆十字合抱气团于胸前；双肘搁于腰圈，右肘在内，右拳心朝外，左肘在外，左拳心向里。

2）神凝于左脚尖，意想内气自然升腾，促使左腿不经意间屈膝提起，与左肘合，胯圈内气包裹左腿。

3）环抱的气团膨胀，意想"劲源"催发内气输向四肢，依附左膝的内气滚落左脚背且向胯圈正前方(东)送去呈掤、挤劲；同时两臂前后一字伸展，内气沿肘滚向两掌上抛下劈于肩圈呈采、挤、按劲，左手与左脚合。面向正东。

## 52. 转身蹬脚

**心法：**

52－1）　　　　52－2）　　　　52－3）

52－4）　　　　52－1）侧　　　　52－2）侧

52－3）侧                                 52－4）侧

1）左小腿自然屈回成提膝,足尖松垂, 右腿独立;两手掌由上而下沉落,双肘夹持内气,由掌变拳内旋划圆十字合抱气团于胸前,双肘搁于腰圈,左肘在内,左拳心朝外,右肘在外,右拳心向里。身中钟锤顺时针旋转、肩、腰、胯三圈同时右拧, 左腿叠于右腿外侧,左脚顺势在右脚后侧踏定,左脚尖指向西南,两脚尖呈外八字。

2）腰圈继续右转,两脚掌原地顺势右旋,致使左脚坐实,左脚尖指向东北,右脚在前,脚尖虚点于地。

3）神凝于右脚跟,意想内气自然升腾,促使右腿不经意间屈膝提起,与右肘合,胯圈内气包裹右腿。

4）意想"劲源"催发内气输向四肢,依附右膝的内气滚落右脚跟向胯圈正前方（西）蹬去呈掤、挤劲;同时持两掌沿肩圈一字推展呈挤、按劲,右手与右脚合。

## 53. 撇身捶

心法：

53 - 1)        53 - 2)①        53 - 2)②

53 - 1)侧        53 - 2)①侧        53 - 2)②侧

1）竖立三关，内气下沉，右小腿自然屈回成提膝，足尖松垂虚点于地，沉肩坐左脚；同时两掌抓握小气球变拳，双臂在胸前环抱气团，右下臂交错叠合左下臂之上，右拳插入左臂弯，左拳插入右臂弯，肘里藏捶。

2）钟锤前荡，右脚掌落平踏采成弓步的瞬间，"劲源"催发内气布于两臂，藏于肘里的右拳弧形甩出，拳背下采腰圈，左手指顺势按于右腕内关。面向正东。

## 54. 上步搬拦捶 【同14式】

**心法：**

54－1）①　　　　54－1）②　　　　54－1）③

54－2①）　　　　54－2）②　　　　54－3）

54-3)侧

1）腾左脚进步,脚跟靠地,以两肘带动腰圈闪右后左转,左上右下叠合的两掌随身左转沿腰圈上平旋为掤、捌,至正东时,上下叠合的两掌为左右合掌,左脚掌踏定成弓步,出采、挤劲。此为搬。

2）左肘搁于腰圈,持掌出肘劲;腰圈右转,右掌心外拂气团画弧,由胯右侧收拳至右腰间,重心由左脚渐渐移至右脚坐实。此为拦。

3）腰圈左转,身中钟锤前荡,松肩,内劲由"劲源"向肘端输送,促使右拳自腰间上抛穿越肩圈向前下落,出掤、按、挤劲,意想右拳犹如打落在水面上,激起水花四溅。左掌顺护右臂弯。此为捶。

## 55. 如封似闭 【同 15 式】

**心法:**

55-1)　　　　　　55-2)①　　　　　　55-2)②

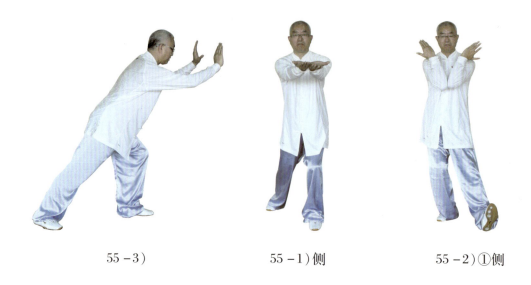

55－3）　　　　　　　　55－1）侧　　　　　　　55－2）①侧

55－2）②侧

55－3）侧

　　1）右拳外旋前伸变掌，左手手掌心朝下经右肘尖逐渐外旋前伸至手掌心朝上，意想将溅出的意气接回手中，两手等距平行。

　　2）由左弓步渐渐坐实右脚，两手随身后捋时，意想有一横置的"山"字环绕贯通胸前背后，内气沿着"山"字中间的"一竖"纳入胸中，旋经背后孕育出一大气团，意气转沿"山"字外缘之两竖绕向胸前延伸，包裹两肘，内气沿两手臂"V"形发散。

　　3）身中钟锤前荡，内气带动两手随之内旋圆转前伸，集掤、按、挤劲向前辗滚，复回左弓步。面向正东。

## 56. 抱虎归山　【同16式】

**心法：**

| | | |
|---|---|---|
| 56 – 1)① | 56 – 1)② | 56 – 2)① |

| | | | |
|---|---|---|---|
| 56 – 2)② | 56 – 3) | 56 – 1)①侧 | 56 – 1)②侧 |

1）意想两手掌心含拢着的小气球各自顺着两手臂滚至两肘尖,致使两肘下坠；至上下臂成直角时,贴于两肘尖的小气球仍顺着两手臂各自回落至手掌心,两手臂渐渐垂下,两手掌相对夹持气团于胯圈。竖立三关；面向正东。

2）腰圈右转,以左脚跟为轴,左脚掌贴地右旋135度（西南）,左右脚内扣成八字（面向东南）,继而右脚跟为轴,右脚掌贴地右旋90度（西南）,左脚在后右脚在前斜向平行,重心居中。

3）两手掌相对夹持的气团分别向右斜上方和左斜下方膨胀,致使两手臂自大腿外侧起,向右斜上方和左斜下方"一"字伸展,掌心朝外;重心实于右弓步,眼神掠过右掌。面向正南。

## 57. 十字手 【同17式】

57－1）                    57－2）

1）左脚前移,左右脚齐肩宽;重心居中,两脚尖旋向正南;右掌下落在外,左掌上提在里,呈十字折叠于胸前肩圈,两臂环抱气团。

2）气团膨胀,两掌十字相持领起三关;出肘、掤、挤劲。

## 58. 斜搂膝拗步 【同18式】

### 心法：

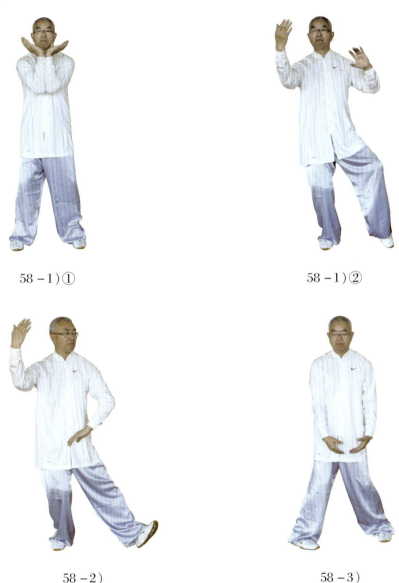

58-1)①

58-1)②

58-2)

58-3)

1）两肘聚合、两手掌相对捧着气团,气团顺时针旋转拆分,沾着小气球的右手掌右旋至右肩前,右掌心朝里;沾着小气球的左手掌左转至左肩前,左掌心向外;重心由居中移至右脚坐实,左脚尖虚点着地。

2）腰圈微左转、开胯,左脚迈向东南方,左脚跟虚贴着地,左脚尖指向东南,手掌心的小气球滚落至肘尖,左下臂横搁于腰圈;右掌心的小气球滚至肘尖。

3）下采踏实左脚掌，意想左手肘尖的小气球膨胀成以肘尖为圆心下臂为半径的大气团，左掌轻拂气团斜穿胯圈搂过左膝，后将前按于左胯前，步型随身换成左弓步；同时，右臂随身左转搁于肩圈，右肘尖的小气球顺势前行回入右掌心，此时，掤、挤、按三劲蓄于右手，指向东南方；身形呈斜长三关、斜中寓正，眼神聚焦于前上方肩、腰、胯三圈之交点。

## 59. 翻身斜搂膝拗步 【同19式】

**心法：**

59－1）      59－2）      59－3）①

59－3）②      59－1）侧      59－3）②侧

1)心中一静,竖立三关,带动手臂上提、左掌心朝里、右掌心向外,掌中气球坠落至肘尖搁于腰圈,重心居中;腰圈右转、左脚跟左旋90度,左脚尖指向西南。

2)松肩坐左脚,腰圈右转、开胯、右脚迈向西北方、右脚跟虚靠于地、右脚尖指向鼻尖,右下臂横搁于腰圈。

3)腰圈继续右转,下采踏实右脚掌,意想右手肘尖的小气球膨胀成以肘尖为圆心下臂为半径的大气团,右掌轻拂气团斜穿胯圈,搂过右膝,后捋前按于右胯前,步随身换成右弓步;同时,左上下臂随身右转搁于肩圈,左肘尖的小气球顺势前行回左掌心,此时,身形斜长三关、斜中寓正,掤、挤、按三劲蓄于右手,指向西北方;眼神聚焦于前上方肩、腰、胯三圈之交点。

# 60. 七星式 【同 20 式】

**心法:**

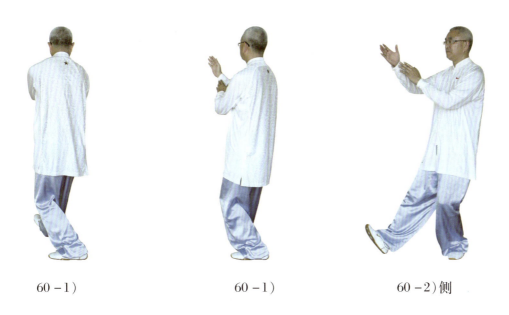

60 − 1)          60 − 1)          60 − 2)侧

1)心中一静,竖立三关、重心居中、两手臂环抱大气团。

2)松肩坐左脚,右脚脚跟虚贴于地,右脚尖指向鼻尖,同时大气团蹦出成各含拢于两手掌心的小气团;右掌瓦状齐肩圈在上在前,左掌瓦状接右掌根在下在后,两掌合成左右相对的阴阳掌。面向西北。

## 61. 揽雀尾 【同21式】

**心法：**

| 61-1) | 61-2)① | 61-2)② | 61-3) |
|---|---|---|---|

| 61-4) | 61-1)侧 | 61-2)①侧 |
|---|---|---|

| 61-2)②侧 | 61-3)侧 | 61-4)侧 |
|---|---|---|

1）意想将左右相对的阴阳掌向右翻转成上下相对的阴阳掌搁于腰圈,致使肘下坠,重心居中,身形呈竖立三关。

2）腰圈先左转后右转,以右实脚为轴,右手掌心向上托着小气球与接右掌根掌心朝下含着小气球的左手合成上下相对的阴阳掌,自西至北呈扇形伸展,右转平旋为掤、捯;弓腿向前劲为挤,身形呈斜长三关。

3）腰圈继续右转(北),松肩坐左脚,意想两手掌心含拢着的小气球各自顺着两前臂滚至两肘尖,致使两肘下坠,退时见将劲。

4）腰圈先左转后闪右,此刹那肩背向后呈靠(劲)、上臂前伸行肘(劲)、掌根前展显按(劲),变上下相对的阴阳掌为右掌瓦状齐肩圈在上在前,左掌瓦状接右掌根在下在后左右,两掌合成左右相对的阴阳掌。面向西北。

## 62. 斜单鞭 【同 22 式】

|  62 - 1) | 62 - 2) | 62 - 3) |

1）腰圈左转,以虚贴于地的右脚跟为轴,右脚尖转90度后脚掌踏定(朝西南),实右脚,左脚虚开成仆步。同时,左右错对的阴阳掌拆分,含拢小气球的右手作钩挂于肩圈。

2）粘连小气球的左掌照着面缓缓沿肩圈东南而去;其身形松肩坠肘、后坐,随着腰圈左转,重心由右脚移左脚继而居中。胯肩齐朝西南。

3）心中一定，左右掌心的小气球坠落其肘尖，在左右肘尖的顺磨和逆磨中，由劲源催发依偎于肘尖的小气球分别送回右钩和持起的左掌融入肩圈；此时，眼神掠过左掌，领起三关，身备五弓如泰山。胯肩齐朝西南。

## 63. 七星式

心法：

63－2）　　　　　　　　63－1）侧　　　　　　　　63－2）侧

1）心中一静，竖立三关，重心居中，两手臂环抱大气团。

2）松肩坐左脚，右脚脚跟虚贴于地，右脚尖指向鼻尖，同时大气团蹦出成各含拢于两手掌心的小气团。右掌瓦状齐肩圈在上在前，左掌瓦状接右掌根在下在后，两掌合成左右相对的阴阳掌。面向正西。

## 64. 野马分鬃（右／左／右）

**心法：**

● 右野马分鬃

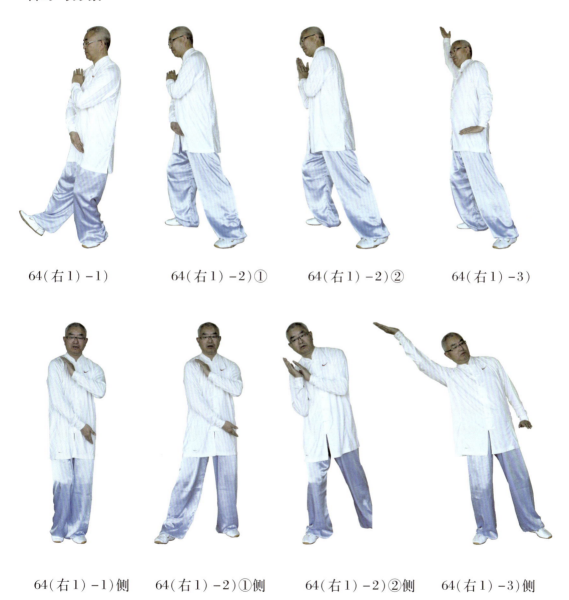

64（右1）−1)　　64（右1）−2)①　　64（右1）−2)②　　64（右1）−3)

64（右1）−1)侧　　64（右1）−2)①侧　　64（右1）−2)②侧　　64（右1）−3)侧

1）心中一静，贴地的右脚跟向右横移半步、脚尖指向西北，同时，右肘挂于右腰圈，右臂自然斜向下垂，右手落于左胯圈，掌心斜向朝上；左肘支于左腰圈，左臂自然斜向上提，左手置于右肩圈,掌心斜向向下;包裹内气的左右两臂呈平行状。

2)继而右脚踏采成弓步,同时,左右掌贴着右左下臂内侧,对搓后合阴阳掌挂于右肩圈,右掌瓦状掌心向上在前,左掌瓦状接右掌根掌心向下在后。

3)两掌拆分,擎着气球的右手掌朝右上方上旋斜向穿越肩圈,似分插马鬃呈捌劲,同时,粘连着气球的左手掌向左下方下按、采劲于胯圈;其身形是重心植于右脚,左脚掌贴地虚点,形成仆步;松肩舒背,对拔伸展,身形前长三关,眼神由右上方掠向左下方。

● **左野马分鬃**

64(左)-1)　　64(左)-2)　　64(左)-3)　　64(左)-4)

64(左)-1)侧　64(左)-2)侧　　64(左)-3)侧　　64(左)-4)侧

1）心中一定,左臂上提前伸搁于肩圈,右臂下落,右肘支于右腰圈,右臂自然斜向上提,右手置于左肩圈,掌心向下。

2）左脚移步上前靠拢右脚内侧,脚跟虚点着地,同时,左臂自然斜向下垂,左肘挂于左腰圈,左手落于右胯圈,掌心朝上,包裹内气的左右两臂呈平行状。

3）贴地的左脚跟向左横移半步,脚尖指向西南;左脚踏采成弓步,左右掌贴着右左下臂内侧,对搓后合阴阳掌挂于左肩圈,左掌瓦状掌心向上在前,右掌瓦状接左掌根掌心向下在后。

4）两掌拆分,擎着气球的左手掌朝左上方上旋斜向穿越肩圈,似分插马鬃呈捌劲,同时,粘连着气球的右手掌向右下方下按,采于胯圈;其身形是重心植于左脚,右脚掌贴地虚点,形成仆步;松肩舒背,对拔伸展,身形前长三关,眼神由左上方掠向右下方。

● 右野马分鬃

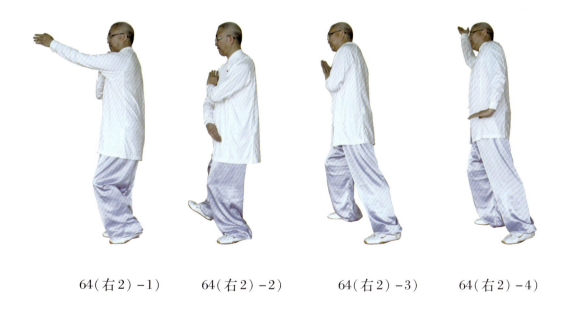

64(右2)-1)　　　64(右2)-2)　　　64(右2)-3)　　　64(右2)-4)

64（右2）－1）侧　　64（右2）－2）侧　　64（右2）－3）侧　　64（右2）－4）侧

1）心中一定，右脚移步靠拢左脚内侧，脚跟虚点着地，同时，右臂上提前伸搁于肩圈，左臂下落，左肘支于左腰圈，左臂自然斜向上提，左手置于右肩圈，掌心向下。

2）右臂自然斜向下垂，右肘挂于左腰圈，右手落于左胯圈，掌心朝上，包裹内气的左右两臂呈平行状。

3）贴地的右脚跟向右横移半步，脚尖指向西北；继而右脚踏采成弓步，左右掌贴着右左下臂内侧，对搓后合阴阳掌挂于右肩圈，右掌瓦状掌心向上在前，左掌瓦状接右掌根掌心向下在后。

4）两掌拆分，擎着气球的右手掌朝右上方上旋斜向穿越肩圈，似分插马鬃呈捌劲，同时，粘连着气球的左手掌向左下方下按，采于胯圈；其身形是重心植于右脚，左脚掌贴地虚点，形成仆步；松肩舒背，对拔伸展，身形前长三关，眼神由右上方掠向左下方。

## 65. 七星式　【同63式】

**心法：**

|  |  |  |
|---|---|---|
| 65－2) | 65－1)侧 | 65－2)侧 |

1) 心中一静,竖立三关,重心居中,两手臂环抱大气团。

2) 松肩坐左脚,右脚脚跟虚贴于地,右脚尖指向鼻尖,同时大气团蹦出成各含拢于两手掌心的小气团。右掌瓦状齐肩圈在上在前,左掌瓦状接右掌根在下在后,两掌合成左右相对的阴阳掌。面向正西。

## 66. 野马分鬃

**心法：**

|  |  |  |  |
|---|---|---|---|
| 66－1)① | 66－1)② | 66－2) | 66－3) |

| 66－1)①侧 | 66－1)②侧 | 66－2)侧 | 66－3)侧 |

1）心中一静，贴地的右脚跟向右横移半步、脚尖指向西北，同时，右肘挂于右腰圈，右臂自然斜向下垂，右手落于左胯圈，掌心斜向朝上；左肘支于左腰圈，左臂自然斜向上提，左手置于右肩圈，掌心斜向向下；包裹内气的左右两臂呈平行状。

2）继而右脚踏采成弓步，同时，左右掌贴着右左下臂内侧，对搓后合阴阳掌挂于右肩圈，右掌瓦状掌心向上在前，左掌瓦状接右掌根掌心向下在后。

3）两掌拆分，擎着气球的右手掌朝右上方上旋斜向穿越肩圈，似分插马鬃呈捯劲，同时，粘连着气球的左手掌向左下方下按、采劲于胯圈；其身形是重心植于右脚，左脚掌贴地虚点，形成仆步；松肩舒背，对拔伸展，身形前长三关，眼神由右上方掠向左下方。

# 67. 上步玉女穿梭

**心法：**

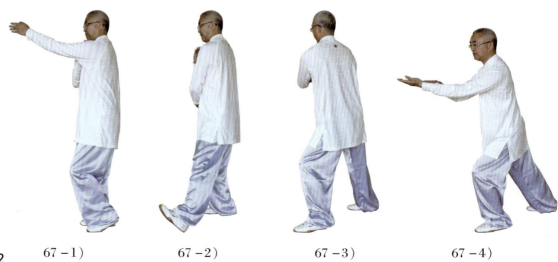

| 67－1) | 67－2) | 67－3) | 67－4) |

67-5)　　　　　67-6)①　　　　　67-6)②　　　　　67-6)③

67-3)侧　　　　　67-4)侧　　　　　67-5)侧　　　　　67-6)②侧

1）心中一定，左脚移步靠拢右脚内侧，虚点着地，同时，左臂上提前伸搁于肩圈，右臂下落，右肘支于右腰圈，右臂自然斜向上提，右手置于左肩圈，掌心向下。

2）左臂自然斜向下垂，左肘挂于左腰圈，左手落于右胯圈，掌心朝上，包裹内气的左右两臂呈平行状。

3）钟锤前荡，左脚经右脚内侧斜移上步，左脚尖指向西南；左手掌心向上托着小气球在前，右手掌心朝下沿着小气球接左掌根在后合成上下相对的阴阳掌搁于腰圈；重心居中。

4）腰圈先闪右后左转，以左实脚为轴，上下相对的阴阳掌沿腰圈自西北至西南呈扇形伸展，左转平旋为掤、捋；左弓腿向前劲为挤，身形呈斜长三关。

5）腰圈继续左转，意想两手掌心含拢着的小气球各自顺着两前臂滚至两肘尖，两肘下坠，退时见捋劲；松肩坐右脚，蓄内气于胸、臂之间。

6）意气下沉，腰圈先闪右后左转，此时钟锤前荡左弓腿，上下相对的阴阳掌拆分，左掌外翻上捯至额前，掌心向外，右掌顺势前冲呈按，挤合劲。面向西南。

## 68. 反身玉女穿梭

**心法：**

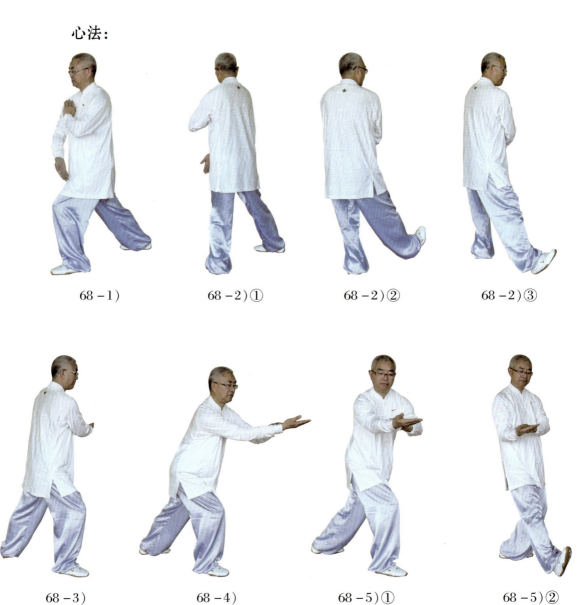

| 68-1） | 68-2）① | 68-2）② | 68-2）③ |

| 68-3） | 68-4） | 68-5）① | 68-5）② |

68 - 6）①　　　　68 - 6）②　　　　68 - 6）③　　　　68 - 6）③侧

1）心中一静，内气下沉，左右两臂松垂，右肘挂于右腰圈，右臂自然斜向下垂，右手落于左胯圈，掌心朝上，左肘支于左腰圈，左臂自然斜向上提，左手置于右肩圈，掌心向下，包裹内气的左右两臂呈平行状。

2）腰圈右转，以左实脚为轴转 180 度，左脚尖指向东北，松肩坐左脚，反身右脚斜跨上步，右脚尖指向东南。

3）两臂内侧内气对搓转换两掌为右手掌心向上托着小气球，与左手掌心朝下含着小气球接右掌根合成上下相对的阴阳掌搁于腰圈；重心居中。

4）腰圈先闪左后右转，以右实脚为轴，上下相对的阴阳掌沿腰圈自东北至东南呈扇形伸展，右转平旋为掤、捋；右弓腿向前劲为挤，身形呈斜长三关。

5）腰圈继续右转，意想两手掌心含拢着的小气球各自顺着两前臂滚至两肘尖，两肘下坠，退时见捋劲；松肩坐左脚，蓄内气于胸、臂之间。

6）意气下沉，腰圈先闪左后右转，此时钟锤前荡右弓腿，上下相对的阴阳掌拆分，右掌外翻上捌至额前，掌心向外，左掌顺势前冲呈按，挤合劲。面向东南。

## 69. 七星式

**心法：**

<table>
<tr><td>69－1）</td><td>69－2）</td><td>69－1）侧</td><td>69－2）侧</td></tr>
</table>

1）心中一静，竖立三关，重心居中，两手臂环抱大气团。

2）松肩坐左脚，右脚脚跟虚贴于地，右脚尖指向鼻尖，同时大气团蹦出成各含拢于两手掌心的小气团。右掌瓦状齐肩圈在上在前，左掌瓦状接右掌根在下在后，两掌合成左右相对的阴阳掌。面向正东。

## 70. 野马分鬃

**心法：**

<table>
<tr><td>70－1）</td><td>70－2）</td><td>70－3）</td></tr>
</table>

70 – 1)侧　　　　　　　　70 – 2)侧　　　　　　　　70 – 3)侧

1)心中一静,贴地的右脚跟向右横移半步、脚尖指向东南,同时,右肘挂于右腰圈,右臂自然斜向下垂,右手落于左胯圈,掌心斜向朝上;左肘支于左腰圈,左臂自然斜向上提,左手置于右肩圈,掌心斜向向下;包裹内气的左右两臂呈平行状。

2)右脚踏采成弓步,同时,左右掌贴着右左下臂内侧,对搓后合阴阳掌挂于右肩圈,右掌瓦状掌心向上在前,左掌瓦状接右掌根掌心向下在后。

3)两掌拆分,擎着气球的右手掌朝右上方上旋斜向穿越肩圈,似分插马鬃呈捌劲,同时,粘连着气球的左手掌向左下方下按、采劲于胯圈;其身形是重心植于右脚,左脚掌贴地虚点,形成仆步;松肩舒背,对拔伸展,身形前长三关,眼神由右上方掠向左下方。面向正东。

## 71. 上步玉女穿梭

**心法：**

71－1）　　　　　71－2）　　　　　71－3）　　　　　71－4）

71－5）　　　71－6）①　　　71－6）②　　　71－6）②侧

1）心中一定，左脚移步靠拢右脚内侧，虚点着地，同时，左臂上提前伸搁于肩圈，右臂下落，右肘支于右腰圈，右臂自然斜向上提，右手置于左肩圈，掌心向下。

2）左臂自然斜向下垂，左肘挂于左腰圈，左手落于右胯圈，掌心朝上，包裹内气的左右两臂呈平行状。

3）钟锤前荡，左脚经右脚内侧斜移上步，左脚尖指向东北；左手掌心向上托着小气球在前,右手掌心朝下沾着小气球接左掌根在后合成上下相对的阴阳掌搁于腰圈;重心居中。

4)腰圈先闪右后左转,以左实脚为轴,上下相对的阴阳掌沿腰圈自东南至东北呈扇形伸展,左转平旋为掤、捯;左弓腿向前劲为挤,身形呈斜长三关。

5)腰圈继续左转,意想两手掌心含拢着的小气球各自顺着两前臂滚至两肘尖,两肘下坠,退时见将劲;松肩坐右脚,蓄内气于胸、臂之间。

6)意气下沉,腰圈先闪右后左转,此时钟锤前荡左弓腿,上下相对的阴阳掌拆分,左掌外翻上捯至额前,掌心向外,右掌顺势前冲呈按,挤合劲。面向东北。

## 72.　反身玉女穿梭

**心法:**

72 – 1)　　　　72 – 2)①　　　　72 – 2)②　　　　72 – 2)③

72 – 3)　　　　72 – 4)　　　　72 – 5)　　　　72 – 6)①

72－6)②　　　　　　　　72－6)③　　　　　　　　72－6)③侧

1）心中一静，内气下沉，左右两臂松垂，右肘挂于右腰圈，右臂自然斜向下垂，右手落于左胯圈，掌心朝上；左肘支于左腰圈，左臂自然斜向上提，左手置于右肩圈，掌心向下；包裹内气的左右两臂呈平行状。

2）腰圈右转，以左实脚为轴转180度，左脚尖指向西南，松肩坐左脚，反身右脚斜跨上步，右脚尖指向西北。

3）两臂内侧内气对搓转换两掌为右手掌心向上托着小气球，与左手掌心朝下含着小气球接右掌根合成上下相对的阴阳掌搁于腰圈；重心居中。

4）腰圈先闪左后右转，以右实脚为轴，上下相对的阴阳掌沿腰圈自西南至西北呈扇形伸展，右转平旋为掤、捯；右弓腿向前劲为挤，身形呈斜长三关。

5）腰圈继续右转，意想两手掌心含拢着的小气球各自顺着两前臂滚至两肘尖，两肘下坠，退时见捋劲；松肩坐左脚，蓄内气于胸、臂之间。

6）意气下沉，腰圈先闪右后左转，此时钟锤前荡右弓腿，上下相对的阴阳掌拆分，右掌外翻上捯至额前，掌心向外，左掌顺势前冲呈按、挤合劲。面向西北。

## 73. 七星式　【同63式】

73－2）　　　　　　　73－1）侧　　　　　　　73－2）侧

1）心中一静,竖立三关,重心居中,两手臂环抱大气团。

2）松肩坐左脚,右脚脚跟虚贴于地,右脚尖指向鼻尖,同时大气团蹦出成各含拢于两手掌心的小气团。右掌瓦状齐肩圈在上在前,左掌瓦状接右掌根在下在后,两掌合成左右相对的阴阳掌。面向正西。

## 74. 揽雀尾　【同4式】

　　**心法：**

74－1）　　　　　　74－2）　　　　　74－3）　　　　　74－4）

1）意想将左右相对的阴阳掌向右翻转成上下相对的阴阳掌太极图，搁于腰圈，致使肘下坠，重心居中，身形为竖立三关。

2）腰圈先左转后右转，以右实脚为轴，右手掌心向上托着小气球、左手掌心朝下含着小气球，以上下相对的阴阳掌沿腰圈自西南至西呈扇形伸展，右转平旋为掤、捋，弓腿向前劲为挤，身形呈斜长三关。

3）腰圈继续右转（西北），松肩坐左脚，意想两手掌心含拢着的小气球各自顺着两前臂滚至两肘尖，致使两肘下坠，退时见将劲。

4）腰圈先左转后闪右，此刹那肩背向后呈靠（劲）、上臂前伸行肘（劲）、掌根前展显按（劲），变上下相对的阴阳掌为右掌瓦状齐肩圈在上在前，左掌瓦状接右掌根在下在后左右，两掌合成左右相对的阴阳掌。面向正西。

## 75. 单鞭 【同 5 式】

**心法：**

| 75－1） | 75－2） | 75－3） |

1）腰圈左转，以虚贴于地的右脚跟为轴，右脚尖左转 90 度后脚掌踏定（朝南），右脚为实，左脚虚开成仆步。同时，左右错对的阴阳掌拆分，含拢小气球的右手作钩挂于肩圈。

2）粘连小气球的左掌照着面缓缓沿肩圈东去，其身形松肩坠肘后坐，随着腰圈左转，重心由右脚移至左脚继而居中。胯肩齐朝正南。

3）心中一定，左右掌心的小气球各自坠落至其肘尖，在左右肘尖的顺磨和逆磨中，由"劲源"催发依偎于肘尖的小气球，分别送回右钩和持起的左掌，融入肩圈；此时，眼神掠过左掌，领起三关，身备五号（注38）如泰山。胯肩齐朝正南。

## 76．云手（两个）　　【同 36 式】

**心法：**

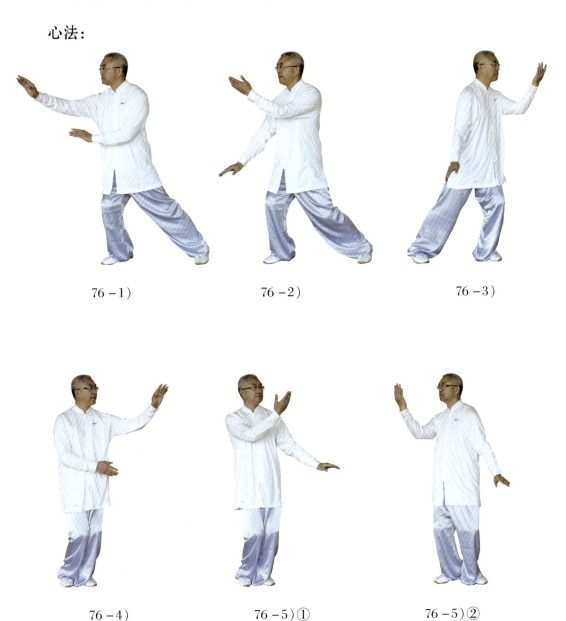

76 – 1)　　　　　　　　76 – 2)　　　　　　　　76 – 3)

76 – 4)　　　　　　　　76 – 5)①　　　　　　　76 – 5)②

76-6)                                        76-7)

1）重心右移，实右脚，左脚虚开成仆步，同时左掌斜向下将，左臂横搁腰圈，右钩成掌朝西南斜按于右肩圈。

2）腰圈微微左转，重心渐渐左移，左脚跟徐徐左旋45度；同时右掌心小气球滚落右肘尖随肩下沉后回落右掌心融入胯圈，掌心朝左；左手上提，掌心照面，掌心小气球落于肘尖支于腰圈。

3）腰圈继续微微左转，腰胯左移，左手随身沿肩圈朝左呈掤、捋劲，右手沿胯圈由右往左随身施将、采劲，重心渐渐实于左脚，右脚随身左旋45度。

4）沉左肩，坠左肘，左掌翻转掌心向外，依附左肘尖的小气球升腾回入左掌心往东南前按于肩圈；同时右掌下采，掌心向下，横搁腰圈，右脚跟进左脚，两脚平行，脚尖指向东南。腰胯朝向东南。

5）腰圈微微右转，重心移至右脚，右脚跟右旋45度；同时左掌心小气球滚落左肘尖随肩下沉后回落左掌心融入胯圈掌心朝右，右掌上提，掌心小气球落于肘尖支于腰圈，掌心照面。

6）腰圈继续微微右转，右手随身沿肩圈朝右呈掤、捋劲，左手随身沿胯圈往右施将、采劲，左脚随身右旋45度，两脚平行，脚尖指向西南。腰胯朝向西南。

7）重心右移，实右脚，左脚虚开成仆步；同时沉右肩，坠右肘，右掌翻转掌心向外，依附右肘尖的小气球升腾回右掌心向西南前按于肩圈；同时左掌下采，掌心向下，横搁腰圈。腰胯朝向西南。

【重复2）、3）、4）、5）、6）、7）】

## 77.单鞭 【同5式】

心法：

77－1）　　　　　　　　77－2）　　　　　　　　77－3）

1）腰圈左转，以虚贴于地的右脚跟为轴，右脚尖左转90度后脚掌踏定（朝南），右脚为实，左脚虚开成仆步。同时，左右错对的阴阳掌拆分，含拢小气球的右手作钩挂于肩圈。

2）粘连小气球的左掌照着面缓缓沿肩圈东去，其身形松肩坠肘后坐，随着腰圈左转，重心由右脚移至左脚继而居中。胯肩齐朝正南。

3）心中一定，左右掌心的小气球各自坠落至其肘尖，在左右肘尖的顺磨和逆磨中，由"劲源"催发依偎于肘尖的小气球，分别送回右钩和持起的左掌，融入肩圈；此时，眼神掠过左掌，领起三关，身备五弓（注38）如泰山。胯肩齐朝正南。

## 78. 下势

心法：

78 - 1）　　　　　　　　　　78 - 2）

78 - 3）　　　　　　　　　　78 - 4）

1）两臂"一"字伸展搁于肩圈，腰圈微左转，左脚左旋脚尖指向正东，右脚内扣，脚尖朝东南。

2）缓缓弓左腿，同时，"劲源"输布内气灌于两臂，催动伸展的右臂，以右肩为圆心划180度弧与左掌合于腰圈正前方，两掌心相对内合小气球。肩胯齐朝正东。

3）钟锤后荡，掌中小气球膨胀为气团，两掌平摊照面捧着气团环抱于胸臂之间，身形在内气引领下渐渐向后滑移，身形移至肩胯齐朝正南，坐实右腿成仆步，右脚尖旋向西南。

4）心中一定，将左右两掌的小气球嵌入胸腔，意气下沉，内气沿着身中垂直线下行至会阴，然后折向右腿内侧直至右脚心，致使右腿随之屈膝，臀部如坐在矮凳上，身躯重心全实于右脚；右脚掌踏实，内气入地反弹，沿右腿外侧经带脉入命门进会阴直射左脚涌泉，致使左腿引直虚搁于地；同时，以肘带动腰圈左转，大气团蹦出成各含拢于两手掌心的小气团，左掌瓦状在上在前，右掌瓦状在下在后，掌心同侧朝里贴于左腿，内气沿两手直指左脚大拇指；眼神跟之远去。面向正东。

## 79. 金鸡独立（左/右）

**心法：**

● 左金鸡独立

79（左）−1）　　　　79（左）−2）　　　　79（左）−1）侧

79（左）−2）侧

1）聚焦于阴阳掌的神意气上行，引领身形自然抬起，钟锤前荡，成左弓步，阴阳掌顺时针旋转，致使左掌在上右掌在下合抱气团搁于腰圈与左膝合。

2）神意气继续上行，左脚踏地独立，意想朝阳由身后冉冉升腾，精神振奋，右腿悠然屈膝上提，右小腿横搁胯圈；同时掌中气团骤然逆转，带动左掌下按于左胯圈，右掌翻转上捯于右额前，掌心向外，是谓左金鸡独立。

● 右金鸡独立

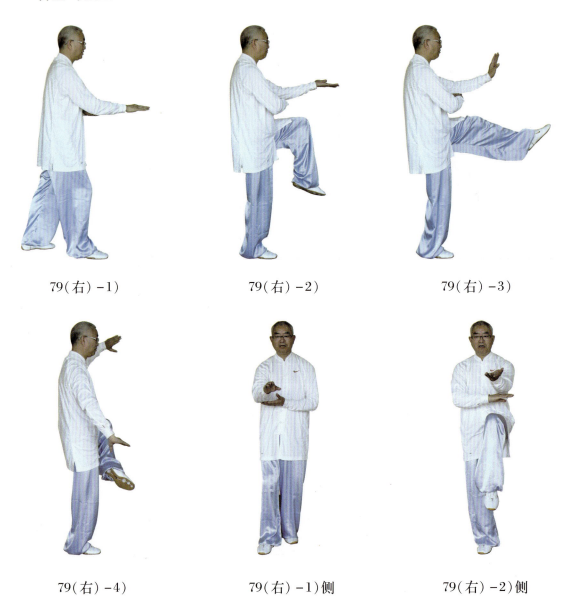

79（右）-1）          79（右）-2）          79（右）-3）

79（右）-4）          79（右）-1）侧          79（右）-2）侧

79（右）－3）侧 79（右）－4）侧

1）右脚自然下垂踏前半步，右肘下坠，右掌顺时针翻转，掌心向上，右下臂搁于腰圈直指前方；同时，左掌逆时针翻转，掌心向上，托护右肘。

2）右脚采踏，提左膝；左穿掌左下臂平搁腰圈直指前方，手心向上，右掌回护，右下臂横搁腰圈，手背托护左肘；气团环抱胸臂之间。

3）左脚前伸齐胯平；同时，左掌心托着小气球回转持掌呈掤、按、挤劲。

4）神意气继续上行，右脚踏地独立，意想朝阳由身后冉冉升腾，精神振奋，左腿悠然屈膝上提，左小腿横搁胯圈；同时掌中气团骤然逆转，带动右掌下按于右胯圈，左掌翻转上掤于左额前，掌心向外，是谓右金鸡独立。

## 80. 倒撵猴（左/右/左）

### ● 左倒撵猴

80（左1）-1)　　　　　　　　　　80（左1）-1)侧

1）心中一静，三关前倾，松左胯，意想有一条贯穿三关的细线从尾闾向后牵出，带动左腿自然经右脚内侧后撤成虚步，重心实于右脚步随身换成右弓步；此时，意想右手肘尖的小气球膨胀成以肘尖为圆心下臂为半径的大气团，右掌轻拂气团斜穿胯圈搂过右膝，后将前按于右胯前；同时，左臂随身搁于肩圈，左肘尖的小气球顺势前行回左掌心，此时，掤、挤、按三劲蓄于左手，指向东方；身形斜长三关、斜中寓正，眼神聚焦于前上方肩、腰、胯三圈之交点。

### ● 右倒撵猴

80（右）-1)①　　　　　　　80（右）-1)②　　　　　　　80（右）-2)①

80(右)－2)②　　　　　　80(右)－1)①侧　　　　　　80(右)－1)②侧

80(右)－2)①侧　　　　　　80(右)－2)②侧

　　1)身中钟锤后荡,左腿后坐,右脚尖上抬,意气由"劲源"透过双肩,引导左掌前推将手心的小气球嵌入肩圈,又促使右下臂上捆,右手心小气球滚落右肘尖搁于腰圈,掌心往左。

　　2)腰圈左转,开右胯,眼神凝视前方,意想有一条贯穿三关的细线从尾闾向后牵出,带动右腿自然经左脚内侧后撤成虚步,重心实于左脚步随身换成左弓步;此时,意想左手肘尖的小气球膨胀成以肘尖为圆心下臂为半径的大气团,左掌轻拂气团斜穿胯圈搂过左膝,后捋前按于左胯前;同时,右臂随身左转搁于肩圈,右肘尖的小气球顺势前行回右掌心,此时,掤、挤、按三劲蓄于右手,指向东方;身形呈斜长三关、斜中寓正,眼神聚焦于前上方肩、腰、胯三圈之交点。

● 左倒撵猴

80(左2)-1)　　　　　80(左2)-2)①　　　　　80(左2)-2)②

80(左2)-1)侧　　　　80(左2)-2)①侧　　　　80(左2)-2)②侧

1）身中钟锤后荡，右腿后坐，左脚尖上抬，意气由"劲源"透过双肩，引导右掌前推将手心的小气球嵌入肩圈，又促使左下臂上掤，左手心小气球滚落左肘尖搁于腰圈，掌心往右。

2）腰圈右转、开左胯，眼神凝视前方，意想有一条贯穿三关的细线从尾闾向后牵出，带动左腿自然经右脚内侧后撤成虚步，重心实于右脚步随身换成右弓步；此时，意想右手肘尖的小气球膨胀成以肘尖为圆心下臂为半径的大气团,右掌轻拂气团斜穿胯圈搂过右膝,后将前按于右胯前;同时,左臂随身右转搁于肩圈,左肘尖的小气球顺势前行回左掌心,此时,掤、挤、按三劲蓄于左手,指向东方;身形呈斜长三关、斜中寓正,眼神聚焦于前上方肩、腰、胯三圈之交点。

## 81. 斜飞势　【同 25 式】

　　**心法：**

| 81－1) | 81－2) | 81－3)① | 81－3)② |

　　1) 竖立三关,以两肘搅动内气,形成顺时针旋转的气团,两手在大气团的滚动下右手升左手降,上下相对抱气球于右侧,与右膝相合

　　2) 重心下沉,腰圈右转,右脚右旋 90 度朝南,左脚左旋 45 度向东南,左膝屈在右膝后坐成歇步;下坐的同时,两手相抱的气球逆向旋转,拧动成左手掌心朝上在前,右手掌心向下在后,上下相对的阴阳掌搁于腰圈。

　　3) 提起左腿向左跨步,擎着气球的左手掌朝左上方上旋斜向穿越肩圈呈背、靠劲;同时,粘连着气球的右手掌向右下方下按于胯圈,其身形是重心由居中移至左脚,右脚掌贴地虚点,形成仆步;身形前长三关,眼神由左上方掠向右下方。

## 82. 提手上势 【同 26 式】

心法：

82-1）　　　　　　　　　　　82-2）

1）腰圈左转，腾出右脚向前跨步，脚跟靠地、脚尖上抬；下按的右手上提，右下臂横搁腰圈，手掌心朝里。

2）腰圈继续左转（东）上展的左手其气球沿手臂往下滚落，左肘下坠，左手搭接右手内关于腰圈。身中钟锤前荡，右脚掌踏实，右腿成弓步；且环抱腰际气团膨胀呈挤劲，身形呈斜长三关。面向正南。

## 83. 白鹤亮翅 【同 7 式】

心法：

　83-1）　　　　　83-2）①　　　　　83-2）②

83-3)①          83-3)②          83-4)

1)左脚移步上前与右脚齐平,重心居中,竖立三关。

2)两手环抱的气团膨胀蹦出,导引粘连着小气球的右手逆时针上旋,手掌心朝外亮于额前,出肘劲;同时,气团压左手背,沉肩坠肘,含拢小气球的左掌融入胯圈;右掌随气球直向"百会"上行升腾,心中一静,双腿后坐,三关前倾,缓缓下坠,气团弥漫胸胯间。

3)腰圈左转(东),居上的右手下落与左手虎口相对合抱气团于左侧(东),重心偏于左脚;吸附着气团的两手随着三关竖立徐徐上升至肩圈。

4)腰圈右转(南),重心由左脚移至居中,沉肩,肘搁腰圈,两手掌心似白鹤的两个翅膀亮相于外。面朝正南。

## 84. 搂膝拗步　【同 8 式】

**心法：**

84－1)①　　　　　84－1)②　　　　　84－2)①

84－2)②　　　　　84－3)　　　　　84－3)侧

1）两肘聚合，两手掌相对捧着气团；气团顺时针旋转，两掌拆分，粘着小气球的右手掌右旋至右肩前，右掌心朝里；粘着小气球的左手掌左转至左肩前，左掌心向外；重心由居中移至右脚坐实，左脚尖虚点着地。

2）腰圈左转45度（东南），开胯，左脚迈向左前方，左脚跟虚贴着地，左脚尖指向正东;左手掌心的小气球滚落肘尖,左下臂横搁于腰圈;右掌心的小气球滚至肘尖。

3)腰圈继续左转45度(东),下踩踏实左脚掌,意想左手肘尖的小气球膨胀成以肘尖为圆心下臂为半径的大气团,左掌轻拂气团斜穿胯圈搂过左膝,后将前按于左胯前,步型随身换成左弓步;同时,右臂随身左转搁于肩圈,右肘尖的小气球顺势前行回入右掌心,此时,掤、挤、按三劲蓄于右手,指向东方;身形斜长三关、斜中寓正,眼神聚焦于前上方肩、腰、胯三圈之交点。

# 85. 七星式 【同9式】

### 心法:

85-1)    85-2)    85-1)侧    85-2)侧

1)心中一静,竖立三关,两手臂环抱大气团。

2)松肩坐右脚,左脚脚跟虚靠于地,左脚尖指向鼻尖,同时大气团蹦出成各自含拢于两手掌心的小气团;左掌瓦状齐肩圈在上在前,右掌瓦状接左掌根在下在后,两掌合成左右相对的阴阳掌。面向正东。

## 86. 海底针 【同 30 式】

**心法：**

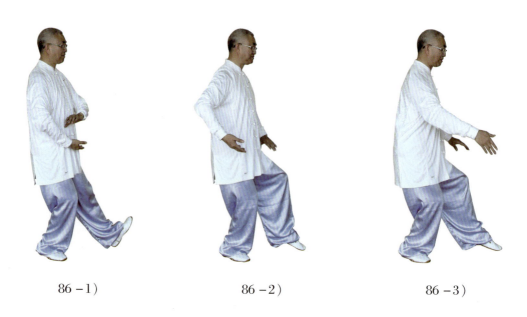

<table>
<tr><td>86 – 1）</td><td>86 – 2）</td><td>86 – 3）</td></tr>
</table>

1）三关下沉，阴阳掌顺转下采，以两肘带动腰圈右旋，坐实右腿，左臂横搁腰圈与直搁于腰圈的右下臂成 90 度，左右手心上下相对合抱气球，意想胸腹前"幽谷"蓄满大气，且气团包裹左右两臂。

2）腰圈左转，左脚掌虚点着地，背部有圆散后倚之意，"幽谷"气团膨胀，左下臂轻拂气团斜穿胯圈搂过左腿，左手后捋前按于左胯前。

3）向下通出踏采内劲；同时意想右前臂如拢托着一个大气球，随着意念的一蓄、一放，右手向前下方穿掌，内劲如箭离弦弹向膝前。

## 87. 扇通背 【同31式】

心法：

87-1)　　　　　　　　　　　　87-2)

87-3)　　　　　　　　　　　　87-4)

1) 意气回收，右臂如同钟摆后荡至右腿外侧。

2) 腰圈右转，右肩、背后倚，两臂往前上撩，左臂在内，右臂在外，手心向里，十字交叉，肘尖搁于腰圈。

3) 心中一静，内气下沉，三关下降，身垂下沉坐右腿，意想气团纳入身中，随即贴背上行至"劲源"，左脚随之向前移步，脚跟靠地。

4) 身中钟锤前荡，左脚掌踏实成左弓步；腰圈右拧，内气由"劲源"输向两臂，右掌即先向前再往后经额前抽挂,同时左掌集靠、肘、掤、挤、按混合劲向前击出,两掌对拉,前长三关,眼神直视左掌中指往东远去。肩胯朝南。

## 88. 翻身撇身捶 【同32式】

**心法:**

88-1)　　　　　88-2)　　　　　88-3)①　　　　　88-3)②

1)竖立三关,内气下沉,两臂下垂,两掌抓握小气球变拳,双臂在胸前环抱气团搁于腰圈,右下臂交错叠合左下臂之上,右拳插入左臂弯,左拳插入右臂弯,谓"肘里藏捶"。

2)腰圈右转,左脚右旋135度(西南),脚尖内扣,两足成内八字步,沉肩坐左脚。

3)腰圈继续右转,开胯,腾出右脚弧形移至右前方,脚尖指向西方,右脚掌落平踏采成弓步的瞬间,"劲源"催发内气布于两臂,藏于肘里的右拳弧形甩出,拳背下采搁于腰圈,左手指顺势按于右腕内关。面向正西。

## 89. 上步搬拦捶

心法：

89 - 1) ①　　　　　89 - 1) ②　　　　　89 - 1) ③

89 - 2)　　　　　89 - 3) ①　　　　　89 - 3) ②

89 - 3③

1）左脚经右脚内侧跨前一步，两肘带动腰圈闪右后左转，上下叠合的两掌随身左转沿腰圈上平旋为掤、捋，至正西时，上下叠合的两掌为左右合掌出采、挤劲。此为搬。

2）左脚坐实，腾右脚经左脚内侧向后撤步，左肘搁于腰圈，持掌出肘劲，腰圈右转，右掌心外拂气团画弧，收拳至右腰间，重心由左脚渐渐移至右脚坐实。此为拦。

3）腰圈左转，身中钟锤前荡，松肩，内劲由"劲源"向肘端输送，促使右拳自腰间上抛穿越肩圈向前下落，出掤、按、挤劲，意想右拳犹如打落在水面上，激起水花四溅，左掌顺护右臂弯。此为捶。面朝正西.

## 90. 上步揽雀尾

心法：

90－1）　　　　90－2）①　　　　90－2）②　　　　90－2）③

90－2）④　　　　90－3）　　　　90－4）①　　　　90－4）②

1）心中一定，钟锤后荡，右腿后坐，左脚虚靠，肩背后倚，内气聚于胸前，合成右手在前掌心向上，左手接右掌根在后掌心朝下，上下相对的阴阳掌搁于腰圈。

2）钟锤前荡，踏实左脚，右脚经左脚内侧前移上步，腰圈先左转后右转，以右实脚为轴，右手掌心向上托着小气球与左手掌心朝下含着小气球上下相对的阴阳掌沿腰圈自东南至西北呈扇形伸展，右转平旋为掤、捋；弓腿向前劲为挤，身形呈斜长三关。

3）腰圈继续右转（西北），松肩坐左脚，意想两手掌心含拢着的小气球各自顺着两前臂滚至两肘尖，致使两肘下坠，退时见捋劲。

4）腰圈先左转后闪右，此刹那肩背向后呈靠（劲）、上臂前伸行肘（劲）、掌根前展显按（劲），变上下相对的阴阳掌为右掌瓦状齐肩圈在上在前，左掌瓦状接右掌根在下在后左右，两掌合成左右相对的阴阳掌。面向正西。

## 91. 单鞭 【同 5 式】

### 心法：

| 91 - 1） | 91 - 2） | 91 - 3） |

1）腰圈左转，以虚贴于地的右脚跟为轴，右脚尖左转 90 度后脚掌踏定（朝南），右脚为实，左脚虚开成仆步。同时，左右错对的阴阳掌拆分，含拢小气球的右手作钩挂于肩圈。

2）粘连小气球的左掌照着面缓缓沿肩圈东去，其身形松肩坠肘后坐，随着腰圈左转，重心由右脚移至左脚继而居中。胯肩齐朝正南。

3）心中一定,左右掌心的小气球各自坠落至其肘尖,在左右肘尖的顺磨和逆磨中,由"劲源"催发依偎于肘尖的小气球,分别送回右钩和持起的左掌,融入肩圈;此时,眼神掠过左掌,领起三关,身备五弓(注38)如泰山。胯肩齐朝正南。

## 92. 云手（两个）　【同36式】

**心法:**

|  |  |  |
|---|---|---|
| 92-1) | 92-2) | 92-3) |
| 92-4) | 92-5)① | 92-5)② |

92-6）　　　　　　　　　　　　　92-7）

1）重心右移，实右脚，左脚虚开成仆步，同时左掌斜向下捋，左臂横搁腰圈，右钩成掌朝西南斜按于右肩圈。

2）腰圈微微左转，重心渐渐左移，左脚跟徐徐左旋45度；同时右掌心小气球滚落右肘尖随肩下沉后回落右掌心融入胯圈，掌心朝左；左手上提，掌心照面，掌心小气球落于肘尖支于腰圈。

3）腰圈继续微微左转，腰胯左移，左手随身沿肩圈朝左呈掤、捌劲，右手沿胯圈由右往左随身施捋、采劲，重心渐渐实于左脚，右脚随身左旋45度。

4）沉左肩，坠左肘，左掌翻转掌心向外，依附左肘尖的小气球升腾回入左掌心往东南前按于肩圈；同时右掌下采，掌心向下，横搁腰圈，右脚跟进左脚，两脚平行，脚尖指向东南。腰胯朝向东南。

5）腰圈微微右转，重心移至右脚，右脚跟右旋45度；同时左掌心小气球滚落左肘尖随肩下沉后回落左掌心融入胯圈掌心朝右，右掌上提，掌心小气球落于肘尖支于腰圈，掌心照面。

6）腰圈继续微微右转，右手随身沿肩圈朝右呈掤、捌劲，左手随身沿胯圈往右施捋、采劲，左脚随身右旋45度，两脚平行，脚尖指向西南。腰胯朝向西南。

7）重心右移，实右脚，左脚虚开成仆步；同时沉右肩，坠右肘，右掌翻转掌心向外，依附右肘尖的小气球升腾回右掌心向西南前按于肩圈；同时左掌下采，掌心向下，横搁腰圈。腰胯朝向西南。

【重复2）、3）、4）、5）、6）、7）】

## 93. 单鞭 【同5式】

心法：

93－1）　　　　　　　93－2）　　　　　　　93－3）

1）腰圈左转，以虚贴于地的右脚跟为轴，右脚尖左转90度后脚掌踏定（朝南），右脚为实，左脚虚开成仆步。同时，左右错对的阴阳掌拆分，含拢小气球的右手作钩挂于肩圈。

2）粘连小气球的左掌照着面缓缓沿肩圈东去，其身形松肩坠肘后坐，随着腰圈左转，重心由右脚移至左脚继而居中。胯肩齐朝正南。

3）心中一定，左右掌心的小气球各自坠落至其肘尖，在左右肘尖的顺磨和逆磨中，由"劲源"催发依偎于肘尖的小气球，分别送回右钩和持起的左掌，融入肩圈；此时，眼神掠过左掌，领起三关，身备五弓（注38）如泰山。胯肩齐朝正南。

## 94. 高探马　【同 38 式】

心法:

94 - 1)

94 - 2)①

94 - 2)②

94 - 3)

1)腰、胯、肩三圈左转,右脚跟左旋45度,右脚尖指向东南,坐右脚,左脚跟着左旋90度,左脚掌虚贴于地,左脚尖指向东方;同时右钩换掌吸附着小气球升腾,右掌心朝东,右肘尖搁于右肩圈,持起的左掌顺势翻转掌心朝上,上下臂顺直搁于肩圈,左右两掌心遥遥相对结成气链;眼神掠过左掌东去。

2）"劲源"催发内气输布两掌,压缩气链成小气团上下相对合抱于胸前;钟锤前荡,左脚跨左前方(东北)成弓步,合抱小气球的两掌顺势前摆与左膝合。

3）腰胯圈左转,左脚跟左拧45度,小气球膨胀,两掌拆分,擎着气球的左手掌朝左上方上旋斜向搁至肩圈呈背靠劲;同时,粘连着气球的右手掌向右下方下按于胯圈,其身形左倾,重心植左脚,右脚掌贴地虚点,形成仆步;眼神由左上方掠向右下方。肩胯朝东。

## 95. 扑面掌

**心法：**

95－1）①　　　　　　95－1）②　　　　　　95－1）②反

1）意气上拔,左掌穿掌过右手背,翻手持掌呈掤、挤劲迎面直扑左上方,身形领起三关,肩胯朝东北方,眼神跟着远去。

## 96. 转身十字摆莲

**心法：**

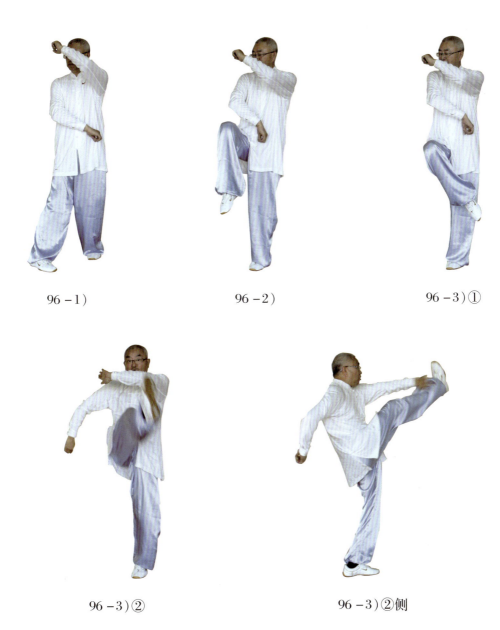

96 –1)  96 –2)  96 –3)①

96 –3)②  96 –3)②侧

1）心中一静，腰圈右转，以左脚跟为轴转身内扣180度（西南），重心植于左脚；同时，左臂顺势回捋，左肘搁于左肩圈，左手握拳，拳心向下，挂于额右侧，右臂下沉，右肘挂于右腰圈，右掌变拳，拳心向下，插于左胯圈，左右下臂斜向平行；此时，"劲源"输布的内气弥漫于胸臂之间。

2）眼神凝视虚点的右脚,内气自然升腾,促使右腿在不经意间屈膝提起挂于胯圈,左腿独立。

3）开右胯,右膝右拧,右脚跟贴至左腿外侧,腰圈先闪左后右摆,带动右腿向右上方挥扫,右脚背与同时向左捋去的左手相拍击。此乃单摆莲脚。

## 97. 搂膝进步指裆捶

**心法：**

| 97－1)① | 97－1)② | 97－2) |

| 97－3)① | 97－3)② | 97－1)①侧 |

97－1)②侧　　　　97－2)侧　　　　97－3)①侧　　　　97－3)②侧

1) 右脚随势落地,下采踏实右脚掌,脚尖指向西方;腰圈右转,开胯,意想横搁于腰圈的右下臂包裹着以肘尖为圆心下臂为半径的大气团,然而,右掌轻拂气团斜穿胯圈,搂过右膝,后将前按于右胯前,步随身换成右弓步;同时,左上下臂随身右转前行搁于肩圈,此时,身形呈斜长三关、斜中寓正、掤、挤、按三劲蓄于左手,指向西方;眼神聚焦于前上方肩、腰、胯三圈之交点。

2)心中一静,竖立三关,左脚跟进,左臂下垂握拳落于右胯圈,掌背贴于右拳根,左右拳交错。

3)钟锤前荡,左脚顺势进步,左拳荡前成掌,意气下沉,左脚掌踏采成弓步的瞬间右捶由腰间上抛下落胯圈向西击去,左手上提回护右肘;眼神随送右捶而去。

## 98. 上步揽雀尾

**心法：**

98 - 1)　　　　98 - 2)①　　　　98 - 2)②　　　　98 - 2)③

98 - 2)④　　　　98 - 3)　　　　98 - 4)①　　　　98 - 4)②

1) 心中一定，钟锤后荡，右腿后坐，左脚虚靠，肩背后倚，内气聚于胸前，合成右手在前掌心向上，左手接右掌根在后掌心朝下，上下相对的阴阳掌搁于腰圈。

2) 钟锤前荡，踏实左脚，右脚经左脚内侧前移上步；腰圈先左转后右转，以右实脚为轴，右手掌心向上托着小气球与左手掌心朝下含着小气球上下相对的阴阳掌沿腰圈自东南至西北呈扇形伸展，右转平旋为掤、捋；弓腿向前劲为挤，身形呈斜长三关。

3）腰圈继续右转（西北），松肩坐左脚，意想两手掌心含拢着的小气球各自顺着两前臂滚至两肘尖，致使两肘下坠，退时见捋劲。

4）腰圈先左转后闪右，此刹那肩背向后呈靠（劲）、上臂前伸行肘（劲）、掌根前展显按（劲），变上下相对的阴阳掌为右掌瓦状齐肩圈在上在前，左掌瓦状接右掌根在下在后左右，两掌合成左右相对的阴阳掌。面向正西。

## 99. 单鞭 【同 5 式】

**心法：**

99－1)　　　　　99－2)　　　　　99－3)

1）腰圈左转，以虚贴于地的右脚跟为轴，右脚尖左转 90 度后脚掌踏定（朝南），右脚为实，左脚虚开成仆步。同时，左右错对的阴阳掌拆分，含拢小气球的右手作钩挂于肩圈。

2）粘连小气球的左掌照着面缓缓沿肩圈东去，其身形松肩坠肘后坐，随着腰圈左转，重心由右脚移至左脚继而居中。胯肩齐朝正南。

3）心中一定，左右掌心的小气球各自坠落至其肘尖，在左右肘尖的顺磨和逆磨中，由"劲源"催发依偎于肘尖的小气球，分别送回右钩和持起的左掌，融入肩圈；此时，眼神掠过左掌，领起三关，身备五弓（注38）如泰山。胯肩齐朝正南。

## 100. 下势

心法：

100 － 1)  100 － 2)

100 － 3)  100 － 4)

1）两臂"一"字伸展搁于肩圈，腰圈微左转，左脚左旋脚尖指向正东、右脚内扣脚尖朝东南。

2）缓缓弓左腿，同时，"劲源"输布内气灌于两臂，催动伸展的右臂，以右肩为圆心画180度弧与左掌合于腰圈正前方，两掌心相对内合小气球。肩胯齐朝正东。

3)钟锤后荡,掌中小气球膨胀为气团,两掌平摊照面捧着气团环抱于胸臂之间,身形在内气引领下渐渐向后滑移,身形移至肩胯齐朝正南,坐实右腿成仆步,右脚尖旋向西南。

4)心中一定,将左右两掌的小气球嵌入胸腔,意气下沉,内气沿着身中垂直线下行至会阴,然后折向右腿内侧直至右脚心,致使右腿随之屈膝,臀部如坐在矮凳上,身躯重心全实于右脚;右脚掌踏实,内气入地反弹,沿右腿外侧经带脉入命门进会阴直射左脚涌泉,致使左腿引直虚搁于地;同时,以肘带动腰圈左转,大气团蹦出成各含拢于两手掌心的小气团,左掌瓦状在上在前,右掌瓦状在下在后,掌心同侧朝里贴于左腿,内气沿两手直指左脚大拇指;眼神跟之远去。面向正东。

## 101．上步七星

**心法:**

101－1)　　　　　　　　　　　101－2)

1)心中一定,腰圈左拧,右脚踏地反弹,左腿前冲成弓步,左上右下两掌合抱气球与左膝合。

2)钟锤前荡,内气上提,带动右腿腾跃跨前一步,右脚脚跟虚靠于地,右脚尖指向鼻尖,松肩坐左脚,同时大气团蹦出成各含拢于两手掌心的小气团,右掌瓦状齐肩圈在上在前,左掌接左掌根瓦状在下在后,两掌合成左右相对的阴阳掌。面向正东。

## 102. 退步跨虎

102-1）　　　　　　102-2）①　　　　　　102-2）②

102-3）　　　　　　102-2）②反　　　　　　102-3）反

1）心中一静,内气下沉,左脚踏实,右脚经左脚内侧后撤,虚步贴地,脚尖指向东南;左右两臂松柔垂下,右肘挂于右腰圈,右臂自然斜向下垂,右手落于左胯圈,掌心朝上;左肘支于左腰圈,左臂自然斜向上提,左手置于右肩圈,掌心向下;包裹内气的左右两臂呈平行状。

2）腰圈右转,以左实脚为轴转225度,左脚尖指向西方,重心移至右脚,腰圈继续右转,以右脚跟为轴转身270度,右脚尖指向东北,两脚交叉、两脚尖内扣成135度;目随身转,神入两脚尖之交点。

3）内气自脚尖之交点升腾,左膝不经意屈膝提起挂于胯圈,右腿独立;同时,意想内气由"劲源"输布两臂,致使两臂下沉,自腹前分别向两侧上掤,掤至与肩圈平,左钩手往左平挂,右手立掌持起,两臂左右对拉反向呈挤、按劲。肩胯朝北,眼神穿越右掌中指远去。

## 103. 翻身扑面掌

**心法:**

103 –1)①            103 –1)②            103 –1)②反

1）心中一静,意气下沉,左脚自然下垂,其脚掌虚贴于地;两臂自然下落,右小臂横搁前腰圈手掌心朝下,左小臂横搁左腰圈手掌心向上,交成直角;气团环抱于胸臂之间。

2）钟锤前荡,意气上拔,左掌穿掌过右手背,翻手持掌呈掤、挤劲迎面直扑左上方;肩胯朝东北方,眼神跟着远去。

## 104. 转身双摆莲

心法：

104-1)

104-2)

104-3)①

104-3)②

104-1)反

104-2)反

104－3)①反 104－3)②反

1）心中一静,腰圈左转,带动左臂顺势回捋,右臂绕左肘上捌,致左肘搁于左腰圈,左掌握拳,拳心向下,挂于右前肩圈,右肘搁于右侧肩圈,右掌变拳,拳心向下,挂于额右,左右两臂臂斜向平行;此时,"劲源"输布的内气弥漫于胸臂之间。

2）眼神凝视虚点的右脚,内气自然升腾,促使右腿在不经意间屈膝提起挂于左胯圈,左腿独立。

3）开右胯,右膝右拧,右脚跟贴至左腿外侧,腰圈先闪左后右摆,带动右腿向右上方挥扫,右脚背与同时向左捋去的左右手先后拍击。此乃双摆莲脚。

## 105. 弯弓射虎

**心法：**

105－1) 105－2)

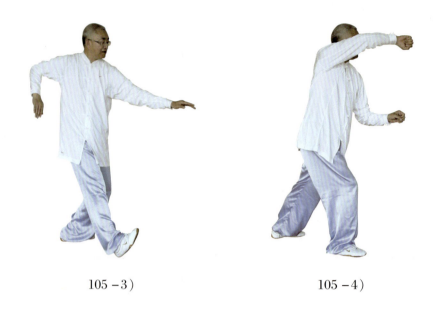

105 - 3) 　　　　　　　　105 - 4)

1）右脚跟落步，脚尖朝东，重心植左脚；左右两手掌落在腰圈左侧，肆意伸展与左脚形成对拉之势。肩胯朝东北，眼神则沿手指向西北送去。

2）腰圈左转，重心左移，右脚徐徐踏实为右仆步，同时，双手随身回捋至右胯圈。

3）腰圈继续右转，复后坐于左腿，右脚尖微微抬起；双手晃向右后侧。

4）钟锤前荡，右脚踏实成弓步，右掌变拳，拳眼朝下沿肩圈、左掌变拳拳眼向上沿腰圈同时向前直捶通出，呈挤劲。面朝正东。

## 106. 上步高探马

**心法：**

106 - 1)

1)心中一静,意气下沉,两拳变掌右上左下合抱气球于右腰圈。钟锤前荡,左脚跨左前方(东北)成弓步,合抱小气球的两掌顺势前摆与左膝合。

## 107.扑面掌

心法:

107-1)①　　　　　　　　　　　107-1)②

1)意气上拔,左掌穿掌过右手背,翻手持掌呈掤、挤劲迎面直扑左上方。肩胯朝东北方,眼神跟着远去。

## 108.翻身撇身捶　【同32式】

心法:

108-1)　　　　108-2)　　　　108-3)①　　　　108-3)②

1）竖立三关,内气下沉,两臂下垂,两掌抓握小气球变拳,双臂在胸前环抱气团搁于腰圈,右下臂交错叠合左下臂之上,右拳插入左臂弯,左拳插入右臂弯,谓"肘里藏捶"。

2）腰圈右转,左脚右旋135度(西南),脚尖内扣,两足成内八字步,沉肩坐左脚。

3）腰圈继续右转,开胯,腾出右脚弧形移至右前方,脚尖指向西方,右脚掌落平踏采成弓步的瞬间,"劲源"催发内气布于两臂,藏于肘里的右拳弧形甩出,拳背下采搁于腰圈,左手指顺势按于右腕内关。面向正西。

## 109. 上步高探马

**心法:**

109－1）                                      109－2）

1）心中一静,意气下沉,两拳变掌右上左下合抱气球于右腰圈。

2）钟锤前荡,左脚跨左前方(西南)成弓步,合抱小气球的两掌顺势前摆与左膝合。面向正西。

## 110. 上步揽雀尾

心法：

110-1)　　　　　　　　110-2)①　　　　　　　　110-2)②

110-3)①　　　　110-3)②　　　　110-4)①　　　　110-4)②

1)钟锤前荡,右脚经左脚内侧前移上步,重心居中;合成右手在前掌心向上,左手接右掌根在后掌心朝下,上下相对的阴阳掌搁于腰圈。

2)腰圈先左转后右转,以右实脚为轴,右手掌心向上托着小气球,与左手掌心朝下含着小气球上下相对的阴阳掌,沿腰圈自东南至西北呈扇形伸展,右转平旋为掤、捋;弓腿向前劲为挤,身形呈斜长三关。

3）腰圈继续右转（西北），松肩坐左脚，意想两手掌心含拢着的小气球各自顺着两前臂滚至两肘尖，致使两肘下坠，退时见捋劲。

4）腰圈先左转后闪右，此刹那肩背向后呈靠（劲）、上臂前伸行肘（劲）、掌根前展显按（劲），变上下相对的阴阳掌为右掌 瓦状齐肩圈在上在前，左掌瓦状接右掌根在下在后左右，两掌合成 左右相对的阴阳掌。面向正西。

## 111. 单鞭　【同 5 式】

**心法：**

111 −1)　　　　　　　111 −2)　　　　　　　111 −3)

1）腰圈左转，以虚贴于地的右脚跟为轴，右脚尖左转 90 度后脚掌踏定（朝南），右脚为实，左脚虚开成仆步。同时，左右错对的阴阳掌拆分，含拢小气球的右手作钩挂于肩圈。

2）粘连小气球的左掌照着面缓缓沿肩圈东去，其身形松肩坠肘后坐，随着腰圈左转，重心由右脚移至左脚继而居中。胯肩齐朝正南。

3）心中一定，左右掌心的小气球各自坠落至其肘尖，在左右肘尖的顺磨和逆磨中，由"劲源"催发依偎于肘尖的小气球，分别送回右钩和持起的左掌，融入肩圈；此时，眼神掠过左掌，领起三关，身备五弓（注 38）如泰山。胯肩齐朝正南。

## 112. 收势

心法：

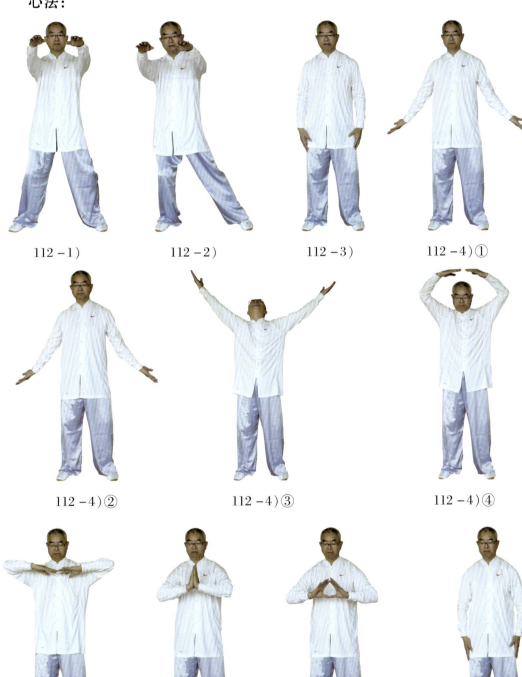

112-1)      112-2)      112-3)      112-4)①

112-4)②      112-4)③      112-4)④

112-5)①      112-5)②      112-6)①      112-6)②

112－6）③ 　　　112－7）① 　　　112－7）② 　　　112－8）

1）心中一定，两臂前伸搁于肩圈、掌心朝下。

2）实右脚、虚左脚，左脚右移，两脚距离齐肩宽，重心居中。

3）内气下沉，两臂下垂至大腿两侧。

4）"劲源"输布内气于两臂，两臂由两侧平伸，两掌翻转向上，掌心托着小气球冉冉上提，然后双臂屈肘，两掌中指对接，掌心向下合抱气团于"百会"之上。

5）意气下沉，掌心缓缓下垂，意想气团灌顶入"百会"穴，遁"督脉"、"任脉"行"小周天"（注38）；双掌下落至胸前"膻中"穴（注39）处，虚心合掌（注40），返本还原，契入实相（注41）。

6）两掌下按至两胯旁，心宁气沉，心中一静，在腰左前方一米处，意想有一圆点向上于迷蒙中显见，随即圆点向上下分行，眼神关注圆点的下行线，左脚不经意地向右脚靠拢。

7）两掌轻抚下腹，意守丹田，抱气归元。

8）两掌自然下垂，回归本元。

---

注38：小周天，本义指地球自转一周，既昼夜循环一周；后经引申，被内丹术功法借喻内气在体内沿任、督二脉循环一周，即内气从下丹田出发，经会阴，过肛门，沿脊椎督脉通尾闾、夹脊和玉枕三关，到头顶泥丸，再由两耳颊分道而下，会至舌尖（或至迎香，走鹊桥）。与任脉接，沿胸腹正中下还丹田。因其范围相对较小，故称小周天。又称子午周天、取坎填离、水火既济、玉液还丹等。

注39：在前正中线上，两乳头连线的中点。

注40：合掌，又作合十，意指合十法界于一心。合掌时，要掌背微躬，掌心略弯，两掌之间形成虚空，意即悟入空性。两掌竖直合掌于心口处，十指代表十方，合十于心口，既表示众生平等，施以"无缘大慈、同体大悲"的普渡，庄严自心，成就善根。

注41：实相，佛学语。指宇宙事物的真相或本然状态。

# 第四节　吴氏（公仪）太极拳架连续动作图

0 预备势

1 太极起势

2 提手势

3 七星式

4 揽雀尾

5 单鞭

6 提手上势

7 白鹤亮翅

8 搂膝拗步

→

9 七星式

10 搂膝拗步 · 左搂膝拗步

11 七星式

12 手挥琵琶

15 如封似闭

17 十字手

18 斜搂膝拗步

21 揽雀尾

● 右搂膝拗步

3 高探马

左搂膝拗步

14 上步搬拦捶

16 抱虎归山

19 翻身斜搂膝拗步

20 七星式

2 斜单鞭

23 肘底看捶

24 倒撵猴

● 左倒撵猴

● 右倒撵猴

25 斜飞势

26 提手上势

28 搂膝拗步

29 七星式

32 翻身撇身捶

37 单鞭

38 左高探马

40 右高探马

41 左分脚

43 搂膝拗步

● 左搂膝拗步（左／右）

● 右搂膝拗步

46 上步高探马

47 一起脚

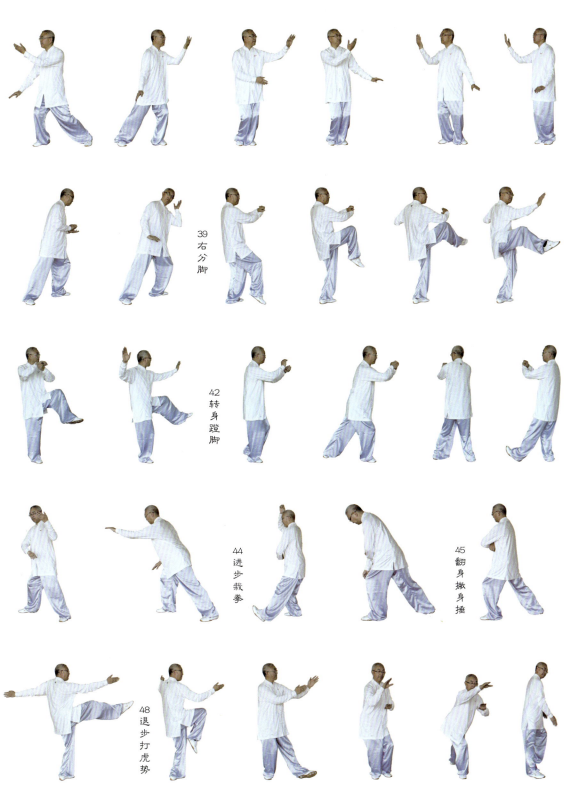

49 一起脚

50 双峰贯耳

53 撇身捶

54 上步搬拦捶

55 如封似闭

56 抱虎归山

58 斜搂膝拗步

59 翻身斜搂膝拗步

62 斜单鞭

51 披身踢脚

52 转身蹬脚

57 十字手

60 七星式

61 揽雀尾

63 七星式

64 野马分鬃

● 右野马分鬃

● 左野马分鬃

● 右野马分鬃

67 上步玉女穿梭

71 上步玉女穿梭

73 七星式

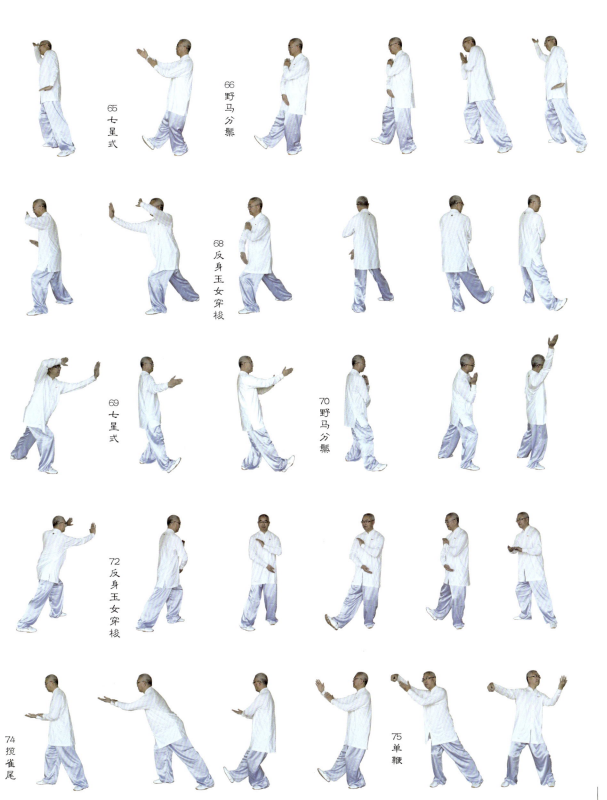

65 七星式

66 野马分鬃

68 反身玉女穿梭

69 七星式

70 野马分鬃

72 反身玉女穿梭

74 揽雀尾

75 单鞭

76 云手（两个）

77 单鞭

79 金鸡独立（左／右）

● 左金鸡独立

● 右金鸡独立

● 左倒撵猴

81 斜飞势

84 搂膝拗步

78 下势

80 倒撵猴 · 左倒撵猴

· 右倒撵猴

82 提手上势

83 白鹤亮翅

85 七星式

86 海底针

87 扇通背

89 上步搬拦捶

91 单鞭

94 高探马

95 扑面掌

96 转身十字摆莲

88 翻身撇身捶

90 上步揽雀尾

92 云手

93 单鞭

97 搂膝进步指裆捶

98 上步揽雀尾

100 下势

103 翻身扑面掌

104 转身双摆莲

106 上步高探马

107 扑面掌

108 翻身撇身捶

111 单鞭

# 第五节 吴氏(公仪)太极拳架运行路线示意图

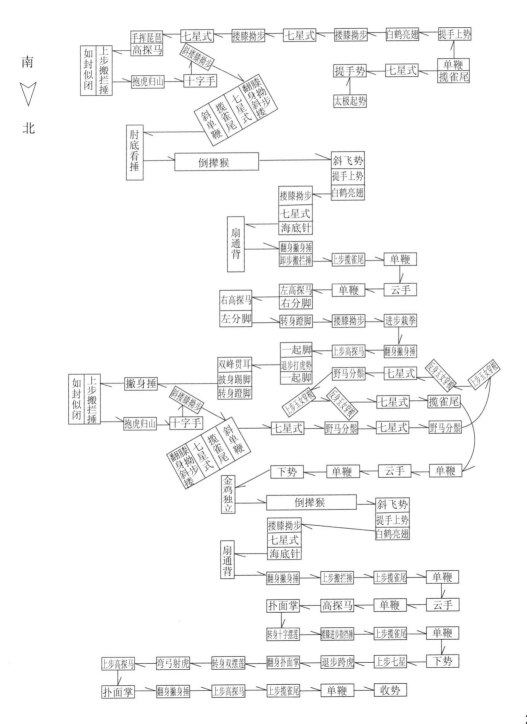

第四章

孙式太极拳行拳心法

行 拳 心 法

# 第一节　孙式太极拳简介

孙式太极拳是武术百花园中的一朵艳丽的奇葩。孙式太极拳是中国近代著名武术家、一代宗师孙禄堂先生集形意、八卦、太极之大成,冶三家于一炉,所创立的优秀拳种之一。孙禄堂武功造诣卓绝,技击独步当时,道德修养崇高,印证了中国武学的最高境界。他建立的武学体系开拓并升华了武学的文化品位,创立的孙氏武学对中国文化的继承、提升与发展做出了巨大的、独到的、不可磨灭的历史贡献。因此,孙禄堂堪称是迄今为止中国武学发展史上最高成就的代表人物。

## ●孙式太极拳起源与传承

孙禄堂早年精研形意拳,师从李奎元,复从郭云深,其间又得宋世荣、车毅斋、白西园诸前辈亲授。继而孙禄堂为了研究拳与"易"之关系,又从程廷华研习八卦拳数月,多有心得。1886年春,孙禄堂只身徒步壮游南北十一省,其间,访少林,朝武当,上峨眉,闻有艺者必访。1888年,返归故里,同年创"蒲阳拳社"。1912年,孙禄堂在北京遇太极拳家郝为真。时郝已年过花甲,病困交加,孙禄堂将郝接至家中,请医喂药,月余郝愈。郝感其恩,遂将自己所习太极拳之心得告之孙禄堂。1918年,孙禄堂经过自己数十年深修研悟,将形意拳、八卦拳、太极拳三门拳术从理论到内容提纯升华融合为一,创孙式太极拳。

孙禄堂深通黄老、易学、丹经,并博学百家,故能集中国传统哲学思想与武技于一体,提出"拳与道合"的武学思想,并以此为指导完成形意、八卦、太极三拳合一的理论和修为体系。自1915年至1932年,孙禄堂前后撰写出《形意拳学》《八卦拳学》《太极拳学》《拳意述真》《八卦剑学》《八卦枪学》(未出版)《论拳术内外家之别》《详述形意、八卦、太极之原理》等重要专著和文章,影响极为深远。

孙禄堂一生弟子众多,遍布海内外。其中著名者有齐公博、孙振川、孙振岱、任彦芝、陈守礼、裴德元、陈微明、支燮堂、刘如桐以及其子孙存周、女孙剑云等。

●**重要代表人物**

① **创始人——孙禄堂**

孙禄堂(1860－1933)，讳福全,晚号涵斋,河北完县东任家疃(今划属望都县)人。孙禄堂自幼聪慧绝人,性情沉勇坚毅。孙禄堂7岁入私塾,同时随吴姓拳师习练拳术。12岁考录附生,因家资窘迫而缀学,于是乃父转托好友,让他随文武兼修的李奎元读书兼习形意拳。15岁时孙禄堂的武功已经不凡,李常感叹孙禄堂在技击上天赋超凡,于是把孙禄堂推荐到自己的老师、形意拳大师郭云深处深造。郭云深乃当时北方著名拳法大家,纵横江湖数十年,阅人无数,见面后,亦惊叹孙禄堂技击天赋得未曾有,当即收下。年余后,郭云深感叹道:"能得此子,实乃形意拳之幸也!"

1878年,18岁的孙禄堂跟随郭云深在西陵习艺,郭云深让孙禄堂与自己一同吃住,无论到那里都把孙禄堂带在身边,随时指教。常常是郭云深骑马奔驰,孙禄堂紧随于后,步行奔跑,日常行百数十里,不觉疲惫。1880年秋,郭云深又带孙禄堂去山西拜访郭的师兄弟车毅斋、宋世荣等。在晋期间,郭云深让孙禄堂与门内外各路高手广泛交流切磋,孙禄堂每战必胜,未尝一负,胜人而不伤人,谦逊如仪。郭云深赞叹曰:"此子真能不辱其师。"此时郭云深认为孙禄堂的武功已不在自己之下了。

孙禄堂出众的人品、高超的武功和非凡的天赋给车毅斋和宋世荣也留下了深刻的印象。车毅斋擅长研究打法,宋世荣擅长研究内功。1881年,宋世荣来信让孙禄堂再来山西交流。孙禄堂征得郭云深同意后,再入山西,得宋世荣讲论炼神还虚之法并论及内外家之别。由是,孙禄堂内功进至虚境。之后孙禄堂再返郭云深处,与郭共同研究归纳整理形意拳理法,总结出形意拳有三步功夫、三层道理、三种练法。

1882年,孙禄堂已经前后研修了11年的形意拳,其中跟郭云深在一起的时间最久,近八年。为了彻底揭示拳学原理,就需要研究易经。因白西园对易经颇有研究,于是郭云深让孙禄堂从白学习易经。在白西园处,孙禄堂见到形意拳拳谱,由此萌发欲参考易经来阐释此拳谱的想法。不久他又遇见了郭云深的朋友、老乡程廷华。程廷华是八卦拳宗师董海川最好的弟子,功夫最接近董海川。程廷华出师后,在北京与各路高手比武,从没有败过。

八卦拳与形意拳都是以内功为基础的拳,但在技术上又各有特点,形意拳的特点是劲力整实、动作简捷,八卦拳的特点是身法灵活,手法多变,两种拳法各有擅长。

程廷华见到孙禄堂后,非常喜欢孙禄堂的人品、悟性和功夫,于是主动提出来教孙禄堂八卦拳。就这样孙禄堂开始跟程廷华学习八卦拳。不久从南方来了一位武师,一路北上,所向披靡,至京城,专访各派名家较技,无所不胜。后访至程廷华,程的所有徒弟与该武师比武都输了。于是程廷华只好亲自出战,因对手武功高深,程廷华感到自己没有必胜的把握。这时孙禄堂才跟程廷华学习了一个单换掌,不是程正式的徒弟,故程廷华也就没好意思让孙禄堂代表自己出战。然而孙禄堂看出了程廷华的心思,就主动要求代程与该武师比武。比试中,孙禄堂一出手即将该武师由屋内击出窗外,该武师深服之。程廷华也大喜过望,于是要孙禄堂在董海川茔前磕头拜师,与自己结为师兄弟,自己代师传艺。孙禄堂执意不肯这么做,表示只认程廷华为师,于是程廷华只好将他收为弟子。此后程陆续传授他八卦拳理法及点穴、轻功、八卦剑、七星杆等绝技。孙禄堂这时的形意拳已臻化境,所以在程廷华的悉心教授下,仅研习年余,就掌握了八卦拳的精微,同时也感悟出形意拳与八卦拳其理相通。

这期间,孙禄堂在与武林各派高手的切磋较技中,皆能轻取对手。程廷华深感孙禄堂的武功实际上已经超过自己,于是程廷华就劝孙禄堂效仿当年自己的老师董海川访游天下,以臻拳学至境。程廷华对他说:"我敢断言,如今论武功,黄河南北已经没有你的对手,你应该去访游天下,增长学识。"1885 年,孙禄堂听从建议,决定访游天下。他徒步邀游南北十一省,访少林,朝武当,上峨嵋,闻有艺者,必访至,与人切磋较技,未遇敌手,行程数万里,历时三年余。其间孙禄堂遇文始派隐真,得其传授修道心法,又在容城从某公研修《易经》。光绪十三年(1887)冬,孙禄堂返归故里,翌年创建"蒲阳拳社"。此时他的武功已臻至诚至虚至空之化境,具有不闻不见而能感而应之之良知良能,神行机圆,无人能犯。

1900 年后,孙禄堂在其武学研究的方向上逐渐向修身的价值上转型,以开启良知良能以完善身心、完备人格为诣归。出于提升拳术在健身、修身方面的需要,孙禄堂开始着手研究太极拳如何与形意、八卦等拳术的相互融合的问题。

1912 年,经友人介绍,孙禄堂结识了太极拳家郝为真,相互投缘,交流后郝为真惊赞道:"异哉! 吾一语而子通悟,胜专习数十年者!"嗣后,郝为真病危于京,经孙禄堂慷慨救助得以康复。郝为真为了报搭救之恩,得知孙禄堂正研究比较各家各派拳术,探究太极拳与形意拳、八卦拳全面融合的问题,于是便主动提出将他的太极拳理法心得全部提供给孙禄堂作参考。

此后,孙禄堂经过数年的研究,去芜取精,追本寻元,提出了内劲的概念和体用中和的技术思想及技术原则。他发现形意、八卦、太极三拳本为一理,三者在拳式理法上经改善后可互补融合,并构成所有拳术的技能基础。于是创立形意、八卦、太极三拳合一的理论,鼎革理法,完善三拳。

经数十年对武学的研究实践,孙禄堂对形意拳、八卦拳、太极拳三家拳学均能穷其理而绝其术,融通内外家各派拳术数百种,并通儒释道诸学,尤精黄老、《易》、《丹》、奇门遁甲诸学,建立了拳与道合的武学体系。同时也为技击实效、健体养生和明心见性三者找到了相融的最佳结合点,使三者共同产生最佳效果,历史性地完成了把技击从一种搏斗技能升华为一门体用兼备的修身实学,从而极大地丰富和完善了中国传统文化的体系结构。于是自1915年起,孙禄堂率先撰写了《形意拳学》《八卦拳学》《太极拳学》《拳意述真》《八卦剑学》等一系列武学专著,开创了武学研究的新纪元。

孙禄堂的武学体系是对当时武学研究水平的全面超越。它是以拳与道合之武学思想为总纲,以易经为理论并参儒释道之学,以中和为核心、以内劲为统驭、以体用兼备为特征,以孙氏鼎革、完善之形意拳、八卦拳、太极拳为基础架构,以融通百家之技为指归的技术体系,使技击艺术首次成为一个建立在完备的技术基础上的、不断创新的、开放性的技术系统,并升华为修身育德、完善人格精神和身心机能的体育显学,使武学成为能体物不遗、完备良知良能、完善身心功能的修身文化。

孙禄堂20余岁时武艺已享盛名,1918年,徐世昌当选民国大总统后,亲聘孙禄堂为总统府武承宣官。1928年3月24日,中央国术研究馆成立,孙禄堂被聘为该馆教务主任兼武当门门长。同年6月27日,江苏省国术分馆成立,7月1日,他被聘为江苏国术馆教务主任,后被聘为教务长、副馆长。

孙禄堂在江苏国术馆任职三年多,倡导国术的作用在于恢复中华民族的生命力,这种生命力体现在心力与体力两个方面,两者的关系相辅相成,让人民认识到国术便是中国固有的"提升生命力的艺术"。同时要把这"生命力的艺术"输送到全民的生活中去。

孙禄堂反对门户之见,率先倡导国术的统一,引领着当时的国术运动向正确的方向上发展。孙禄堂在上海收徒时立下三严三同的规矩:"凡我弟子,均应做到三严三同。三严即严格锻炼,严格要求,严守武德;三同即同门之内,同门之外,同道之间,应一视同仁,反对派别倾轧。"又说:"拳为强身养心之道,也是自卫除暴之术。久练功成,自然罡气内布,力量神奇。然而此时更要严守武德,不可轻易动手伤人。倘遇强徒横行,则务必不畏强暴,挺身而出,予以整治。"

孙禄堂在南方期间,还与李景林先后组织、主持了历史上规模最大的两次国术擂台大赛,即浙江省国术游艺大会和上海国术大赛,以倡导技击实践。孙禄堂担任浙江省国术游艺大会筹备副主任、副评判委员长以及上海国术大赛评判主任。两次大赛的名列前茅者多为他的弟子、学生。

孙禄堂晚年,正值列强环伺,国力衰微,民族危亡日趋严重,在外侮面前,孙大义凛然,在他年近半百时，曾信手击昏挑战的俄国著名格斗家彼得洛夫，年逾花甲时，力挫日本天皇钦命大武士板垣一雄，古稀之年，又一举击败日本五名技击高手的联合挑战，故在武林中不虚有虎头少保，天下第一手的美称。

两次擂台比赛不仅震动全国，而且波及海外，日本武道界也高度重视并研究了这两次比赛，他们从国内筛选出五位技击格斗高手，来中国挑战孙禄堂这位中国武术界的象征性人物。这天，日本这五位格斗高手和一位日本领事馆的翻译来到孙禄堂的住处，向孙禄堂提出挑战。孙禄堂决定一对五，让五位日本格斗高手一起上。孙禄堂说："我躺在地上，你们五个人以任意方法按住我，你们另一个人喊三下，如果在三下之内我不能起来，就算你们赢了。"这话由那位懂中文的日本人翻译过去，几位日本人觉得这是个玩笑，最后经孙禄堂再次确认比试方法后，他们同意按这个方法比试。于是孙禄堂平躺在地上，五个日本人，其中一个最魁梧的，骑在孙禄堂身上，两腿将孙禄堂的身体盘住，并锁住孙禄堂的头，其他四人，以他们各自的方式固锁住孙禄堂的四肢。另一人喊：一、二、三字尚未出口，只见孙禄堂一跃而起，五个日本人都被摔出两丈外，扑倒在地，一时竟未能起身，还是由孙禄堂将他们一一扶起。他们惊诧万分，由一人说了句抱歉之类的话后，就惶恐地离去。第二天，他们又来到孙禄堂的住处，这次多了两人，一共八个人，除昨天的六人外还有两个是日本领事馆的官员。他们说：日本天皇邀请孙禄堂去日本教授武技，每月的报酬是两万块银洋，请孙禄堂至少去一年。孙禄堂说："我老了，哪儿都不去了，如果你们想研究我国的武术，可以通过中国政府与国术馆联系，那里的教师更年富力强。"他们再三恳请，均被婉言谢绝，从此孙禄堂被日本武道界尊为武圣，被称为文武两道三大雄。

一天，孙禄堂对夫人预言自己驾鹤之日，夫人大惊，遂命女儿孙剑云带孙禄堂去德国医院（今北京医院）作全面体检。孙禄堂笑道："我身体无恙，去何医院。只是到时将有佛来接引，我欲一游耳。"夫人疑而不信，坚持要孙禄堂去检查。无奈，只得由小女孙剑云陪伴去做体检。检查后德国医生史蒂夫说："孙先生的身体无任何不良迹象，比年轻人的身体还要好。"归后，夫人又请名医孔伯华来家中为孙禄堂检查。把脉后，孔伯华说："孙先生六脉调和，无一丝微瑕。这么好的脉象，我还是第一次遇到。"家人遂安。同年秋，孙禄堂再次回到故里，不食者两旬，而每日习拳练字无间。至12月16日早上（夏历十月二十九日卯时），孙禄堂对家人曰："佛来接引矣。"遂命家人去户外烧纸。六点零五分，孙禄堂面朝东南，背靠西北，端坐户内，嘱家人诵佛号，勿哀哭，并曰："吾视生死如游戏耳"，一笑而逝。

孙禄堂弟子满天下，多数是武功卓绝、学养有素的卓越门生。在全国赛事中突显其弟子的优势，获优等奖半数以上或前三名者都是其弟子；各省市武术馆主要负责人中多一半是他的弟子，就连全国著名的文人、古乐家（如：马一浮、蔡元培、汪孟舒等）都拜在其门下，影响极大。

总之，孙禄堂为人正派、低调，淡泊名利、不近仕途、温尔文雅、尊师重道、乐善好施、胸怀博大、学为人师、行为世范，为武学文化史上做出了极大的贡献，是一位杰出的文人武术家。更是当时武林界最有影响的人物之一，技艺独步当时，被称为卓越的武术大宗师。

② 孙剑云

孙剑云（1914－2003），生于北京，祖籍河北望都。著名武术家、孙禄堂之女、孙式太极拳嫡传第二代传人，在武林百杰评选中被评为"十大武术名师"。毕业于北平艺专，攻书画尤精山水、仕女，是位文武兼备的武术家。自幼承庭训，得形意拳、八卦掌、太极拳之真传与精髓。曾随父孙禄堂任教江苏省国术馆。新中国成立后，曾应贺龙副总理之邀任第一届全运会武术裁判长。1988年在中国国际武术节上获武术贡献奖。曾任北京市武协副主席、北京市孙式太极拳研究会会长、形意拳研究会名誉会长、西城区政协委员。编著有《孙禄堂武学录》《孙式太极拳》《孙式太极拳简化套路》。著有《形意剑》《形意八式》等。中国武协前主席徐才评价其一生致力于武术研究、普及与推广，崇尚武德，淡迫名利，为人师表，为继承武术作了积极贡献。她的弟子学生众多，遍及国内外，影响极大。是一位杰出的女武术大师、文武双馨的武术名家。

③ 孙存周

孙存周（1893－1963年），孙禄堂之次子，近代武术界具有极深造诣的实践家。自幼随父习武，深得其父真传，精通所学拳理，功夫精深，尤善技击。孙存周年及弱冠时，曾北胜臂圣张秀林，南赢妙手谢铁夫，壮游南北鲜有对手。孙存周与人较技时随机应变无一定法。有"天下第一技击手"之称。孙存周全面继承其父"拳与合道"的武学思想，强调身体力行，修身养性作用，倡导文武合艺，终身育德的理念。在沪杭颇具盛名，从武人生享誉江南一带，影响极大。

④ 支燮堂

支燮堂（1889－1972）祖籍江苏，是孙禄堂宗师在江南地区的重要传人，上海地区孙氏武学的代表人物，于1929年拜孙禄堂宗师为师，学习孙氏武学，孙禄堂宗师三年在沪讲习，都居于支燮堂寓所。支燮堂一生尊师重道，为人忠贞坚毅

在十年浩劫时期历经困难，犹能坚忍不拔不舍师学，并择才传习孙氏武学。曾著有《太极拳（孙氏）讲稿》。

⑤ 孙永田

孙永田，祖籍河北省沧州，出生于北京。现任航天神龙汽车销售服务有限公司董事长兼总经理，北京市武术协会副主席，孙式太极拳第三代传人，孙式太极拳研究会副会长，美国及香港孙式太极拳研究会名誉会长。孙永田自幼酷爱武术，曾习长拳、唐拳等多种拳械，有良好的武学基础。1970年以来，曾多次参加北京市武术比赛，名列前茅。自1982年始，师从孙剑云学习太

极拳、形意拳、太极剑、太极推手等,对太极拳、形意拳颇有研究。孙永田协助整理出版了孙禄堂先生一生武学精华《孙禄堂武学录》。2001 年 6 月,他积极组织筹办孙禄堂先生铜像落成事宜,并成为孙式太极拳的各项重要活动的主要组织者。

⑥ 孙叔容

孙叔容(1918 - 2005),女,出生于北京,原籍河北省完县。祖父孙禄堂、父亲孙存周。孙叔容幼承家学,得祖父、父亲教导,获益良多。1953 年即随父在北海公园习武授徒。1963 年其父去世,她改往北京月坛公园定点义务教拳授徒,六年来从学者二百多人。1979 年春,受聘为开封市武术协会顾问,在河南大学内传授孙氏拳,习拳者先后数万人。1981 年曾受姑母孙剑云之托,担任"日中友好武术学习访华团"形意拳教练,深得日本友人赞誉。1984 年被聘为"北京孙式太极拳研究会"顾问。1988 年被河南大学聘为"特约拳师",同时担任该校体育系武术专修班形意拳教练。1988 年由河南体育运动委员会授予"河南省武术老拳师"称号,并颁发证书。1990 年 11 月创立"开封市孙氏拳研究会"并任会长。多年来她搜集整理祖传武学资料,撰写了多篇有价值的拳学论文,在中州武术及武魂等杂志上已发表的有《形意拳浅说》《八卦剑》《八卦拳诠释》《孙氏雪片刀》《孙氏太极剑》。编著《孙氏太极剑对练》合订本、《孙禄堂武学著作大全》简注本、增订本等。对武术事业做出了卓越贡献,曾经在年已八十过半的高龄时,还带领孙式拳的爱好者们习武健身,辅导门生学习孙氏武学。2005 年初,在她生命的最后一个刻,孙叔容还牵头将"北京孙禄堂武学文化研究中心"改组为"孙禄堂武学文化发展中心",任首届理事长。直至 5 月中,走完了她的从武人生路,安详逝去,此生为弘扬传承孙氏武学,承上启下,竭尽全力做出了极大贡献。

⑦ 孙婉容

孙婉容,1927 年生于北京武术世家,原籍河北省。曾任副教授、原北京体育学院竞赛委员会秘书长,北京市高等院校竞赛委员会委员,北京老年体协副主任。中国箭协裁判委员会首届主任,历时 17 年,现为射箭国际裁判。

其祖父孙禄堂、其父孙存周、姑母孙剑云、三姐孙叔容均为著名武学明师。孙婉容幼从父学,武德兼修,修习孙氏三拳、剑械等,随时的父施教,聆听其教导,无论习武、生活、做人均以"无德不立"为示,武艺并进。自 80 年代起,开始正式授拳,从学者遍及国内外。从 1990 年到现在,继续被聘任北京及各地孙氏拳及孙氏武学研究会等团体的理事长、会长、顾问等职,曾与其姐孙叔容等人编著从事编写《孙禄堂武学著作大全》简注本,增订本、《孙氏太极拳竞赛套路教与学》《孙氏太极剑及对剑》等书。现已八十有余的她,继续从事整理武学文稿、修拳、教学工作,参加有关弘扬、推广、交流武学文化的社会活动。继续向门生传技授拳。

#### ⑧ 孙宝亨

孙宝亨,生于1933年,原籍河北省。是孙禄堂宗师之嫡孙、其父孙存周、其姑母孙剑云均为武林大师。1957年毕业于中国医科大学。从医及教学工作40余年。幼承庭训,习练孙氏太极拳、形意拳、八卦拳及剑术。70年代起,传授孙氏太极拳;80年代初,随姑母孙剑云受邀参加上海太极拳名家表演及交流大会。

曾在北京体育科学研究所从事运动医学的教学工作,把运动医学的理念合理地融入到传授孙氏太极拳、剑中,使之更加老少皆宜。

北京孙氏太极拳研究会成立时,任秘书长。2004年任北京孙禄堂武学文化研究中心副理事长,2005年任北京孙禄堂武学文化发展中心第二任理事长。先后多次组织并参加了全国性孙氏太极拳交流研讨会,均获成功。

曾参与编著《孙禄堂武学著作大全》简注本、增订本、《孙氏太极拳竞赛套路教与学》《孙氏太极剑及对剑》等书。现广教后辈,无偿授艺,因人施教,子女与门生初有成者,十数余人。


### ● 孙式太极拳的特点

孙禄堂宗师以毕生精力钻研心意、八卦、太极等拳术,融会贯通,冶三家于一炉,独创了卓然自成一家的孙式太极拳。

孙式太极拳的特点是迈步必跟,退步必撤,每左右转身均以开合相接。势如行云流水,绵绵不断。

#### ① 以"九要"规范身形

三拳的共同基础表现均以"九要"规范身形,九要即是塌、提、扣、顶、裹、松、垂、缩、起钻落翻要分明。

塌:塌腰、塌腕。塌腰是将腰松开,自然下垂尾椎骨不可上翘。塌腕即将手背与小臂撑圆,使手腕部骨节撑开,小臂与手背应成135度。

提:提肛。此意只可微有,不可太过。

扣:扣肩、膝。扣肩使肩关节撑开,扣膝则带动胯关节撑开,从而使身体上下劲间一致扣成一个圆柱形,于是劲通八方。

顶:舌顶上颚,头悬竖顶。舌顶则接通任督二脉,使神气相通。竖顶,一是与塌腰相配合,使脊椎拔开,身形自整。二是使神气贯通上下丹田,神气升降往来合一。

裹:裹膝、胯、肘。即是使身体的主要窍节带动身体,向身体重向重心线叠裹,从而蓄以弹炸力。缩中有裹,伸时显扣。

松:松肩、松胯。松肩是使肩自然下垂,并与竖顶相对拔,自然气贯两臂。松胯则需先两足有虚实,虚足之胯,自然松垂,窍节脱开,是谓以灵。

垂:垂肩、肘。指两臂伸出后,手臂犹如悬垂之绳,两端互抻,而手臂随其自重有自然下垂之劲。

缩:缩肩、胯。其一是指缩肩、缩胯之根,使四肢劲意贯通丹田,从而得内开外合之道。其二是两臂两胯外伸时,其根也要缩,从而使肢体两端互逆,并通过脊椎主干使身体各主要窍节相互有机连通,得以外方内圆,劲意完满。

起落钻翻:要分明,并非指动作分明,而是指出要分清虚实与阴阳,起为阴,落为阳;起为虚,落为实。起时内气下潜,落时内气自脊而上直贯两掌手指,以腹之气而言则是,起为实,落为虚。故所说要分明是内气与劲意虚实阴阳的相互转换。

"九要"是一个有机的整体,九要并重不偏颇。故九要合和则俱彰,偏其一则皆无。须知:形松劲自整,意静神自明。日常行止坐卧亦可以"九要"为规矩进行练习。

② 进退步相随——迈步必跟,退步必撤

"迈步必跟"要注意两点:一是身中钟锤前荡,前脚迈进后脚即跟,在后脚跟的一瞬间,后脚有蹬劲,同时将拳随势送出,并前脚同时回搓(反撑),两腿内侧互剪(夹膝)身体有前后弹颤之形。二是这个前迈后跟和后蹬前搓的过程是两足的虚实转换过程,在劲意上构成一个圈。要使全身虚实与这个圈协同同步,必须通过两膝将足上的劲意传至上身。

退步必撤也要注意两点:一是身中钟锤后荡,后脚撤步前脚即随,后脚撤步,必伴着肩背后倚,而前脚后随的一瞬间,前脚脚掌贴地搓回形成阻力,以控制身形后倚不至于太过。二是这个后撤前随和后倚搓回的过程也是两足的虚实转换过程,也在劲意上构成一个圈。

一跟一撤有什么好处? 其一,有利于重心潜换和动静合一的能力。其二,有利于上下相随,手足相顾,使练者在移动中不失六合之要。上下相随是指内,即内气上下相通,内气随重心潜换如轮滚动。手足相顾是指外,即周身及四肢随重心移换要整而不散。

③ 开合手承接

孙太极是每逢转身时,多以开合手相接。好处。其一,在开合手的过程中求得体内气息之升降与重心潜换相协调的状态。其二,开合手外在之形式为一开一合,内在运动是内气之上升下降,乃任(脉)督(脉)之理;开手是通夹脊、督脉之理;合手是冲胃脘、任脉之理。就五行而言,此式有开肺经之要义。而打通气脉,肺经为其首,肺经开通,其他经络具可开矣。

# 第二节　孙式太极拳(98式)拳谱

**第一段**

| 1. 无极 | 2. 太极 | 3. 懒扎衣 |
|---|---|---|
| 4. 开手 | 5. 合手 | 6. 单鞭 |
| 7. 提手上势 | 8. 白鹤亮翅 | 9. 开手 |
| 10. 合手 | 11. 搂膝拗步 | 12. 手挥琵琶 |
| 13. 进步搬拦捶 | 14. 如封似闭 | 15. 抱虎推山 |

**第二段**

| 16. 开手 | 17. 合手 | 18. 搂膝拗步 |
|---|---|---|
| 19. 手挥琵琶 | 20. 懒扎衣 | 21. 开手 |
| 22. 合手 | 23. 单鞭 | 24. 肘下看捶 |
| 25. 倒撵猴左式 | 26. 倒撵猴右式 | 27. 手挥琵琶 |
| 28. 白鹤亮翅 | 29. 开手 | 30. 合手 |
| 31. 搂膝拗步 | 32. 手挥琵琶 | 33. 三通背 |
| 34. 开手 | 35. 合手 | 36. 单鞭 |
| 37. 云手 | 38. 高探马 | 39. 右起脚 |
| 40. 左起脚 | 41. 转身踢脚 | 42. 践步打捶 |
| 43. 翻身二起 | 44. 披身伏虎 | 45. 左踢脚 |
| 46. 右蹬脚 | 47. 上步搬拦捶 | 48. 如封似闭 |
| 49. 抱虎推山 | | |

**第三段**

| 50. 右转开手 | 51. 右转合手 | 52. 搂膝拗步 |
|---|---|---|
| 53. 手挥琵琶 | 54. 懒扎衣 | 55. 开手 |
| 56. 合手 | 57. 斜单鞭 | 58. 野马分鬃 |
| 59. 开手 | 60. 合手 | 61. 单鞭 |

**第四段**

| | | |
|---|---|---|
| 62. 右通背掌 | 63. 玉女穿梭 | 64. 手挥琵琶 |
| 65. 懒扎衣 | 66. 开手 | 67. 合手 |
| 68. 单鞭 | 69. 云手 | 70. 云手下势 |
| 71. 更鸡独立 | 72. 倒撵猴 | 73. 手挥琵琶 |
| 74. 白鹤亮翅 | 75. 开手 | 76. 合手 |
| 77. 搂膝拗步 | 78. 手挥琵琶 | 79. 三通背 |

**第五段**

| | | |
|---|---|---|
| 80. 开手 | 81. 合手 | 82. 单鞭 |
| 83. 云手 | 84. 高探马 | 85. 十字摆莲 |
| 86. 进步指裆捶 | 87. 退步懒扎衣 | 88. 开手 |
| 89. 合手 | 90. 单鞭 | 91. 单鞭下势 |
| 92. 上步七星 | 93. 下步跨虎 | 94. 转角摆莲 |
| 95. 弯弓射虎 | 96. 双撞捶 | 97. 阴阳混一 |
| 98. 无极还原 | | |

# 第三节　孙式太极拳(98 式)行拳心法

## 目　录

# 1.无极

心法:

1-1)

1)面向正南,舒泰站立,两手下垂,足根靠拢,两足成九十度,身子似竹杆,插入于沙地。

①虚领顶颈:百会穴上顶,与天接,头部松。

②两眼收视:两眼眼神往内收敛,眼睛似睁非睁状。

③舌顶上颚:舌尖轻抵上颚,下巴内收。

④开胸张肘:乳房放松,肩向后向下,肘斜向下坠,胸部自然,背部阔舒。

⑤气沉丹田:意存丹田,下腹松鼓,带脉向四周舒散,不用劲、不较劲。

⑥松胯:圆裆,尾椎向下,不上提,不前翘。

⑦松膝:膝有上提之意,松小腿肌肉。

⑧松踝:踝不着力,脚底板如踩在浮萍上,脚趾不抓地,意想入地三尺。

"太极者,无极生",心静神凝,万念俱空,内无所思,外无所视,无阴无阳,无我无他,天人地混为一体。

## 2. 太极

心法：

| 2－1） | 2－2） | 2－3） |

1）心念萌动,意气运行,散出三道气圈;"道生一,太极也",心念一动,两眼微睁,意想胸部犹如两扇门,门中间下端夹着一块小石子;当用意将门向身后两侧推开之际,会有一种心胸豁然开朗之感;与此同时,小石子直坠腹中,丹田内犹如静水投石,激起道道水圈向四外蔓延鼓荡。当内气荡至身后时腰向后塞,继而内气荡向两旁时,两手腕外掤鼓起;而后内气继续下行至"会阴",再分别从两腿内侧前三分之一处,沿足太阴脾经的"血海"、膝内侧"阴陵泉"、小腿内侧"三阴交"、转足少阴肾经的踝内侧"太溪"、"然谷"向下涌流至"涌泉";复由踝外上遁足少阳胆经,经"丘墟"、小腿外侧"光明"、膝外侧"阳陵泉"、大腿外侧"风市",向胯两侧上行"环跳"、"带脉"涌流;左右汇入"命门"流注"会阴",继而翻转沿尾椎前侧"中极"、"关元"至胯间(丹田);遂以意气的上行线为中心,一意引领内气向胯四周散出直径约一米的"胯气圈";同时"胯气圈"中心的内气仍继续上行至腰间,圆散出直径约八十厘米的"腰气圈";"腰气圈"中心的内气仍继续上行至胸上方,再向四周圆散出直径约一米的"肩气圈"。致使两肩张开、两肘外旋导引两手向外翻转、掌心朝外、意想两手掌心各含有一个小气球。

2）腰圈左转,导引右脚跟为轴左转45度,立身中正,意存丹田,二目平视,精神内守。

3）两掌内合,掌心小气球贴着两腿外侧;面向东南。

## 3.懒扎衣

心法：

| 3-1) | 3-2) | 3-3)① | 3-3)② |
|---|---|---|---|

| 3-3)③ | 3-4) | 3-5)① | 3-5)② |
|---|---|---|---|

| 3－6) | 3－7)① | 3－7)② | 3－7)③ |

1) 内气下沉,两手合向里扭,扭至两手心相对时,意想两手心沾着的小气球融合成大气球,继而捧着大气球的双手随着大气球自下往前上方徐徐升腾至肩圈,与肩平。

2) 心中一静,两腿徐徐下沉弯曲圆满,且右实左虚;同时,意想内气往回收缩,大气球往回划弧落至腰圈,致使肘下坠搁于腰圈,上下臂成直角。

3) 钟锤前荡,左足向左斜角(东南)迈步,大气球向左斜角飘去,使捧着大气球的双手也沿着腰圈跟随伸展;眼神随着向东南方远去;右足于两手前伸时,向前跟步至左足踝内侧,足尖点地。

4) 心中一定,大气团蹦出成各含拢于两手掌心的小气团,右掌成瓦状掌心向上在前、左掌成瓦状掌心向下接右掌根在后,意想两掌合成上下相对的阴阳掌搁于肩圈;面向东南。

5) 腰圈先左转后右转,以左脚跟为轴,向右旋转 90 度,右足跟徐徐着地;同时,右手掌心向上托着小气球,与左手掌心朝下含着小气球上下相对的阴阳掌自东南至西呈扇形旋转,右转平旋为掤、捋;转至西南时,前伸为挤。

6) 腰圈继续右转至西方,松肩坐左脚,退时见将劲;同时,上下相对的阴阳掌分拆,掌心小气球滚落至肘尖,致使两肘下坠,继而两掌分持于胸部两侧,意想两肘尖处的小气球融成大气团,弥漫于胸前。肩胯朝西南。

7) 右足向前迈出,足跟着地之际,身中钟锤前荡,内气由"劲源"输布两臂,两掌依偎着大气团徐徐向前按出,两臂曲中有直;左足随即向前跟步至右足踝内侧,足尖点地;眼神正视前方。

## 4. 开手

　　**心法：**

　　　　4-1)　　　　　　　　　　　　　　4-2)

　　1) 左足跟着地，右足尖点地，两腿微曲、左实右虚；腰圈左转，以左足跟为轴，左旋 45 度，肩胯朝正南。同时，向前按出的大气团合拢于相对持掌的两手心间、指尖向上，左右下臂一字平搁于腰圈，双臂环抱胸前气团，谓"合十"。

　　2) 合拢于掌心的气团向左右膨胀，致使双肩下沉、向后展开，两手持掌平着往左右张开，开至两手虎口与两肩尖相对，两手五指张开沾着气团。

## 5. 合手

　　**心法：**

　　　　5-1)

1）右足着地，左足跟欠起、足尖点地，右实左虚；由"劲源"催发内气输布两臂，压缩持掌的两手，将气团相对合拢于掌心，左右下臂一字平搁于腰圈，环抱胸前气团，再成"合十"。

## 6. 单鞭

**心法：**

6-1)　　　　　　　　　6-2)　　　　　　　　　6-3)

1）坐右足，腾出左足向左边迈步，足跟斜横着地，足尖上翘，左腿至左足跟成一斜直线；两手腕外扭，掌心朝外、两手大拇指侧接于胸前，胸臂环抱气团。

2）气团膨胀，双肘下坠，两手大拇指拆分，两掌沿肩圈左右张开，两手掌心的小气球分别滚落于肘尖。

3）左脚掌缓缓踏平，重心自右足渐渐居中到偏左足，坐身；同时，由"劲源"催发内气，肘尖的小气球依傍着下臂回入持立的两掌，并且手心朝外，分别往左右肩圈呈弧形展开，呈掤、捋、挤、按混合劲；眼神跟随着右指梢远去，此时，身形领起三关，身备五弓如泰山。肩胯齐朝正南。

## 7. 提手上势

心法：

| 7－1) | 7－2)① | 7－2)② |

　　1) 持立的两掌向里内合,大气团弥漫于胸腹。

　　2) 身体重心移于左腿,右足往左腿靠拢,足尖点地,两腿弯曲似半月形;同时,大气团顺时针旋转,意想"劲源"内气输布两臂,左肘上提,左肘尖搁于左肩圈,左掌向外翻转划弧至前额,手心沾着小气球向外;右掌手指往下、掌心含着小气球向右,朝下划弧沿着身中线插至下腹,掩入裆前。左右大拇指与身中线相合。眼神正视前方,肩胯朝南。

## 8. 白鹤亮翅

心法

| 8－1) | 8－2)① | 8－3)① |

8－3）②                    8－3）③

1）右掌随小气球往上升腾上提至额前,手心向外,右肘搁于肩圈;意想左掌心的小气球沿左小臂滚落至左肘尖,左肘下坠,靠着左肋搁于腰圈,继而小气球又滚回左掌心,手心向外;

2）右掌心顺时针向右划弧,掌心小气球沿右小臂滚落至右肘尖,右肘下坠,靠着右肋搁于腰圈,继而小气球又滚回右掌心,手心向外;意想两肘尖处的小气球融成大气团,弥漫于胸前。

3）右足向前迈出,足跟着地之际,身中钟锤前荡,内气由"劲源"输布两臂,两掌在胸两侧分别持起,手心向外,依偎着大气团徐徐向前按出,两臂曲中有直,两大拇指相离寸许,谓"亮翅";此时,右足踏实,左足随即向前跟步至右足踝内侧,足尖点地。眼神掠过拇指远去。肩胯朝南。

## 9. 开手

**心法：**

9－1）                    9－2）

1）左足跟着地，右足尖点地，两腿微曲、左实右虚；同时，向前按出的大气团，合拢于相对持掌的两手心间、指尖向上，左右下臂一字平搁于腰圈，双臂环抱胸前气团，谓"合十"。

2）合拢于掌心的气团向左右膨胀，致使双肩向后下沉展开，两手持掌平着往左右张开，开至两手虎口与两肩尖相对，两手五指张开沾着气团。

## 10. 合手　【同 5 式】

**心法：**

10 - 1）

1）右足着地，左足跟欠起、足尖点地，右实左虚；由"劲源"催发内气输布两臂，压缩持掌的两手，将气团相对合拢于掌心，左右下臂一字平搁于腰圈，环抱胸前气团，再成"合十"。

## 11. 搂膝拗步 ( 左式 )

心法：

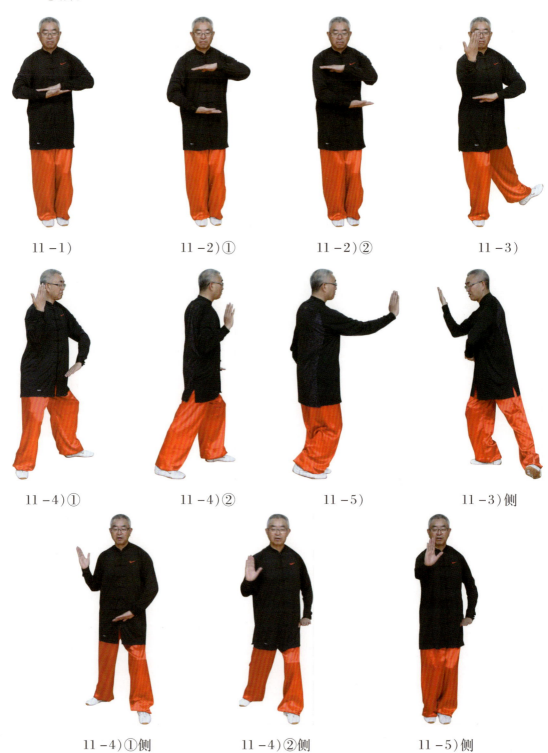

11 - 1)　　　　　11 - 2)①　　　　　11 - 2)②　　　　　11 - 3)

11 - 4)①　　　　　11 - 4)②　　　　　11 - 5)　　　　　11 - 3)侧

11 - 4)①侧　　　　　11 - 4)②侧　　　　　11 - 5)侧

1）掌心间小气球边顺时针旋转边膨胀，使左掌在上、右掌在下抱气球于上腹正中。

2）由"劲源"催发内气输布两臂，左臂朝右、右臂向左，相对搓压气球。

3）腰圈左转，开胯，重心植于右脚，左脚迈向左前方，左脚跟虚贴着地，左脚尖指向正东；同时，气球膨出，两臂拆分，沾着小气球的右手掌上旋至右肩前，其肘支于腰圈，右掌心朝里；被气团包裹着的左手臂横搁腰圈。

4）腰圈继续左转，意想左掌轻拂气团斜穿胯圈搂过左膝，后将前按于左胯前，右脚尖随身向里内扣；同时，右掌随身翻转，持掌置于胸右侧，掌心向外，其大拇指齐胸相平，且右掌心的小气球滚至肘尖；此时，步随身左腿换成弓步；肩胯齐朝东。

5）身中钟锤前荡，右肘尖的小气球顺势前行回入右掌心，右掌依偎着气球徐徐向前推出，其臂曲中有直，此时，掤、挤、按三劲蓄于右手；右足随即向前跟步至左足踝内侧，足尖点地；眼神聚焦于前上方肩、腰、胯三圈之交点。

## 12. 手挥琵琶

**心法：**

12－1）　　　　　　　　　　　　　12－1）侧

1）身中钟锤后荡，肩背后倚，稳住重心，右足往后撤步，坐实；而左足跟随后撤于右足前，相距寸许，足尖点地；同时，左手前伸、右手回拉两掌合成左右相对的阴阳掌，平搁于腰圈。面向正东。

## 13. 进步搬拦捶

心法：

13-1)① 　　　　　 13-1)② 　　　　　 13-1)③

13-2)① 　　　　　 13-2)② 　　　　　 13-3)

13-4)① 　　　　　 13-4)② 　　　　　 13-1)①侧

13－1）②侧

13－1）③侧

13－2）①侧

13－2）②侧

13－3）侧

3－4）①侧

13－4）②侧

1）左足往前迈出，脚跟靠地，腰圈左转，带动左足跟左旋，左脚尖外撇45度（东北），继而左脚掌踏实成弓步；同时，阴阳掌拆分，左肘下坠后倚至左肋前，沾着小气球的左手随势内旋、掌心向下；右肩下沉，右肘下坠，托着小气球的右手从左手下面顺势外旋、掌心向上，上下臂顺直，前伸至肩圈出掤、按、挤混合劲。

2）右足经左足内侧往右前方迈出，脚跟靠地，腰圈右转，带动右足跟右旋，右脚尖外撇45度（东南），继而右脚掌踏实成弓步；同时，右肘下坠后倚至右肋前，沾着小气球的右手随势内旋，掌心向下；左肩下沉，左肘下坠；托着小气球的左手从右手下面顺势外旋，掌心向上，上下臂顺直，前伸至肩圈出掤、按、挤混合劲。

3）左足经右足内侧往前方迈出，左脚掌踏定成弓步；左掌内旋翻转，持掌出肘、按劲。

4）腰圈左转，身中钟锤前荡，内劲由"劲源"向肘端输送，促使右拳自腰间上抛至心口平后直穿肩圈向前，出掤、按、挤劲，拳眼向上；同时，左掌下落，沉左肩、坠左肘，握拳回抽，拳心向下，横搁腰圈托着右肘。右足随即向前跟步至左足踝内侧，足尖点地；眼神聚焦于前上方肩、腰、胯三圈之交点。

## 14. 如封似闭

**心法：**

| 14-1)① | 14-1)② | 14-2) |

4-1)①侧　　　　　　　4-1)②侧　　　　　　　14-2)侧

1）身中钟锤后荡，肩背后倚，右足往后撤步，坐实，左足尖虚点于地；同时，右拳向后回抽藏于左臂弯，左右下臂平行贴合，环抱气团于胸前，拳心均朝下；两肘下坠，左腕内关贴着右腕外背，拳心朝外成十字。

2）左足撤回至右足内侧，足尖点地；同时环抱胸前的气团膨胀，十字拳拆分，掌心小气球滚落至肘尖，致使两肘下坠，两掌分持于胸部两侧，意想两两肘尖处的小气球融成大气团，弥漫于胸前。

## 15.抱虎推山

**心法：**

15-1)①　　　　　　　15-1)②　　　　　　　15-2)

15 – 1）①侧  　　　　15 – 1）②侧  　　　　15 – 2）侧

1）左足向前迈出，足跟着地之际，身中钟锤前荡，左腿成弓步。

2）内气由"劲源"输布两臂，两掌依偎着大气团徐徐向前按出，两臂曲中有直；右足随即向前跟步至左足踝内侧，足尖点地；眼神正视前方，肩胯朝东。

## 16. 开手

**心法：**

16 – 1）　　　　　　　　　　　　16 – 2）

1）右足跟着地,左足尖点地,两腿微曲,右实左虚;腰圈右转,以右脚跟为轴,右旋45度,肩胯朝正南。同时,向前按出的大气团,合拢于相对持掌的两手心间,指尖向上,左右下臂一字平搁于腰圈,环抱胸前气团,谓"合十"。

2）合拢于掌心的气团向左右膨胀,致使双肩向后下沉展开,两掌平着往左右分开,开至两手虎口与两肩尖相对,两手五指张开沾着气团。

## 17. 合手

**心法：**

17－1）

1）左足着地,右足跟欠起、足尖点地,左实右虚;由"劲源"催发内气输布两臂,压缩持掌的两手,将气团相对合拢于掌心,左右下臂一字平搁于腰圈,环抱胸前气团,再成"合十"。

## 18. 搂膝拗步（右式）

心法：

18－1）          18－2）①          18－2）②          18－3）

18－4）①          18－4）②          18－5）          18－3）侧

18－4）②侧          18－5）侧

1）掌心间小气球边逆时针旋转边膨胀，使右掌在上、左掌在下抱气球于上腹正中。

2）由"劲源"催发内气输布两臂，右臂朝左，左臂向右，相对搓压气球。

3）腰圈右转，开胯，重心植于左脚，右脚迈向右前方，右脚跟虚贴着地，右脚尖指向正西；同时，气球膨出，两臂拆分，沾着小气球的左手掌上旋至左肩前，其肘支于腰圈，左掌心朝里；被气团包裹着的右手臂横搁腰圈。

4）腰圈继续右转，意想右掌轻拂气团斜穿胯圈搂过右膝，后将前按于右胯前，左脚尖随身向里内扣；同时，左掌随身翻转，持掌置于胸左侧，掌心向外，其大拇指齐胸相平，且左掌心的小气球滚至肘尖；此时，步随身右腿换成弓步；肩胯齐朝西。

5）身中钟锤前荡，左肘尖的小气球顺势前行回入左掌心，左掌依偎着气球徐徐向前推出，其臂曲中有直，此时，掤、挤、按三劲蓄于左手；左足随即向前跟步至右足踝内侧，足尖点地；眼神聚焦于前上方肩、腰、胯三圈之交点。

## 19. 手挥琵琶

**心法：**

19－1）                    19－1）侧

1）身中钟锤后荡，肩背后倚，稳住重心，左足往后撤步，坐实；而右足跟随后撤于左足前，相距寸许，足尖点地；同时，右手前伸、左手回拉两掌合成左右相对的阴阳掌，平搁于腰圈。面向正西。

## 20. 懒扎衣

心法：

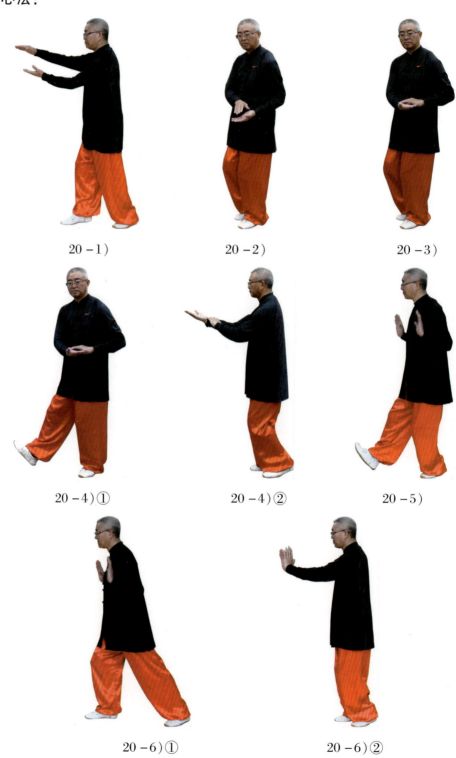

20-1)

20-2)

20-3)

20-4)①

20-4)②

20-5)

20-6)①

20-6)②

1）掌心气球斜向上行,致使身形前倾,左手外旋向里,掌心向上,右手前伸掌心向下合抱气球于肩圈右侧。

2）心中一静,意想内气往回收缩,左腿徐徐后坐,右足随势回撤至左足踝内侧,合抱气球的两手沉落至胯圈左侧。

3）气球自合抱的两掌中蹦出成各含拢于两手掌心的小气团,右掌成瓦状掌心向上在前,左掌成瓦状掌心向下接右掌根在后,意想两掌合成上下相对的阴阳掌搁于胯圈左侧。

4）腰圈先左转后右转,钟锤前荡,右足向前迈步,左足随势跟至右足踝内侧;同时,上下相对的阴阳掌自南至西呈扇形旋转,右转上旋为掤、捋;转至西时,前伸为挤;

5）腰圈继续右转至西北方,钟锤后荡,左足向后撤步,松肩坐左足,右足跟靠地,足尖上翘;肩背后倚,退时见捋劲。同时,上下相对的阴阳掌分拆,掌心小气球滚落至肘尖,致使两肘下坠,继而两掌分持于胸部两侧,意想两肘尖处的小气球融成大气团,弥漫于胸前。肩胯朝西。

6）身中钟锤前荡,右足踏定成弓步,内气由"劲源"输布两臂,两掌依偎着大气团徐徐向前按出,两臂曲中有直;左足随即向前跟步至右足踝内侧,足尖点地;眼神正视前方。

## 21. 开手 【同4式】

**心法：**

21-1)　　　　　　　　　　21-2)

1）左足跟着地,右足尖点地,两腿微曲、左实右虚;腰圈左转,以左足跟为轴,左旋45度,肩胯朝正南。同时,向前按出的大气团合拢于相对持掌的两手心间、指尖向上,左右下臂一字平搁于腰圈,双臂环抱胸前气团,谓"合十"。

2）合拢于掌心的气团向左右膨胀,致使双肩下沉、向后展开,两手持掌平着往左右张开,开至两手虎口与两肩尖相对,两手五指张开沾着气团。

## 22. 合手 【同 5 式】

**心法:**

22－1）

1）右足着地,左足跟欠起、足尖点地,右实左虚;由"劲源"催发内气输布两臂,压缩持掌的两手,将气团相对合拢于掌心,左右下臂一字平搁于腰圈,环抱胸前气团,再成"合十"。

## 23. 单鞭 【同 6 式】

**心法:**

23－1）              23－2）              23－3）

1）坐右足，腾出左足向左边迈步，足跟斜横着地，足尖上翘，左腿至左足跟成一斜直线；两手腕外扭，掌心朝外、两手大拇指侧接于胸前，胸臂环抱气团。

2）气团膨胀，双肘下坠，两手大拇指拆分，两掌沿肩圈左右张开，两手掌心的小气球分别滚落于肘尖。

3）左脚掌缓缓踏平，重心自右足渐渐居中到偏左足，坐身；同时，由"劲源"催发内气，肘尖的小气球依偎着下臂回入持立的两掌，并且手心朝外，分别往左右肩圈呈弧形展开，呈掤、捋、挤、按混合劲；眼神跟随着右指梢远去，此时，身形领起三关，身备五弓如泰山。肩胯齐朝正南。

## 24. 肘下看捶

心法：

24 － 1）　　　　24 － 2）　　　　24 － 3）

1）持立的两掌向里翻转，内合大气团弥漫于胸腹；腰圈左转，右足尖随身里扣，左足尖外摆，指向正东；同时，大气团顺时针旋转，右掌变拳由肩圈落至胯圈。

2）身中钟锤前荡，右足荡步至左足后，足尖点地；同时，左手前伸、手心向右，右拳前荡，拳眼向上托护左肘，横搁于腰圈。

3）身中钟锤后荡，肩背后倚，稳住重心，右足往后撤步，坐实；而左足跟随后撤于右足前，相距寸许，足尖点地；意想"劲源"内气输布两臂，环抱气团于胸前。眼神随前伸的左掌远去，面向正东。

## 25. 倒撵猴（左式）

**心法：**

| | | | |
|---|---|---|---|
| 5-1)① | 25-1)② | 25-2) | 25-3) |
| 25-4) | 25-1)①侧 | 25-1)②侧 | 25-2)反 |
| | 25-3)反 | 25-4)反 | |

1）左足后撤至右足踝内侧，足尖点地；左掌回撤在上、右拳变掌在下抱气球于上腹正中。由"劲源"催发内气输布两臂，左臂朝右、右臂向左，相对搓压气球。

2）腰圈左转，开胯，重心植于右脚，左脚迈向左后方，左脚跟虚贴着地，左脚尖指向正北；同时，气球膨出，两臂拆分，沾着小气球的右手掌上旋至右肩前，其肘支于腰圈，右掌心朝里；被气团包裹着的左手臂横搁腰圈。

3）腰圈继续左转，意想左掌轻拂气团斜穿胯圈搂过左膝，后将前按于左胯前，右脚尖随身向里内扣；同时，右掌随身翻转，持掌置于胸右侧，掌心向外，其大拇指齐胸相平，且右掌心的小气球滚至肘尖；此时，步随身左腿换成弓步；肩胯齐朝北。

4）身中钟锤前荡，左足踏实，腾出右足往后往左回旋垫步，右足尖与左足跟交叉成直角，右足平贴于地。肩胯朝北。同时，右肘尖的小气球顺势前行回入右掌心，右掌依偎着气球徐徐向前推出，其臂曲中有直，此时，掤、挤、按三劲蓄于右手；眼神聚焦于前上方肩、腰、胯三圈之交点。

## 26. 倒撵猴（右式）

**心法：**

| 26－1） | 26－2） | 26－3） | 26－4）① |

26 – 4）②                               26 – 4）③

1）由"劲源"催发内气输布两臂,沿着小气球的左手掌上旋至左肩前,其肘支于腰圈,左掌心朝里;被气团包裹着的右手臂横搁腰圈。

2）腰圈右转,以左脚跟为轴右旋 180 度,左足跟与右足尖交叉成直角,肩胯朝东南。

3）腰圈继续右转,意想右掌轻拂气团斜穿胯圈搂过右膝,后捋前按于右胯前,右足尖点地右旋,右足跟随身撤至左足踝内侧;同时,左掌随身翻转,持掌置于胸左侧,掌心向外,其大拇指齐胸相平且左掌心的小气球滚至肘尖;肩胯齐朝南。

4）腾右脚向前迈步,脚跟靠地的瞬间身中钟锤前荡,步随身右腿换成弓步,右足踏实,腾出左足往后往右回旋垫步,左足尖与右足跟交叉成直角,左足平贴于地。肩胯朝南。同时,左肘尖的小气球顺势前行回入左掌心,左掌依偎着气球徐徐向前推出,其臂曲中有直,此时,掤、挤、按三劲蓄于左手;眼神聚焦于前上方肩、腰、胯三圈之交点。

（左右倒撵猴须成偶数,一般为左/右/左/右四次）

## 27. 手挥琵琶

**心法：**

27－1）

1）身中钟锤后荡,肩背后倚,稳住重心,左足往后撤步,坐实;而右足跟随后撤于左足前,相距寸许,足尖点地;同时,右手前伸、左手回拉两掌合成左右相对的阴阳掌,平搁于腰圈,胸臂环抱气团。面向正南。

## 28. 白鹤亮翅

**心法：**

28－1）　　　　　28－2）　　　　　28－3）①　　　　　28－3）②

28 -3)③

1）气团膨胀,阴阳掌拆分,右掌翻转,右掌随小气球往上升腾上提至额前,手心向外,右肘搁于肩圈;意想左掌心的小气球沿左小臂滚落至左肘尖,左肘下坠,靠着左肋搁于腰圈,继而小气球又滚回左掌心,手心向外;

2）右掌心顺时针向右划弧,掌心小气球沿右小臂滚落至右肘尖,右肘下坠,靠着右肋搁于腰圈,继而小气球又滚回右掌心,手心向外;意想两肘尖处的小气球融成大气团,弥漫于胸前。

3）右足向前迈出,足跟着地之际,身中钟锤前荡,内气由"劲源"输布两臂,两掌在胸两侧分别持起,手心向外,依偎着大气团徐徐向前按出,两臂曲中有直,两大拇指相离寸许,谓"亮翅";此时,右足踏实,左足随即向前跟步至右足踝内侧,足尖点地。眼神掠过拇指远去。肩胯朝南。

## 29. 开手 【同9式】

**心法:**

29 -1)

29 -2)

1）左足跟着地，右足尖点地，两腿微曲、左实右虚；同时，向前按出的大气团，合拢于相对持掌的两手心间、指尖向上，左右下臂一字平搁于腰圈，双臂环抱胸前气团，谓"合十"。

2）合拢于掌心的气团向左右膨胀，致使双肩向后下沉展开，两手持掌平着往左右张开，开至两手虎口与两肩尖相对，两手五指张开沾着气团。

## 30. 合手　【同 5 式】

### 心法：

30 - 1）

1）右足着地，左足跟欠起、足尖点地，右实左虚；由"劲源"催发内气输布两臂，压缩持掌的两手，将气团相对合拢于掌心，左右下臂一字平搁于腰圈，环抱胸前气团，再成"合十"。

## 31. 搂膝拗步　【同 11 式】

### 心法：

| 31 - 1） | 31 - 2）① | 31 - 2）② | 31 - 3） |

31－4）①          31－4）②          31－5）          31－3）侧

31－4）①侧          31－4）②侧          31－5）侧

1）掌心间小气球边顺时针旋转边膨胀，使左掌在上、右掌在下抱气球于上腹正中。

2）由"劲源"催发内气输布两臂，左臂朝右、右臂向左，相对搓压气球。

3）腰圈左转，开胯，重心植于右脚，左脚迈向左前方，左脚跟虚贴着地，左脚尖指向正东；同时，气球膨出，两臂拆分，沾着小气球的右手掌上旋至右肩前，其肘支于腰圈，右掌心朝里；被气团包裹着的左手臂横搁腰圈。

4）腰圈继续左转，意想左掌轻拂气团斜穿胯圈搂过左膝，后捋前按于左胯前，右脚尖随身向里内扣；同时，右掌随身翻转，持掌置于胸右侧，掌心向外，其大拇指齐胸相平，且右掌心的小气球滚至肘尖；此时，步随身左腿换成弓步；肩胯齐朝东。

5）身中钟锤前荡，右肘尖的小气球顺势前行回入右掌心，右掌依偎着气球徐徐向前推出，其臂曲中有直，此时，掤、挤、按三劲蓄于右手；右足随即向前跟步至左足踝内侧，足尖点地；眼神聚焦于前上方肩、腰、胯三圈之交点。

## 32. 手挥琵琶　【同12式】

**心法：**

32-1)　　　　　　　　　　　　　　2-1)侧

1）身中钟锤后荡，肩背后倚，稳住重心，右足往后撤步，坐实；而左足跟随后撤于右足前，相距寸许，足尖点地；同时，左手前伸、右手回拉两掌合成左右相对的阴阳掌，平搁于腰圈。面向正东。

## 33. 三通背

**心法：**

33-1)　　　　　　33-2)　　　　　　33-3)　　　　　　33-4)①

33 - 4）②          33 - 5）          33 - 6）

33 - 7）          33 - 8）          33 - 9）

33 - 10）          33 - 11）          33 - 12）

33 – 13）

33 – 14）

33 – 15）①

33 – 15）②

33 – 15）③

1）左足后撤坐实与右足靠拢，右足尖虚点着地，两腿弯曲似半月形；同时，意想"劲源"内气输布两臂，致使左肘上提，左肘尖搁于左肩圈，左掌向外翻转划弧至前额，手心沾着小气球向外；右掌手指往下、手心含着小气球向右，朝下划弧沿着身中线插至下腹，掩入裆前。左右大拇指与身中线相合。眼神正视前方，肩胯朝东。

2）重心徐徐由左足转移至右足；随着重心转移，右手上提至腰圈，肘下坠，右掌外旋、掌心托着小气球，向右向上划弧，右肘搁于右肩圈时，右掌翻转虎口齐前额，掌心朝下含着小气球；同时，左手沉肩坠肘，下落于左胯圈，掌心朝下且含着小气球。

3）心中一静，内气下沉，三关直垂，屈膝下坐，掌心向下随身下落，直角交叉于左膝外侧。

4）意想气团纳入身中，随即贴背上行至"劲源"，腾出左脚随之向前移步，脚跟靠地。

5）身中钟锤前荡，左脚掌踏实成左弓步；腰圈右拧，内气由"劲源"输向两臂，右掌即向前再往后经额前抽挂，同时左掌集靠、肘、捌、挤、按混合劲向前击出，右肘向后呈肘、靠劲，两掌对拉，前长三关，眼神直视左掌中指往东远去。肩胯朝南。

6）持立的两掌向里内合，大气团弥漫于胸腹；腰圈右转，以右足为轴右旋，足尖指向西南，身形回转朝西，坐身左足，右足尖虚点于地；同时，两掌捧着气团，手随身转；气团顺时针旋转，两掌拆分，左掌掌心朝外挡于额前，右手持掌沿肩圈前伸呈捌、挤、按劲；眼神跟随着右指梢远去。

7）心中一静，右足撤回左足踝内侧，足尖点地；两掌换拳往下划弧收至左右腹沟。

8）开右胯，意想有一条贯穿三关的细线从尾闾向后牵出，带动右腿自然经左脚内侧后撤成虚步，重心实于右脚步随身换成左弓步；同时，两拳对接随着掌中小气球升腾沿身中线贴身上行至胸前，往前上方捌去，高与眉齐，此时，身形斜长三关，两拳与右足呈对拉拔长之势，眼神凝视前方。

9）心中一静，右腿后坐，竖立三关，左足撤回右足踝内侧，足尖点地；两拳往下划弧收至左右腹沟。

10）迈左足，脚跟着地的瞬间，钟锤前荡成弓步，右足随即向前跟步至左足踝内侧，足尖点地；同时，两拳对接随着掌中小气球沿身中线贴身上行至胸前，往前上方捌去，高与眉齐。继而，心中一静，两拳往下划弧收至左右腹沟。

11）右足前迈成弓步，两拳上提，拳心中小气球蹦出成右掌成瓦状掌心向上在前，左掌成瓦状掌心向下接右掌根在后，意想两掌合成上下相对的阴阳掌搁于腰圈；面向正西。

12）身中钟锤前荡，左足随即向前跟步至右足踝内侧，足尖点地；上下相对的阴阳掌随势前伸呈挤劲，眼神正视前方。

13）左足后撤，松肩坐左脚，阴阳掌随身后退见将劲。

14）上下相对的阴阳掌分拆，掌心小气球滚落至肘尖，致使两肘下坠，继而两掌分持于胸部两侧，意想两肘尖处的小气球融成大气团，弥漫于胸前。肩胯朝西。

15）右足向前迈出，足跟着地之际，身中钟锤前荡，内气由"劲源"输布两臂，两掌依偎着大气团徐徐向前按出，两臂曲中有直；左足随即向前跟步至右足踝内侧，足尖点地；眼神正视前方。

## 34. 开手　【同 4 式】

　　**心法：**

34 - 1 )　　　　　　　　　　　34 - 2 )

　　1）左足跟着地，右足尖点地，两腿微曲、左实右虚；腰圈左转，以左足跟为轴，左旋45度，肩胯朝正南。同时，向前按出的大气团合拢于相对持掌的两手心间、指尖向上，左右下臂一字平搁于腰圈，双臂环抱胸前气团，谓"合十"。

　　2）合拢于掌心的气团向左右膨胀，致使双肩下沉、向后展开，两手持掌平着往左右张开，开至两手虎口与两肩尖相对，两手五指张开沾着气团。

## 35. 合手　【同 5 式】

　　**心法：**

35 - 1 )

1）右足着地,左足跟欠起、足尖点地,右实左虚;由"劲源"催发内气输布两臂,压缩持掌的两手,将气团相对合拢于掌心,左右下臂一字平搁于腰圈,环抱胸前气团,再成"合十"。

## 36. 单鞭 【同6式】

**心法:**

36－1）　　　　　　　　36－2）　　　　　　　　36－3）

1）坐右足,腾出左足向左边迈步,足跟斜横着地,足尖上翘,左腿至左足跟成一斜直线;两手腕外扭,掌心朝外、两手大拇指侧接于胸前,胸臂环抱气团。

2）气团膨胀,双肘下坠,两手大拇指拆分,两掌沿肩圈左右张开,两手掌心的小气球分别滚落于肘尖。

3）左脚掌缓缓踏平,重心自右足渐渐居中到偏左足,坐身;同时,由"劲源"催发内气,肘尖的小气球依偎着下臂回入持立的两掌,并且手心朝外,分别往左右肩圈呈弧形展开,呈掤、捋、挤、按混合劲;眼神跟随着右指梢远去,此时,身形领起三关,身备五弓如泰山。肩胯齐朝正南。

## 37. 云手

心法：

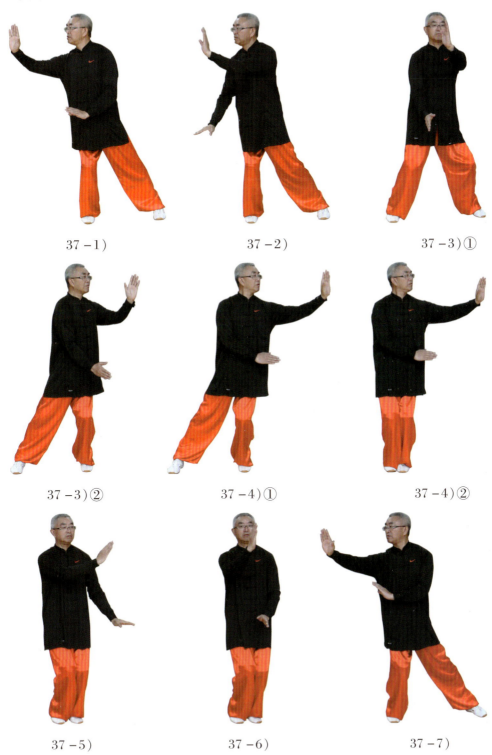

37 − 1）　　　　　　　　37 − 2）　　　　　　　　37 − 3）①

37 − 3）②　　　　　　　37 − 4）①　　　　　　　37 − 4）②

37 − 5）　　　　　　　　37 − 6）　　　　　　　　37 − 7）

1）重心右移，实右脚，左脚虚开成仆步，同时左掌向里斜向下将，左臂横搁腰圈，右掌朝西南斜按于右肩圈。

2）内气下沉，右掌心小气球滚落右肘尖，且随肩下沉后回落右掌心融入胯圈右侧，掌心朝左；左手持掌划弧上提至右肩圈，掌心向右，掌心小气球落于肘尖支于腰圈。

3）腰圈微微左转，腰胯左移，左手随身沿肩圈朝左呈掤、捌劲，右手沿胯圈由右往左随身施将、采劲，重心渐渐实于左脚，右脚虚开成仆步。

4）沉左肩，坠左肘，左掌翻转掌心向外，依附左肘尖的小气球升腾回入左掌心往东南前按于肩圈；同时右掌下采，掌心向下，横搁腰圈，右脚跟进左脚，两脚平行，脚尖指向正南。

5）腰圈微微右转，重心移至右脚；同时左掌心小气球滚落左肘尖，且随肩下沉后回落左掌心融入胯圈左侧，掌心朝右，右手持掌划弧上提至左肩圈，掌心向左，掌心小气球落于肘尖支于腰圈。

6）腰圈继续微微右转，右手随身沿肩圈朝右呈掤、捌劲，左手随身沿胯圈往右施将、采劲，两脚平行，脚尖指向正南。

7）重心右移，实右脚，左脚虚开成仆步；同时沉右肩，坠右肘，右掌翻转掌心向外，依附右肘尖的小气球升腾回右掌心向西南斜按于右肩圈；同时左掌下采，掌心向下，横搁腰圈。腰胯朝向正南。

【重复2）至7）三 次，续接2）、3）、4）完成"云手"】

## 38. 高探马

**心法：**

| 38－1）① | 38－1）② | 38－2） | 38－3） |

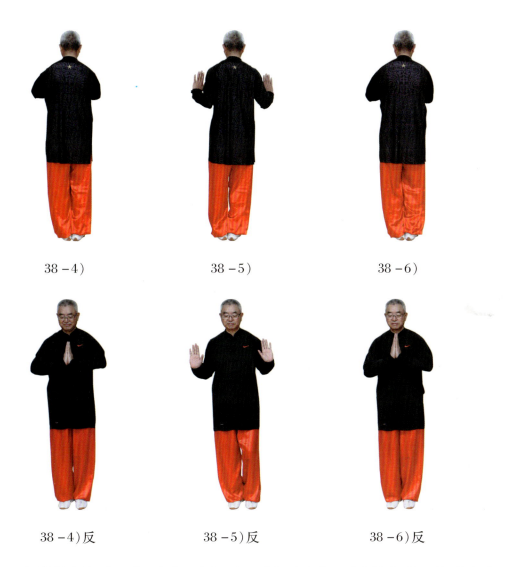

38－4）　　　　　　　38－5）　　　　　　　38－6）

38－4）反　　　　　　38－5）反　　　　　　38－6）反

　　1）腰圈微微右转，重心移至右脚；同时左掌心小气球滚落左肘尖随肩下沉后回落左掌心融入腰圈，掌心朝下，右手持掌划弧上提至左肩圈，掌心向左，掌心小气球落于肘尖。

　　2）身中钟锤后荡，肩背后倚，稳住重心，左足往后撤步，坐实；而右足跟随后撤于左足前，相距寸许，足尖点地；同时，右手前伸、左手回拉两掌合成左右相对的阴阳掌，平搁于腰圈。面向正南。

　　3）右足越过左小腿往左，其足尖与左足尖呈内八字，虚点于地，两足尖相距寸许齐平。

　　4）腰圈左转，左右足尖左拧180度，身形顺势翻身，肩胯朝北；双足靠拢平行，重心居中；左右下臂一字平搁于腰圈，环抱胸前气团，谓"合十"。

　　5）右足着地，左足跟欠起、足尖点地，右实左虚；合拢于掌心的小气球向左右膨胀，致使双肩向后下沉展开，两手持掌往左右张开，开至两手虎口与两肩尖相对，两手五指张开沾着气团。

6）左足着地，右足跟欠起、足尖点地，左实右虚；由"劲源"催发内气输布两臂，压缩持掌的两手，将气团相对合拢于掌心，左右下臂一字平搁于腰圈，环抱胸前气团，再成"合十"。

## 39. 右起脚

**心法：**

39 – 1）　　　　　　　　39 – 2）　　　　　　　　39 – 3）

39 – 1）反　　　　　　　39 – 2）反　　　　　　　39 – 3）反

1）两手腕外扭，掌心朝外、两手掌心的小气球分别滚落于肘尖，搁于腰圈；两手大拇指侧接于胸前，胸臂环抱气团。

2）气团膨胀，两手大拇指拆分，同时，由"劲源"催发内气，致使肘尖的小气球依偎着下臂回入持立的两掌,并且掌心朝外,分别往左右肩圈展开,呈掤、捋、挤、按混合劲;眼神跟随着右指梢,此时,三关顺直,实左脚,虚右脚,胯肩齐朝东北。

　　3)身形领起三关,神凝于右足尖,内气包裹右腿,意想内气自然升腾,右腿不经意间侧向一字上踢,右胯与右肩合、右膝与右肘合、右足尖与右手掌合。

## 40.左起脚

　　心法:

40－1)　　　　　　40－2)　　　　　　40－3)

40－4)　　　　　　40－3)反

40 - 4）反

1）心中一静，内气下沉，右腿自然下落，双足靠拢平行，重心居中。

2）由"劲源"催发内气，合拢一字伸展的两臂，将相对持掌的左右下臂一字平搁于腰圈，环抱胸前气团，谓"合十"。

3）两手腕外扭，掌心朝外，两手掌心的小气球分别滚落于肘尖，搁于腰圈；两手大拇指侧接于胸前，胸臂环抱气团。继而，气团膨胀，两手大拇指拆分，同时，由"劲源"催发内气，致使肘尖的小气球依偎着下臂回入持立的两掌，并且掌心朝外，分别往左右肩圈展开，呈掤、捋、挤、按混合劲；眼神跟随着左指梢，此时，三关顺直，实右脚，虚左脚，胯肩齐朝正北。

4）身形领起三关，神凝于左足尖，内气包裹左腿，意想内气自然升腾，左腿不经意间侧向一字上踢，左胯与左肩合，左膝与左肘合，左足尖与左手掌合。

## 41. 转身踢脚

**心法：**

41 - 1）

41 - 2）

41 - 3）

41 –1）反　　　　　　41 –2）侧　　　　　　41 –3）侧

1）心中一静，内气下沉，左腿自然下落，双足靠拢平行，右实左虚；合拢一字伸展的两臂，将相对持掌的左右臂一字搁于腰圈，环抱胸前气团，谓"合十"。

2）腰圈左转，左足跟左旋90度、右足跟左旋45度，右足植地、左足尖虚点于地；同时，气团膨胀，两手腕外扭，掌心朝外、两手掌心的小气球分别滚落于肘尖，搁于腰圈。神凝于左足尖，意想内气自然升腾，促使左腿不经意间屈膝提起，与左肘相合，胯圈内气包裹左腿。肩胯朝西北。

3）身形领起三关，意想"劲源"催发内气输向四肢，依附左膝的内气滚落左脚跟向胯圈正前方（西）蹬去呈掤、挤劲；同时持两掌沿肩圈一字推展呈挤、按劲，左手与左足合。

## 42. 践步打捶

**心法：**

42 –1）①　　　　　　42 –1）②　　　　　　42 –2）①

42 - 2 ) ②　　　　　　　42 - 3 )　　　　　　　42 - 4 )

42 - 1 ) ①侧　　　　　42 - 1 ) ②侧　　　　　42 - 2 ) ①侧

42 - 2 ) ②侧　　　　　42 - 3 )侧　　　　　　42 - 4 )侧

1）心中一静，内气下沉，左腿自然屈膝下落，左足尖虚点着地；左足往前迈出，脚跟靠地，腰圈左转，带动左足跟左旋，左脚尖外撇45度（东北），继而左脚掌踏实成弓步；同时，阴阳掌拆分，左肘下坠后倚至左肋前，沾着小气球的左手随势内旋，掌心向下；右肩下沉，右肘下坠，托着小气球的右手从左手下面顺势外旋，掌心向上，上下臂顺直，前伸至肩圈出掤、按、挤混合劲。

2）右足经左足内侧往右前方迈出，脚跟靠地，腰圈右转，带动右足跟右旋，右脚尖外撇45度（东南），继而右脚掌踏实成弓步；同时，右肘下坠后倚至左肋前，沾着小气球的右手随势内旋、掌心向下；左肩下沉，左肘下坠；托着小气球的左手从右手下面顺势外旋，掌心向上，上下臂顺直，前伸至肩圈出掤、按、挤混合劲。

3）钟锤前荡，左脚顺势进步，脚跟靠地，重心实于右脚；同时，腰圈左转，意想被气团包裹着的左掌轻拂气团斜穿胯圈搂过左膝，后捋前按于左胯前；右手往上牵引，沉肩屈肘，屈收前臂，握拳至右肩平。

4）意气下沉，左脚掌踏采成弓步的瞬间右捶由上而下，目送右捶，内气直栽入地，而左掌下按于左胯圈。

## 43. 翻身二起脚

**心法：**

43－1）　　　　　　　43－2）　　　　　　　43－3）①

43－3）②          43－4）          43－4）反

1）竖立三关，内气下沉，两臂下垂，两掌抓握小气球变拳，双臂在胸前环抱气团搁于腰圈，右下臂交错叠合左下臂之上，右拳插入左臂弯，左拳插入右臂弯，谓"肘里藏捶"。腰圈右转，左脚右旋135度（西南），脚尖内扣，两足成内八字步，沉肩坐左脚。

2）腰圈继续右转，开胯，腾出右脚弧形移至右前方，脚尖指向东方，右脚掌落平踏采成弓步的瞬间，"劲源"催发内气布于两臂，藏于肘里的右拳自前胸经口际弧形甩出，左手臂横搁腰圈，拳心向下，拳背托护右肘。面向正东。

3）左足经右足踝内侧上步，左掌穿掌过右手背，翻手持掌呈掤、挤劲迎面直扑上方，意气上拔，肩胯朝东方，眼神跟着远去。

4）神凝于右足背，内气包裹右腿；意想内气自然升腾，钟锤前荡，身形领起三关，右腿不经意间正向往前一字上踢，右臂顺势前伸拍击右脚背；右胯与肩右合、右膝与右肘合、右足与右手合。

## 44. 披身伏虎

**心法：**

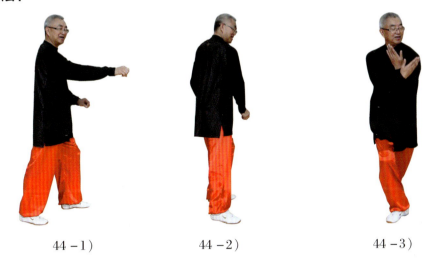

44 - 1)　　　　　　44 - 2)　　　　　　44 - 3)

1）心中一静，内气下沉，右腿自然屈膝下落，经左足踝内侧后撤一步，沾着小气球的右手掌掌心朝下搁于腰圈，被气团包裹着的左手臂横搁腰圈。

2）左足往左横移半步，左腿渐渐后坐，内气沥沥下沉，两掌沾着气球缓缓下捋至左胯前，右脚成虚仆步。

3）腰圈右转，左右足同时右旋90度，足尖指向西南；重心下沉，左膝屈在右膝后坐成歇步；下坐的同时，两手下捋的气球逆向旋转，拧动成左手掌心朝里在内，右手掌心朝里在外的十字交叉手，双肘搁于腰圈。

## 45. 左踢脚

**心法：**

45 - 1)①　　　　　　　　　45 - 1)②

45 -2)

1) 两手腕外扭, 掌心朝外、两手掌心的小气球分别滚落于肘尖, 搁于腰圈; 两手大拇指侧接于胸前, 胸臂环抱气团。继而, 气团膨胀, 两手大拇指拆分; 同时, 由"劲源"催发内气, 致使肘尖的小气球依偎着下臂回入持立的两掌, 并且手心朝外, 分别往左右肩圈一字展开, 呈掤、捋、挤、按混合劲; 眼神跟随着左指梢, 此时, 三关顺直, 实右脚, 虚左脚, 胯肩齐朝正南。

2) 身形领起三关, 神凝于左足尖, 内气包裹左腿; 意想内气自然升腾, 左腿不经意间侧向一字上踢, 左胯与左肩合, 左膝与左肘合, 左足尖与左手掌合。

## 46. 右蹬脚

**心法:**

46 -1)　　　　　　　　46 -2)　　　　　　　　46 -3)

46 - 4)　　　　　　　　46 - 2)反　　　　　　　46 - 3)侧

46 - 4)侧

　　1）心中一静，内气下沉，左腿自然屈膝下落于右足右侧，左足尖虚点着地。

　　2）腰圈右转，左右足同时右旋转身，双足靠拢平行，右实左虚；肩胯齐向正北；同时，合拢一字伸展的两臂，持立的两掌向里翻转，环抱胸前气团，相对持掌的左右臂"合十"一字搁于腰圈；腰圈右转，左足跟右旋 45 度、右足跟右旋 90 度，左足植地、右足尖虚点于地；同时，气团膨胀，两手腕外扭，掌心朝外，两手掌心的小气球分别滚落于肘尖，搁于腰圈。肩胯朝东北。

　　3）神凝于右足尖，意想内气自然升腾，促使右腿不经意间屈膝提起，与右肘相合，胯圈内气包裹右腿。

　　4）身形领起三关，意想"劲源"催发内气输向四肢，依附右膝的内气滚落右脚跟向胯圈正前方（东）蹬去呈掤、挤劲；同时持两掌沿肩圈一字推展呈挤、按劲，右肩与右胯，右肘与右膝合，右手与右足合。

### 47. 上步搬拦捶

**心法：**

47 - 1)①          47 - 1)②          47 - 2)①

47 - 2)②          47 - 3)          47 - 4)①

47-4)②　　　　　47-2)①侧　　　　　47-2)②侧

47-3)侧　　　　　47-4)①侧　　　　　47-4)②侧

1）心中一静，内气下沉，右腿自然屈膝下落右前方，右足跟靠地；两臂自然搁于腰圈。

2）腰圈右转，带动右足跟右旋，右脚尖外撇45度（东南），继而右脚掌踏实成弓步；同时，右肘下坠后倚至右肋前，沾着小气球的右手随势内旋、掌心向下；左肩下沉，左肘下坠，托着小气球的左手从右手下面顺势外旋、掌心向上，上下臂顺直，前伸至肩圈出掤、按、挤混合劲。

3）左足经右足内侧往前方迈出，左脚掌踏定成弓步；左掌内旋翻转，持掌出肘、按劲。

4）腰圈左转，身中钟锤前荡，内劲由"劲源"向肘端输送，促使右拳自腰间上抛至心口平后直穿肩圈向前，出掤、按、挤劲，拳眼向上；同时，左掌下落，沉左肩、坠左肘，握拳回抽，拳心向下，横搁腰圈托着右肘。右足随即向前跟步至左足踝内侧，足尖点地；眼神聚焦于前上方肩、腰、胯三圈之交点。

## 48. 如封似闭 【同 14 式】

**心法：**

| 48 −1）① | 48 −1）② | 48 −2） |

| 48 −1）①侧 | 48 −1）②侧 | 48 −2）侧 |

1）身中钟锤后荡，肩背后倚，右足往后撤步，坐实，左足尖虚点于地；同时，右拳向后回抽藏于左臂弯，左右下臂平行贴合，环抱气团于胸前，拳心均朝下；两肘下坠，左腕内关贴着右腕外背，拳心朝外成十字。

2）左足撤回至右足内侧，足尖点地；同时环抱胸前的气团膨胀，十字拳拆分，掌心小气球滚落至肘尖,致使两肘下坠,两掌分持于胸部两侧,意想两两肘尖处的小气球融成大气团,弥漫于胸前。

## 49.抱虎推山　【同15式】

**心法:**

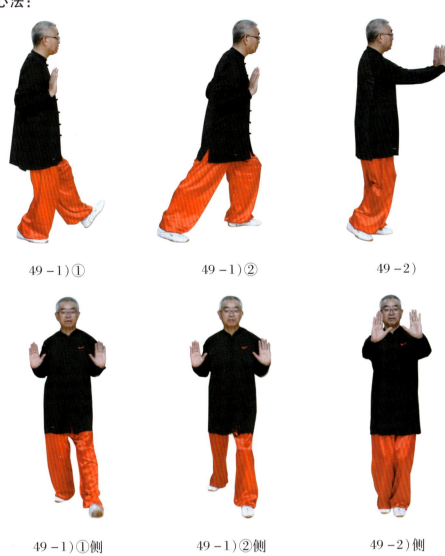

49－1)①　　　　49－1)②　　　　49－2)

49－1)①侧　　　49－1)②侧　　　49－2)侧

1) 左足向前迈出,足跟着地之际,身中钟锤前荡,左腿成弓步。

2) 内气由"劲源"输布两臂,两掌依偎着大气团徐徐向前按出,两臂曲中有直;右足随即向前跟步至左足踝内侧,足尖点地;眼神正视前方,肩胯朝东。

## 50. 右转开手 【同 16 式】

心法：

50 – 1）                                          50 – 2）

1）右足跟着地，左足尖点地，两腿微曲，右实左虚；腰圈右转，以右脚跟为轴，右旋 45 度，肩胯朝正南。同时，向前按出的大气团，合拢于相对持掌的两手心间，指尖向上，左右下臂一字平搁于腰圈，环抱胸前气团，谓"合十"。

2）合拢于掌心的气团向左右膨胀，致使双肩向后下沉展开，两掌平着往左右分开，开至两手虎口与两肩尖相对，两手五指张开沾着气团。

## 51. 右转合手 【同 17 式】

心法：

51 – 1）

1）左足着地，右足跟欠起、足尖点地，左实右虚；由"劲源"催发内气输布两臂，压缩持掌的两手，将气团相对合拢于掌心，左右下臂一字平搁于腰圈，环抱胸前气团，再成"合十"。

## 52. 搂膝拗步（右式） 【同 18 式】

心法：

| 52 – 1) | 52 – 2)① | 52 – 2)② | 52 – 3) |

| 52 – 4)① | 52 – 4)② | 52 – 5) | 52 – 3) 侧 |

52-4)②侧                              52-5)侧

1）掌心间小气球边逆时针旋转边膨胀，使右掌在上、左掌在下抱气球于上腹正中。

2）由"劲源"催发内气输布两臂，右臂朝左，左臂向右，相对搓压气球。

3）腰圈右转，开胯，重心植于左脚，右脚迈向右前方，右脚跟虚贴着地，右脚尖指向正西；同时，气球膨出，两臂拆分，沾着小气球的左手掌上旋至左肩前，其肘支于腰圈，左掌心朝里；被气团包裹着的右手臂横搁腰圈。

4）腰圈继续右转，意想右掌轻拂气团斜穿胯圈搂过右膝，后捋前按于右胯前，左脚尖随身向里内扣；同时，左掌随身翻转，持掌置于胸左侧，掌心向外，其大拇指齐胸相平，且左掌心的小气球滚至肘尖；此时，步随身右腿换成弓步；肩胯齐朝西。

5）身中钟锤前荡，左肘尖的小气球顺势前行回入左掌心，左掌依偎着气球徐徐向前推出，其臂曲中有直，此时，掤、挤、按三劲蓄于左手；左足随即向前跟步至右足踝内侧，足尖点地；眼神聚焦于前上方肩、腰、胯三圈之交点。

## 53.手挥琵琶　【同19式】

心法：

53－1)　　　　　　　　　　　　53－1)侧

　　1) 身中钟锤后荡,肩背后倚,稳住重心,左足往后撤步,坐实;而右足跟随后撤于左足前,相距寸许,足尖点地;同时,右手前伸、左手回拉两掌合成左右相对的阴阳掌,平搁于腰圈。面向正西。

## 54.懒扎衣　【同20式】

心法：

54－1)　　　　　　　54－2)　　　　　　　54－3)

54－4)① 54－4)② 54－5)

54－6)① 54－6)②

1）掌心气球斜向上行,致使身形前倾,左手外旋向里,掌心向上,右手前伸掌心向下合抱气球于肩圈右侧。

2）心中一静,意想内气往回收缩,左腿徐徐后坐,右足随势回撤至左足踝内侧,合抱气球的两手沉落至胯圈左侧。

3）气球自合抱的两掌中蹦出成各含拢于两手掌心的小气团,右掌成瓦状掌心向上在前,左掌成瓦状掌心向下接右掌根在后,意想两掌合成上下相对的阴阳掌搁于胯圈左侧。

4）腰圈先左转后右转,钟锤前荡,右足向前迈步,左足随势跟至右足踝内侧;同时,上下相对的阴阳掌自南至西呈扇形旋转，右转上旋为掤、捋；转至西时，前伸为挤；

5）腰圈继续右转至西北方，钟锤后荡，左足向后撤步，松肩坐左足，右足跟靠地，足尖上翘；肩背后倚，退时见捋劲。同时，上下相对的阴阳掌分拆，掌心小气球滚落至肘尖，致使两肘下坠，继而两掌分持于胸部两侧，意想两肘尖处的小气球融成大气团，弥漫于胸前。肩胯朝西。

6）身中钟锤前荡，右足踏定成弓步，内气由"劲源"输布两臂，两掌依偎着大气团徐徐向前按出，两臂曲中有直；左足随即向前跟步至右足踝内侧，足尖点地；眼神正视前方。

## 55. 开 手

**心法：**

55 –1）　　　　　　55 –2　　　　　　55 –1）侧　　　　　　55 –2）侧

1）两掌内合，两肘下坠，向前按出的大气团，合拢于相对持掌的两手心间、指尖向上，左右下臂一字平搁于腰圈，环抱胸前气团，谓"合十"。

2）左足跟着地，右足尖点地，两腿微曲，左实右虚；同时，合拢于掌心的气团向左右膨胀，致使双肩向后下沉展开，两掌平着往左右分开，开至两手虎口与两肩尖相对，两手五指张开沾着气团。肩胯朝西。

## 56. 合手

**心法：**

56－1)                     56－1)侧

1）右足着地，左足跟欠起、足尖点地，右实左虚；由"劲源"催发内气输布两臂，压缩持掌的两手，将气团相对合拢于掌心，左右下臂一字平搁于腰圈，环抱胸前气团，再成"合十"。肩胯朝西。

## 57. 斜单鞭

**心法：**

57－1)                57－2)                57－3)

| 57－1）侧 | 57－2）侧 | 57－3）侧 |

1）坐右足，腾出左足向左边迈去，足跟斜横着地，足尖上翘，左腿至左足跟成一斜直线；两手腕外扭，掌心朝外，两手大拇指侧接于胸前，胸臂环抱气团。

2）气团膨胀，双肘下坠，两手大拇指拆分，沿肩圈左右展开，两手掌心的小气球分别滚落于肘尖。

3）左脚掌缓缓踏平，重心自右足渐渐居中偏左，坐身；同时，由"劲源"催发内气，致使肘尖的小气球依偎着下臂回入持立的两掌，并且手心朝外，分别往左右肩圈展开，呈掤、捋、挤、按混合劲；眼神跟随着右指梢远去，此时，身形领起三关，身备五弓如泰山。肩胯齐朝正西。

## 58. 野马分鬃

**心法：**

| 58－1） | 58－2） | 58－3） | 58－4） |

58－5）①       58－5）②       58－6）       58－7）

58－8）       58－9）       58－10）①       58－10）②

58－11）①       58－11）②       58－12）       58－13）①

58－13)②　　　58－1)侧　　　58－2)侧　　　58－3)侧

58－4)侧　　　58－5)①侧　　　58－5)②侧　　　58－6)侧

58－8)侧　　　58－9)侧　　　58－10)①侧　　　58－10)②侧

58－11）②侧　　　　　　　　58－13）②侧

1）重心右移，实右脚，左脚虚开成仆步，同时左掌向里斜向下捋，左臂横搁腰圈，右掌朝西北斜按于右肩圈。

2）内气下沉，右掌心小气球滚落右肘尖，且随肩下沉后回落右掌心融入胯圈右侧，掌心朝左；左手持掌划弧上提至右肩圈，掌心向右，掌心小气球落于肘尖支于腰圈。

3）腰圈微微左转，腰胯左移，左手随身沿肩圈朝左呈掤、捌劲，右手沿胯圈由右往左随身施捋、采劲，重心渐渐实于左脚，右脚虚开成仆步。

4）沉左肩，坠左肘，左掌翻转掌心向外，依附左肘尖的小气球升腾回入左掌心往西南前按于肩圈；同时右掌上掤横搁肩圈，掌心小气球滚落肘尖；右脚跟进左脚，两脚平行，脚尖指向正西。

5）右足向右前方迈步，足尖指向西北，右足跟着地的瞬间，身中钟锤前荡，右足踏采成右弓步；同时，由"劲源"催发内气，致使右肘尖的小气球依偎着下臂回入持立的掌心，手心朝外，往右肩圈一字展开，两掌对拔拉长分别向两侧呈掤、捌、挤、按混合劲；眼神跟随着右指梢远去，此时，身形领起三关，身备五弓如泰山。肩胯齐朝西南。

6）心中一静，腰圈右转，一字伸展的两臂似风轮顺势右旋，肩胯朝正西。

7）左足经右足内侧跨前一大步，两臂张开，环抱着胸腹前的大气团。

8）内气徐徐下沉，左足踏实成左弓步；同时，沉肩坠肘，两臂沿气团两侧圆周划弧下行。

9）三关下垂，跪右膝；双肘内合，气团蓄储在拧动成左手在内、掌心朝里，右手在外，掌心朝里的字交叉手与胸腹之间。

10）三关竖立，左腿半蹲；气团膨胀，两手翻掌，内气上拔，催发两臂沿气团圆周划弧绕行；意气内敛，气团自合抱的两掌中蹦出成各含拢于两手掌心的小气团，右掌成瓦状掌心向上在前,左掌成瓦状掌心向下接右掌根在后,意想两掌合成上下相对的阴阳掌沉落至腰圈。

11)右足向前迈出,足跟着地之际,身中钟锤前荡,左足顺势向前跟步至右足踝内侧,足尖点地;此时,"劲源"催发内气,上下相对的阴阳掌向正前方呈挤劲。

12)钟锤后荡,肩背后倚,左足随势回撤,坐实左腿;腰圈右转至西北方,松肩坐左足,右足足跟靠地,足尖上翘,退时见将劲;同时,上下相对的阴阳掌分拆,掌心小气球滚落至肘尖,致使两肘下坠,继而两掌分持于胸部两侧,意想两肘尖处的小气球融成大气团,弥漫于胸前。肩胯朝西。

13)右足向前迈出,足跟着地之际,身中钟锤前荡,内气由"劲源"输布 两臂,两掌依偎着大气团徐徐向前按出,两臂曲中有直;左足随即向 前跟步至右足踝内侧,足尖点地;眼神正视前方。

# 59. 开手 【同 4 式】

心法:

59-1)　　　　　　　　　　　59-2)

1)左足跟着地,右足尖点地,两腿微曲、左实右虚;腰圈左转,以左足跟为轴,左旋45度,肩胯朝正南。同时,向前按出的大气团合拢于相对持掌的两手心间、指尖向上,左右下臂一字平搁于腰圈,双臂环抱胸前气团,谓"合十"。

2)合拢于掌心的气团向左右膨胀,致使双肩下沉、向后展开,两手持掌平着往左右张开,开至两手虎口与两肩尖相对,两手五指张开沾着气团。

## 60.合手 【同 5 式】

心法：

60－1）

1）右足着地，左足跟欠起、足尖点地，右实左虚；由"劲源"催发内气输布两臂，压缩持掌的两手，将气团相对合拢于掌心，左右下臂一字平搁于腰圈，环抱胸前气团，再成"合十"。

## 61.单鞭 【同 6 式】

心法：

61－1） 　　　　　　　　　61－2） 　　　　　　　　　61－3）

1）坐右足,腾出左足向左边迈步,足跟斜横着地,足尖上翘,左腿至左足跟成一斜直线;两手腕外扭,掌心朝外、两手大拇指侧接于胸前,胸臂环抱气团。

2）气团膨胀,双肘下坠,两手大拇指拆分,两掌沿肩圈左右张开,两手掌心的小气球分别滚落于肘尖。

3）左脚掌缓缓踏平,重心自右足渐渐居中到偏左足,坐身;同时,由"劲源"催发内气,肘尖的小气球依偎着下臂回入持立的两掌,并且手心朝外,分别往左右肩圈呈弧形展开,呈掤、捋、挤、按混合劲;眼神跟随着右指梢远去,此时,身形领起三关,身备五弓如泰山。肩胯齐朝正南。

## 62. 右通背掌

心法：

62－1）①　　　　62－1）②　　　　62－2）①　　　　62－2）②

1）持立的两掌向里内合,大气团弥漫于胸腹;腰圈右转,以左足为轴右旋,足尖指向西南,身形回转朝西,坐身左足,右足尖虚点于地;同时,两掌捧着气团,手随身转。

2）气团顺时针旋转,两掌拆分,左掌掌心朝外挡于额前,右手持掌沿肩圈前伸呈掤、挤、按劲;眼神跟随着右指梢远去。

## 63. 玉女穿梭

心法：

63-1)       63-2)①       63-2)②       63-3)①

63-3)②       63-3)③       63-4)①       63-4)②

63-5)       63-6)①       63-6)②       63-7)①

63 − 7）②　　　　63 − 8）①　　　　63 − 8）②　　　　63 − 3）②侧

63 − 3）③侧

1）心中一静，钟锤后荡，右足经左足踝内侧后撤一大步，左足顺势向后撤步至右足踝内侧，足尖点地。内气下沉，两掌坠落腰圈，双臂环抱气团；继而气球自合抱的两掌中蹦出成各含拢于两手掌心的小气团，左掌成瓦状掌心向上在前，右掌成瓦状掌心向下接左掌根在后，意想两掌合成上下相对的阴阳掌搁于腰圈正中。

2）左足向西南方向迈一大步，足跟着地瞬间，钟锤前荡，左足踏定，右足顺势跟随至左足踝内侧，足尖点地；同时，两臂环抱的气团膨胀，阴阳掌拆分，"劲源"催发内气输布两臂，左掌斜向上翻呈掤、捋劲，亮于额前；右手持掌沿肩圈向前曲伸呈掤、挤、按劲；眼神跟随着右指梢远去，肩胯齐向西南。

3）心中一静，内气下沉，两掌坠落腰圈，双臂环抱气团；继而气球自合抱的两掌中蹦出成各含拢于两手掌心的小气团,右掌成瓦状掌心向上在前,左掌成瓦状掌心向下接右掌根在后,意想两掌合成上下相对的阴阳掌搁于腰圈正中。同时,左足上前一步;腰圈右转,以左足跟为轴,向右旋转180度;同时,右手掌心向上托着小气球,与左手掌心朝下含着小气球上下相对的阴阳掌自西南向东北呈扇形旋转,右转平旋为掤、捋;转至正北时,前伸为挤;腰圈继续右转至东北方,松肩坐左脚,退时见捋劲;此时,左足植地,右足虚点,肩胯朝东北。

4)右足向东南方向迈一大步,足跟着地瞬间,钟锤前荡,右足踏定,左足顺势跟随至右足踝内侧,足尖点地;同时,两臂环抱的气团膨胀,阴阳掌拆分,"劲源"催发内气输布两臂,右掌斜向上翻呈掤、捋劲,亮于额前;左手持掌沿肩圈向前曲伸呈掤、挤、按劲;眼神跟随着左指梢远去,肩胯齐向东南。

5)心中一静,内气下沉,两掌坠落腰圈,双臂环抱气团;继而气球自合抱的两掌中蹦出成各含拢于两手掌心的小气团,左掌成瓦状掌心向上在前,右掌成瓦状掌心向下接左掌根在后,意想两掌合成上下相对的阴阳掌搁于腰圈正中。右足上前一步踏实,左足跟随足尖虚点于右足踝内侧。

6)左足向东北方向迈一大步,足跟着地瞬间,钟锤前荡,左足踏定,右足顺势跟随至左足踝内侧,足尖点地;同时,两臂环抱的气团膨胀,阴阳掌拆分,"劲源"催发内气输布两臂,左掌斜向上翻呈掤、捋劲,亮于额前;右手持掌沿肩圈向前曲伸呈掤、挤、按劲;眼神跟随着右指梢远去,肩胯齐向东北。

7)心中一静,内气下沉,两掌坠落腰圈,双臂环抱气团;继而气球自合抱的两掌中蹦出成各含拢于两手掌心的小气团,右掌成瓦状掌心向上在前、左掌成瓦状掌心向下接右掌根在后,意想两掌合成上下相对的阴阳掌搁于腰圈正中。同时,左足上前一步,腰圈右转,以左足跟为轴,向右旋转180度;同时,右手掌心向上托着小气球,与左手掌心朝下含着小气球上下相对的阴阳掌自东北向正西呈扇形旋转,右转平旋为掤、捋;转至西南时,前伸为挤;腰圈继续右转至西方,松肩坐左脚,退时见捋劲;此时,左足植地、右足虚点,肩胯齐朝正西。

8)右足向正西方向迈一大步,足跟着地瞬间,钟锤前荡,右足踏定,左足顺势跟随至右足踝内侧,足尖点地;同时,两臂环抱的气团膨胀,阴阳掌拆分,"劲源"催发内气输布两臂,右掌斜向上翻呈掤、捋劲,亮于额前;左手持掌沿肩圈向前伸展呈掤、挤、按劲;眼神跟随着左指梢远去,肩胯齐向正西。

## 64. 手挥琵琶 【同 19 式】

心法：

64 - 1) 　　　　　　　　　　　　4 - 1) 侧

1) 身中钟锤后荡, 肩背后倚, 稳住重心, 左足往后撤步, 坐实; 而右足跟随后撤于左足前, 相距寸许, 足尖点地; 同时, 右手前伸、左手回拉两掌合成左右相对的阴阳掌, 平掤于腰圈。面向正西。

## 65. 懒扎衣 【同 20 式】

心法：

65 - 1) 　　　　　　　65 - 2) 　　　　　　　65 - 3)

65－4）①　　　　　　　65－4）②　　　　　　　65－5）

65－6）①　　　　　　　　　　　　65－6）②

1）掌心气球斜向上行,致使身形前倾,左手外旋向里,掌心向上,右手前伸掌心向下合抱气球于肩圈右侧。

2）心中一静,意想内气往回收缩,左腿徐徐后坐,右足随势回撤至左足踝内侧,合抱气球的两手沉落至胯圈左侧。

3）气球自合抱的两掌中蹦出成各含拢于两手掌心的小气团,右掌成瓦状掌心向上在前,左掌成瓦状掌心向下接右掌根在后,意想两掌合成上下相对的阴阳掌搁于胯圈左侧。

4）腰圈先左转后右转,钟锤前荡,右足向前迈步,左足随势跟至右足踝内侧;同时,上下相对的阴阳掌自南至西呈扇形旋转,右转上旋为掤、捯;转至西时,前伸为挤;

5）腰圈继续右转至西北方，钟锤后荡，左足向后撤步，松肩坐左足，右足跟靠地，足尖上翘；肩背后倚，退时见捋劲。同时，上下相对的阴阳掌分拆，掌心小气球滚落至肘尖，致使两肘下坠，继而两掌分持于胸部两侧，意想两肘尖处的小气球融成大气团，弥漫于胸前。肩胯朝西。

6）身中钟锤前荡，右足踏定成弓步，内气由"劲源"输布两臂，两掌依偎着大气团徐徐向前按出，两臂曲中有直；左足随即向前跟步至右足踝内侧，足尖点地；眼神正视前方。

## 66. 开手 【同 4 式】

**心法：**

66 – 1）　　　　　　　　　　66 – 2）

1）左足跟着地，右足尖点地，两腿微曲、左实右虚；腰圈左转，以左足跟为轴，左旋45度，肩胯朝正南。同时，向前按出的大气团合拢于相对持掌的两手心间、指尖向上，左右下臂一字平搁于腰圈，双臂环抱胸前气团，谓"合十"。

2）合拢于掌心的气团向左右膨胀，致使双肩下沉、向后展开，两手持掌平着往左右张开，开至两手虎口与两肩尖相对，两手五指张开沾着气团。

## 67. 合手 【同 5 式】

**心法：**

67 - 1）

1）右足着地,左足跟欠起、足尖点地,右实左虚;由"劲源"催发内气输布两臂,压缩持掌的两手,将气团相对合拢于掌心,左右下臂一字平搁于腰圈,环抱胸前气团,再成"合十"。

## 68. 单鞭 【同 6 式】

**心法：**

68 - 1）　　　　　　　68 - 2）　　　　　　　68 - 3）

1）坐右足,腾出左足向左边迈步,足跟斜横着地,足尖上翘, 左腿至左足跟成一斜直线; 两手腕外扭,掌心朝外、两手大拇指侧接于胸前,胸臂环抱气团。

2）气团膨胀,双肘下坠,两手大拇指拆分,两掌沿肩圈左右张开,两手掌心的小气球分别滚落于肘尖。

3）左脚掌缓缓踏平,重心自右足渐渐居中到偏左足,坐身;同时,由"劲源"催发内气,肘尖的小气球依偎着下臂回入持立的两掌,并且手心朝外,分别往左右肩圈呈弧形展开,呈掤、捋、挤、按混合劲;眼神跟随着右指梢远去,此时,身形领起三关,身备五弓如泰山。肩胯齐朝正南。

## 69.云手

**心法:**

69－1　　　　　　　69－2）　　　　　　　69－3）①

69－3）②　　　　　　69－4）①　　　　　　69－4）②

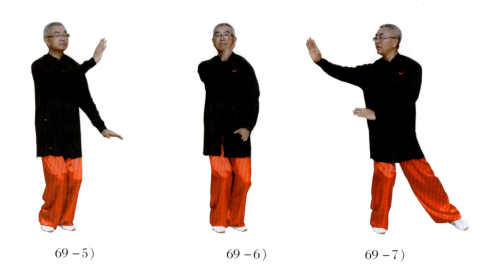

69－5）                    69－6）                    69－7）

1）重心右移，实右脚，左脚虚开成仆步，同时左掌向里斜向下捋，左臂横搁腰圈，右掌朝西南斜按于右肩圈。

2）内气下沉，右掌心小气球滚落右肘尖，且随肩下沉后回落右掌心融入胯圈右侧，掌心朝左；左手持掌划弧上提至右肩圈，掌心向右，掌心小气球落于肘尖支于腰圈。

3）腰圈微微左转，腰胯左移，左手随身沿肩圈朝左呈掤、捯劲，右手沿胯圈由右往左随身施捋、采劲，重心渐渐实于左脚，右脚虚开成仆步。

4）沉左肩，坠左肘，左掌翻转掌心向外，依附左肘尖的小气球升腾回入左掌心往东南前按于肩圈；同时右掌下采，掌心向下，横搁腰圈，右脚跟进左脚，两脚平行，脚尖指向正南。

5）腰圈微微右转，重心移至右脚；同时左掌心小气球滚落左肘尖，且随肩下沉后回落左掌心融入胯圈左侧，掌心朝右，右手持掌划弧上提至左肩圈，掌心向左，掌心小气球落于肘尖支于腰圈。

6）腰圈继续微微右转，右手随身沿肩圈朝右呈掤、捯劲，左手随身沿胯圈往右施捋、采劲，两脚平行，脚尖指向正南。

7）重心右移，实右脚，左脚虚开成仆步；同时沉右肩，坠右肘，右掌翻转掌心向外，依附右肘尖的小气球升腾回右掌心向西南斜按于右肩圈；同时左掌下采，掌心向下，横搁腰圈。腰胯朝向正南。

【重复2）至7）一次，完成"云手"】

## 70. 云手下势

### 心法：

70－1)①　　　　　70－1)②　　　　　70－2)

70－3)　　　　　70－4)　　　　　70－5)

70－6)

1）腰圈左转,右足左旋,左足靠拢右足,右实左虚;右手随势逆时针划弧,两臂环抱气团,两手掌心朝下搁于腰圈。

2）坐右腿,左足移步上前虚贴于地;同时,气团膨胀,两掌拆分,左手前展于肩圈,右手搁于左胯圈。

3）钟锤前荡,左足踏定成左弓步;同时,两掌前后对拉,左掌前伸沿肩圈呈掤、挤、按混合劲,右掌下沉胯右侧呈采、按劲;此时,领起三关,眼神跟随着左指梢远去。

4）心中一静,内气收敛,右足移步左足踝内侧踏实,左足虚点着地;同时,左掌下垂,右掌前移,左上右下叠合于腰圈,两下臂环抱气团。是谓"两仪"。

5）钟锤前荡,左足迈步上前,踏定成左弓步;同时,气团膨胀,两掌前后对拉,左掌前伸沿肩圈呈掤、挤、按混合劲,右掌下沉胯右侧呈采、按劲;此时,领起三关,眼神跟随着左指梢远去。

6）心中一静,内气收敛,三关下垂,左弓步右跪膝;同时,右掌插地,左掌前持下按。

## 71. 更鸡独立

**心法:**

71 - 1)　　　　71 - 2)①　　　　71 - 2)②　　　　71 - 3)

1）神意气骤然上行,三关由一线贯串自头后向上领起,左脚踏地反弹,腾然独立,意想朝阳由身后冉冉升腾,精神振奋,右腿悠然屈膝上提;同时,右掌下插气团骤然反弹,催动右手持掌上掤,右肘与右膝相合;肩胯齐朝东。是谓左更鸡独立。

2）心中一静,内气收敛,三关下垂,右弓步、左跪膝;同时,左掌插地,右掌前持下按。

3）神意气骤然上行，三关由一线贯串自头后向上领起，右脚踏地反弹，腾然独立，意想朝阳由身后冉冉升腾，精神振奋，左腿悠然屈膝上提；同时，左掌下插气团骤然反弹，催动左手持掌上掤，左肘与左膝相合；肩胯齐朝东。是谓右更鸡独立。

## 72. 倒撵猴（左／右／左／右）

心法：

● 倒撵猴（左式）

心法：

72（左）-1）①　　　72（左）-1）②　　　72（左）-2）　　　72（左）-3）

72（左）-4）　　　72（左）-1）①侧　　　（左）-1）②侧　　　72（左）-2）反

72（左）-3）反　　　　　　　　72（左）-4）反

1）心中一静，内气下沉，左足下垂落至右足踝内侧，足尖点地；左掌回撤在上、右拳变掌在下抱气球于上腹正中。由"劲源"催发内气输布两臂，左臂朝右、右臂向左，相对搓压气球。

2）腰圈左转，开胯，重心植于右脚，左脚迈向左后方，左脚跟虚贴着地，左脚尖指向正北；同时，气球膨出，两臂拆分，沾着小气球的右手掌上旋至右肩前，其肘支于腰圈，右掌心朝里；被气团包裹着的左手臂横搁腰圈。

3）腰圈继续左转，意想左掌轻拂气团斜穿胯圈搂过左膝，后将前按于左胯前，右脚尖随身向里内扣；同时，右掌随身翻转，持掌置于胸右侧，掌心向外，其大拇指齐胸相平，且右掌心的小气球滚至肘尖；此时，步随身左腿换成弓步；肩胯齐朝北。

4）身中钟锤前荡，左足踏实，腾出右足往后往左回旋垫步，右足尖与左足跟交叉成直角，右足平贴于地。肩胯朝北。同时，右肘尖的小气球顺势前行回入右掌心，右掌依偎着气球徐徐向前推出，其臂曲中有直，此时，掤、挤、按三劲蓄于右手；眼神聚焦于前上方肩、腰、胯三圈之交点。

## ●倒撵猴（右式）

72（右）－1）

72（右）－2）

72（右）－3）

72（右）－4）①

72（右）－4）②

72（右）－4）③

1）由"劲源"催发内气输布两臂，沾着小气球的左手掌上旋至左肩前，其肘支于腰圈，左掌心朝里；被气团包裹着的右手臂横搁腰圈。

2）腰圈右转，以左脚跟为轴右旋180度，左足跟与右足尖交叉成直角，肩胯朝东南。

3）腰圈继续右转，意想右掌轻拂气团斜穿胯圈搂过右膝，后捋前按于右胯前，右足尖点地右旋、右足跟随身撤至左足踝内侧；同时，左掌随身翻转，持掌置于胸左侧，掌心向外，其大拇指齐胸相平，且左掌心的小气球滚至肘尖；肩胯齐朝南。

4）腾右脚向前迈步，脚跟靠地的瞬间身中钟锤前荡，步随身右腿换成弓步，右足踏实，腾出左足往后往右回旋垫步，左足尖与右足跟交叉成直角，左足平贴于地。肩胯朝南。同时，左肘尖的小气球顺势前行回入左掌心，左掌依偎着气球徐徐向前推出，其臂曲中有直，此时，掤、挤、按三劲蓄于左手；眼神聚焦于前上方肩、腰、胯三圈之交点。

（左右倒撵猴须成偶数，一般为左/右/左/右四次）

## 73. 手挥琵琶 【同 27 式】

**心法：**

73 −1）

1）身中钟锤后荡，肩背后倚，稳住重心，左足往后撤步，坐实；而右足跟随后撤于左足前，相距寸许，足尖点地；同时，右手前伸、左手回拉两掌合成左右相对的阴阳掌，平搁于腰圈，胸臂环抱气团。面向正南。

## 74. 白鹤亮翅 【同 28 式】

**心法：**

74 −1）　　　　　　74 −2）　　　　　　74 −3）①　　　　　　74 −3）②

74－3）③

1）气团膨胀，阴阳掌拆分，右掌翻转，右掌随小气球往上升腾上提至额前，手心向外，右肘搁于肩圈；意想左掌心的小气球沿左小臂滚落至左肘尖，左肘下坠，靠着左肋搁于腰圈，继而小气球又滚回左掌心，手心向外；

2）右掌心顺时针向右划弧，掌心小气球沿右小臂滚落至右肘尖，右肘下坠，靠着右肋搁于腰圈，继而小气球又滚回右掌心，手心向外；意想两肘尖处的小气球融成大气团，弥漫于胸前。

3）右足向前迈出，足跟着地之际，身中钟锤前荡，内气由"劲源"输布两臂，两掌在胸两侧分别持起，手心向外，依偎着大气团徐徐向前按出，两臂曲中有直，两大拇指相离寸许，谓"亮翅"；此时，右足踏实，左足随即向前跟步至右足踝内侧，足尖点地。眼神掠过拇指远去。肩胯朝南。

# 75.开手 【同9式】

**心法：**

75－1）　　　　　　　　　　　　75－2）

1）左足跟着地,右足尖点地,两腿微曲、左实右虚;同时,向前按出的大气团,合拢于相对持掌的两手心间、指尖向上,左右下臂一字平搁于腰圈,双臂环抱胸前气团,谓"合十"。

2）合拢于掌心的气团向左右膨胀,致使双肩向后下沉展开,两手持掌平着往左右张开,开至两手虎口与两肩尖相对,两手五指张开沾着气团。

## 76. 合手 【同 5 式】

**心法:**

76－1）

1）右足着地,左足跟欠起、足尖点地,右实左虚;由"劲源"催发内气输布两臂,压缩持掌的两手,将气团相对合拢于掌心,左右下臂一字平搁于腰圈,环抱胸前气团,再成"合十"。

## 77.搂膝拗步 【同 11 式】

**心法:**

77 － 1)　　　　　77 － 2)①　　　　　77 － 2)②　　　　　77 － 3)

77 － 4)①　　　　　77 － 4)②　　　　　77 － 5)　　　　　77 － 3)侧

77 － 4)①侧　　　　　77 － 4)②侧　　　　　77 － 5)侧

1）掌心间小气球边顺时针旋转边膨胀，使左掌在上、右掌在下抱气球于上腹正中。

2）由"劲源"催发内气输布两臂，左臂朝右、右臂向左，相对搓压气球。

3）腰圈左转，开胯，重心植于右脚，左脚迈向左前方，左脚跟虚贴着地，左脚尖指向正东；同时，气球膨出，两臂拆分，沾着小气球的右手掌上旋至右肩前，其肘支于腰圈，右掌心朝里；被气团包裹着的左手臂横搁腰圈。

4）腰圈继续左转，意想左掌轻拂气团斜穿胯圈搂过左膝，后捋前按于左胯前，右脚尖随身向里内扣；同时，右掌随身翻转，持掌置于胸右侧，掌心向外，其大拇指齐胸相平，且右掌心的小气球滚至肘尖；此时，步随身左腿换成弓步；肩胯齐朝东。

5）身中钟锤前荡，右肘尖的小气球顺势前行回入右掌心，右掌依偎着气球徐徐向前推出，其臂曲中有直，此时，掤、挤、按三劲蓄于右手；右足随即向前跟步至左足踝内侧，足尖点地；眼神聚焦于前上方肩、腰、胯三圈之交点。

## 78. 手挥琵琶 【同12式】

**心法：**

78－1)                     78－1)侧

1）身中钟锤后荡，肩背后倚，稳住重心，右足往后撤步，坐实；而左足跟随后撤于右足前，相距寸许，足尖点地；同时，左手前伸、右手回拉两掌合成左右相对的阴阳掌，平搁于腰圈。面向正东。

## 79. 三通背 【同 33 式】

心法：

79 – 1)   79 – 2)   79 – 3)   79 – 4)①

79 – 4)②   79 – 5)   79 – 6)

79 – 7)   79 – 8)   79 – 9)

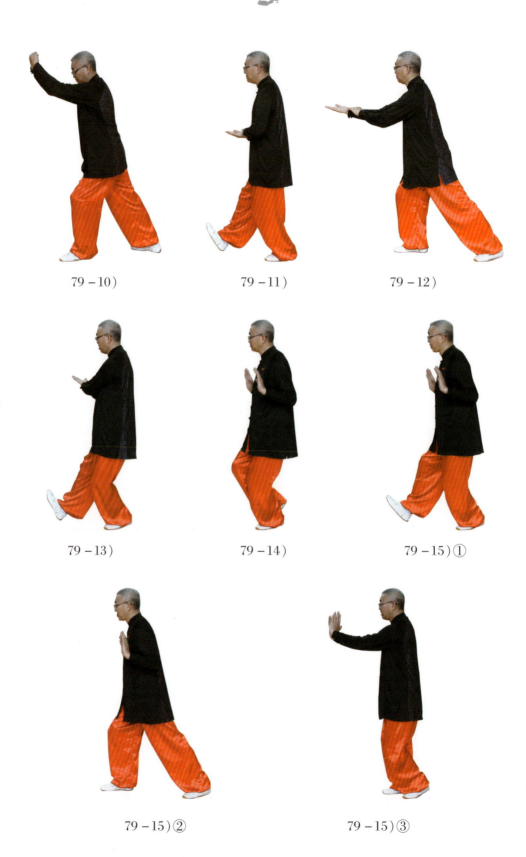

79－10）　　　　　79－11）　　　　　79－12）

79－13）　　　　　79－14）　　　　　79－15）①

79－15）②　　　　　　79－15）③

1）左足后撤坐实与右足靠拢,右足尖虚点着地,两腿弯曲似半月形;同时意想"劲源"内气输布两臂,致使左肘上提,左肘尖搁于左肩圈,左掌向外翻转划弧至前额,手心沾着小气球向外;右掌手指往下、手心含着小气球向右,朝下划弧沿着身中线插至下腹,掩入裆前。左右大拇指与身中线相合。眼神正视前方,肩胯朝东。

2）重心徐徐由左足转移至右足;随着重心转移,右手上提至腰圈,肘下坠,右掌外旋、掌心托着小气球,向右向上划弧,右肘搁于右肩圈时,右掌翻转虎口齐前额,掌心朝下含着小气球;同时,左手沉肩坠肘,下落于左胯圈,掌心朝下且含着小气球。

3）心中一静,内气下沉,三关直垂,屈膝下坐,掌心向下随身下落,直角交叉于左膝外侧。

4）意想气团纳入身中,随即贴背上行至"劲源",腾出左脚随之向前移步,脚跟靠地。

5）身中钟锤前荡,左脚掌踏实成左弓步;腰圈右拧,内气由"劲源"输向两臂,右掌即向前再往后经额前抽挂,同时左掌集靠、肘、掤、挤、按混合劲向前击出,右肘向后呈肘、靠劲,两掌对拉,前长三关,眼神直视左掌中指往东远去。肩胯朝南。

6）持立的两掌向里内合,大气团弥漫于胸腹;腰圈右转,以右足为轴右旋,足尖指向西南,身形回转朝西,坐身左足,右足尖虚点于地;同时,两掌捧着气团,手随身转;气团顺时针旋转,两掌拆分,左掌掌心朝外挡于额前,右手持掌沿肩圈前伸呈掤、挤、按劲;眼神跟随着右指梢远去。

7）心中一静,右足撤回左足踝内侧,足尖点地;两掌换拳往下划弧收至左右腹沟。

8）开右胯,意想有一条贯穿三关的细线从尾闾向后牵出,带动右腿自然经左脚内侧后撤成虚步,重心实于右脚步随身换成左弓步;同时,两拳对接随着掌中小气球升腾沿身中线贴身上行至胸前,往前上方掤去,高与眉齐,此时,身形斜长三关,两拳与右足呈对拉拔长之势,眼神凝视前方。

9）心中一静,右腿后坐,竖立三关,左足撤回右足踝内侧,足尖点地;两拳往下划弧收至左右腹沟。

10）迈左足,脚跟着地的瞬间,钟锤前荡成弓步,右足随即向前跟步至左足踝内侧,足尖点地;同时,两拳对接随着掌中小气球沿身中线贴身上行至胸前,往前上方掤去,高与眉齐。继而,心中一静,两拳往下划弧收至左右腹沟。

11）右足前迈成弓步,两拳上提,拳心中小气球蹦出成右掌成瓦状掌心向上在前,左掌成瓦状掌心向下接右掌根在后,意想两掌合成上下相对的阴阳掌搁于腰圈;面向正西。

12）身中钟锤前荡,左足随即向前跟步至右足踝内侧,足尖点地;上下相对的阴阳掌随势前伸呈挤劲,眼神正视前方。

13)左足后撤,松肩坐左脚,阴阳掌随身后退见捋劲。

14)上下相对的阴阳掌分拆,掌心小气球滚落至肘尖,致使两肘下坠,继而两掌分持于胸部两侧,意想两肘尖处的小气球融成大气团,弥漫于胸前。肩胯朝西。

15)右足向前迈出,足跟着地之际,身中钟锤前荡,内气由"劲源"输布两臂,两掌依偎着大气团徐徐向前按出,两臂曲中有直;左足随即向前跟步至右足踝内侧,足尖点地;眼神正视前方。

## 80. 开手 【同 4 式】

**心法:**

80-1)　　　　　　　　　　　80-2)

1)左足跟着地,右足尖点地,两腿微曲、左实右虚;腰圈左转,以左足跟为轴,左旋45度,肩胯朝正南。同时,向前按出的大气团合拢于相对持掌的两手心间、指尖向上,左右下臂一字平搁于腰圈,双臂环抱胸前气团,谓"合十"。

2)合拢于掌心的气团向左右膨胀,致使双肩下沉、向后展开,两手持掌平着往左右张开,开至两手虎口与两肩尖相对,两手五指张开沾着气团。

## 81. 合手　【同 5 式】

**心法：**

81 -1）

1）右足着地，左足跟欠起、足尖点地，右实左虚；由"劲源"催发内气输布两臂，压缩持掌的两手，将气团相对合拢于掌心，左右下臂一字平搁于腰圈，环抱胸前气团，再成"合十"。

## 82. 单鞭　【同 6 式】

**心法：**

82 -1）　　　　　　　82 -2）　　　　　　　82 -3）

1）坐右足,腾出左足向左边迈步,足跟斜横着地,足尖上翘,左腿至左足跟成一斜直线;两手腕外扭,掌心朝外、两手大拇指侧接于胸前,胸臂环抱气团。

2）气团膨胀,双肘下坠,两手大拇指拆分,两掌沿肩圈左右张开,两手掌心的小气球分别滚落于肘尖。

3）左脚掌缓缓踏平,重心自右足渐渐居中到偏左足,坐身;同时,由"劲源"催发内气,肘尖的小气球依偎着下臂回入持立的两掌,并且手心朝外,分别往左右肩圈呈弧形展开,呈掤、捋、挤、按混合劲;眼神跟随着右指梢远去,此时,身形领起三关,身备五弓如泰山。肩胯齐朝正南。

## 83. 云手 【同 37 式】

**心法:**

|  |  |  |
| :---: | :---: | :---: |
| 83－1） | 83－2） | 83－3）① |
| 83－3）② | 83－4）① | 83－4）② |

83－5）           83－6）           83－7）

1）重心右移，实右脚，左脚虚开成仆步，同时左掌向里斜向下将，左臂横搁腰圈，右掌朝西南斜按于右肩圈。

2）内气下沉，右掌心小气球滚落右肘尖，且随肩下沉后回落右掌心融入胯圈右侧，掌心朝左；左手持掌划弧上提至右肩圈，掌心向右，掌心小气球落于肘尖支于腰圈。

3）腰圈微微左转，腰胯左移，左手随身沿肩圈朝左呈掤、捯劲，右手沿胯圈由右往左随身施将、采劲，重心渐渐实于左脚，右脚虚开成仆步。

4）沉左肩，坠左肘，左掌翻转掌心向外，依附左肘尖的小气球升腾回入左掌心往东南前按于肩圈；同时右掌下采，掌心向下，横搁腰圈，右脚跟进左脚，两脚平行，脚尖指向正南。

5）腰圈微微右转，重心移至右脚；同时左掌心小气球滚落左肘尖，且随肩下沉后回落左掌心融入胯圈左侧，掌心朝右，右手持掌划弧上提至左肩圈，掌心向左，掌心小气球落于肘尖支于腰圈。

6）腰圈继续微微右转，右手随身沿肩圈朝右呈掤、捯劲，左手随身沿胯圈往右施将、采劲，两脚平行，脚尖指向正南。

7）重心右移，实右脚，左脚虚开成仆步；同时沉右肩，坠右肘，右掌翻转掌心向外，依附右肘尖的小气球升腾回右掌心向西南斜按于右肩圈；同时左掌下采，掌心向下，横搁腰圈。腰胯朝向正南。

【重复2）至7）三次，续接2）、3）、4）完成"云手"】

## 84. 高探马

**心法：**

84 - 1)　　　　　　　　84 - 2)①　　　　　　　84 - 2)②

1）腰圈微微右转，重心移至右脚；同时左掌心小气球滚落左肘尖随肩下沉后回落左掌心融入腰圈，掌心朝下，右手持掌划弧上提至左肩圈，掌心向左，掌心小气球落于肘尖。

2）身中钟锤后荡，肩背后倚，稳住重心，左足往后撤步，坐实；而右足跟随后撤于左足前，相距寸许，足尖点地；同时，右手前伸、左手回拉两掌合成左右相对的阴阳掌，平搁于腰圈。面向正南。

## 85. 十字摆莲

**心法：**

85 - 1)　　　　　　85 - 2)　　　　　　85 - 3)　　　　　　85 - 4)

85 - 5）　　　　85 - 1）侧　　　　85 - 3）侧　　　　85 - 4）侧

85 - 5）侧

1）钟锤前荡,腾出右足跨前一步,足尖偏右踏定;重心下沉,腰圈右转,右脚右旋90度朝西,左脚左旋45度向西北,左膝屈在右膝后,坐成歇步;下坐的同时,两肘搅动,阴阳掌拆分,形成顺时针旋转的气团,以左右掌根为叠合支点,使左手在下,掌心朝上托着右臂,右手在上、掌心向下贴着左臂,一字平搁于右膝;胸臂环抱气团;肩胯朝西。

2）气团逆时针旋转,以左右掌根为叠合支点,拧动双掌旋转,右手在下、掌心朝上托着左臂,左手在上,掌心向下贴着右臂,一字平搁于右膝;胸臂环抱气团;肩胯朝西。

3）气团膨胀,以左右掌根为叠合支点,翻手"十字"持掌。

4）眼神凝视虚点于地的右足,内气自然升腾,神意气骤然上行,三关由一线贯串自头后向上领起,左脚踏地反弹,腾然独立,开右胯,右膝右拧,腰圈先闪左后右摆,带动右腿向右上方挥扫,右脚背与同时向左捋去的左手相拍击。

　　5)身形领起三关,意想朝阳由身后冉冉升腾,精神振奋,右腿悠然屈膝上提;同时,胸臂环抱的气团骤然膨胀,由"劲源"催发内气至两臂,催动左右手持掌分别沿左右肩圈往两侧展开,呈掤、挤、按混合劲;肩胯齐朝西。

## 86. 进步指裆捶

　　**心法:**

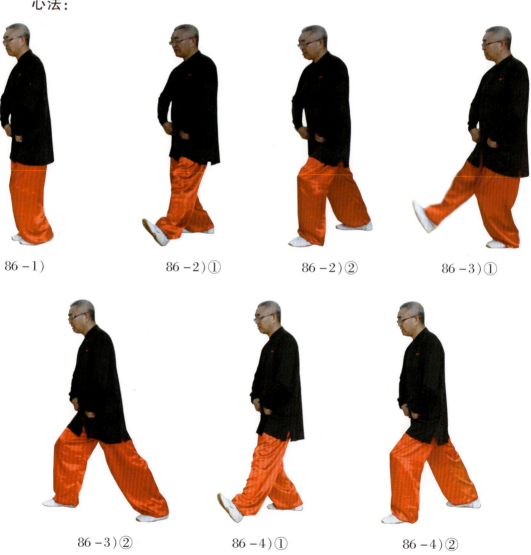

86-1)　　　　　　86-2)①　　　　　　86-2)②　　　　　　86-3)①

86-3)②　　　　　　86-4)①　　　　　　86-4)②

86 - 5）　　　　　　　　86 - 1）侧

1）心中一静,内气下沉,右足自然往前落成弓步;同时,松肩坠肘,两掌变拳下垂,捂于两侧腹沟,拳眼向前。

2）钟锤前荡,腾左足经右足踝内侧迈步向前。

3）钟锤前荡,腾右足经左足踝内侧迈步向前。

4）钟锤前荡,腾左足经右足踝内侧迈步向前。

5）钟锤前荡,右足向前随势跟步,左实右虚;小腿、大腿、躯干弯曲成"之"字形三折式;同时,松肩,内劲由"劲源"向肘端输送,促使右拳自腰间上抛穿越肩圈向前方下落,目送右捶,内气直栽入地,出采、挤劲,而左掌扶着右手腕。

## 87. 退步懒扎衣

**心法：**

87 - 1）　　　　　　　87 - 2）　　　　　　　87 - 3）

87－4)①　　　　　　　　　　87－4)②

1）心中一定，竖立三关，左足后撤一大步，右腿成弓步；两臂随身前伸，胸腹前大气团蹦出成各含拢于两手掌心的小气团，右掌成瓦状掌心向上在前，左掌成瓦状掌心向下接右掌根在后，意想两掌合成上下相对的阴阳掌搁于肩圈；面向正西。

2）腰圈右转，右手掌心向上托着小气球，与左手掌心朝下含着小气球上下相对的阴阳掌自正西至西北呈扇形旋转，右转平旋为掤、捋。

3）腰圈右转至北方，松肩坐左脚，右足跟靠地、足尖上翘，肩背后倚，退时见捋劲；同时，上下相对的阴阳掌分拆，掌心小气球滚落至肘尖，致使两肘下坠，继而两掌分持于胸部两侧，意想两肘尖处的小气球融成大气团，弥漫于胸前。肩胯朝正西。

4）身中钟锤前荡，右足掌踏实，内气由"劲源"输布两臂，两掌依偎着大气团徐徐向前按出，两臂曲中有直；左足随即向前跟步至右足踝内侧，足尖点地；眼神正视前方。

# 88. 开手 【同 4 式】

心法：

88－1)　　　　　　　　　　88－2)

1）左足跟着地,右足尖点地,两腿微曲、左实右虚;腰圈左转,以左足跟为轴,左旋45度,肩胯朝正南。同时,向前按出的大气团合拢于相对持掌的两手心间、指尖向上,左右下臂一字平搁于腰圈,双臂环抱胸前气团,谓"合十"。

2）合拢于掌心的气团向左右膨胀,致使双肩下沉、向后展开,两手持掌平着往左右张开,开至两手虎口与两肩尖相对,两手五指张开沾着气团。

# 89.合手 【同5式】

**心法:**

89-1）

1）右足着地,左足跟欠起、足尖点地,右实左虚;由"劲源"催发内气输布两臂,压缩持掌的两手,将气团相对合拢于掌心,左右下臂一字平搁于腰圈,环抱胸前气团,再成"合十"。

90. 单鞭 【同 6 式】

心法：

90 − 1） 　　　　　　　　 90 − 2） 　　　　　　　　 90 − 3）

1）坐右足，腾出左足向左边迈步，足跟斜横着地，足尖上翘，左腿至左足跟成一斜直线；两手腕外扭，掌心朝外、两手大拇指侧接于胸前，胸臂环抱气团。

2）气团膨胀，双肘下坠，两手大拇指拆分，两掌沿肩圈左右张开，两手掌心的小气球分别滚落于肘尖。

3）左脚掌缓缓踏平，重心自右足渐渐居中到偏左足，坐身；同时，由"劲源"催发内气，肘尖的小气球依偎着下臂回入持立的两掌，并且手心朝外，分别往左右肩圈呈弧形展开，呈掤、捋、挤、按混合劲；眼神跟随着右指梢远去，此时，身形领起三关，身备五弓如泰山。肩胯齐朝正南。

## 91. 单鞭下势

**心法：**

91-1)①　　　　91-1)②　　　　91-2)

1）腰圈左转，右足内扣，右腿坐实，左足左旋，虚贴于地，足尖指向正东；同时，大气团顺时针旋转，意想"劲源"内气输布两臂，致使左肘尖搁于左腰圈，左手持掌，手心沾着小气球向外；右掌手心含着小气球下按于胯圈右侧，眼神正视前方，肩胯朝东。

2）钟锤前荡，踏定成左弓步；同时，气团膨胀，两掌前后对拉，左掌前伸沿肩圈呈掤、挤、按混合劲，右掌下沉胯右侧呈采、按劲；此时，领起三关，眼神跟随着左指梢远去。

## 92. 上步七星

**心法：**

92-1)

361

1）钟锤前荡，右足跟步至左足踝内侧，左实右虚；同时，右手随身上提于胸前，形成右掌心朝左、在外，左掌心向右，在里的持掌"十字"交叉手；双肘与胸环抱气团。肩胯朝东。

## 93. 下步跨虎

**心法：**

93 – 1）　　　　　　93 – 2）　　　　　　93 – 3）　　　　　　93 – 3）侧

1）胸前气团膨胀，交叉手分拆；右肘下坠，右掌外旋、掌心托着小气球，向右向上划弧，右肘搁于右肩圈时，右掌翻转虎口齐前额，掌心朝下含着小气球；同时，左手沉肩坠肘，下落于左胯圈，掌心朝下且含着小气球。

2）心中一静，内气下沉，三关直垂，屈膝下坐，两掌心向下随身下落，直角交叉于左膝外侧。

3）内气上提，领起三关，右足鼎立，左足上提挂膝；两掌继续直角交叉于左膝外侧。面朝正东。

## 94.转角摆莲

心法：

94-1)① 94-1)② 94-2) 94-3)①

94-3② 94-3)①侧 94-3)②侧

1）腰圈先闪右后左转，以右足为轴向右拧动身形旋转315度，右足尖指向东北。

2）心中一静，由"劲源"催发内气输布双臂，双掌由向左向上顺时针旋转，致使左肘搁于左腰圈，左掌握拳，拳心向下，挂于右前肩圈，右肘搁于右侧肩圈，右掌变拳，拳心向下，挂于额右，左右两臂斜向平行，内气弥漫于胸臂之间；此时，左足下垂踏定，眼神凝视虚点的右脚，内气自然升腾，促使右腿在不经意间屈膝提起挂于左胯圈，左腿独立。

3）开右胯，右膝右拧，右脚跟贴至左腿外侧，腰圈先闪左后右摆，带动右腿向右上方挥扫，右脚背与同时向左捋去的左右手先后拍击。此乃双摆莲脚。

## 95. 弯弓射虎

### 心法：

95 – 1）东北侧　　　　　95 – 2）东北侧　　　　　95 – 3）东北侧

1）右腿挂膝，脚尖朝东，重心植左脚；左右两手掌下落在腰圈两侧，目视手指，肩胯朝东北。

2）内气下沉，右足跟着地；掌心小气球滚落至肘尖，致使两肘下坠，两掌分持于胸部两侧，意想两肘尖处的小气球融成大气团，弥漫于胸前。

3）身中钟锤前荡，右足踏定成弓步；内气由"劲源"输布两臂，两掌依偎着大气团徐徐向前按出，两臂曲中有直。眼神正视前方。

## 96. 双撞捶

### 心法：

　96 – 1）①　　　　　　96 – 1）②　　　　　　96 – 1）③

96 - 1)①反　　　　　96 - 1)②反　　　　　96 - 1)③反

1）腰圈闪右后左转，左足经右足踝内侧迈步向北成弓步，右足随势跟步至左足踝内侧；同时，双捶由腰间向肩圈正前方平行甩出，拳心向下呈掤、挤劲；眼神跟着远去。肩胯朝北。

## 97.阴阳混一

心法：

97 - 1)　　　　　97 - 2)　　　　　97 - 3)①　　　　　97 - 3)②

1）左足移步上前,左足踏实,右足虚贴于地;双肘下坠,双捶回撤成右拳在外、左拳在内、拳心均朝里的交叉手;胸臂环抱气团。面朝正北。

2）腰圈右转,以左足跟为轴,右拧180度,右足尖跟随右旋,右足在先、左足在后,肩胯向南;气团涌动,以掌根为支点,两拳向外翻转成右拳在外、左拳在内、拳心均向外的交叉手;胸臂环抱气团。面朝正南。

3）肩背后倚,稳住重心,右足后撤一大步,足尖外撇45度,坐实;左足随势回撤于右足跟,左足尖也外撇45度,双腿曲中有直;气团膨胀,内气下沉,交叉手拆分,两拳滑落至腹沟;身形竖立三关。

## 98.无极还原

**心法：**

98－1）

1）意守丹田,抱气归元,两掌自然下垂,回归无极。

# 第四节　孙式太极拳架连续动作图

1 无极式

2 太极起式

3 懒扎衣

4 开手

5 合手

6 单鞭

7 提手上势

8 白鹤亮翅

9 开手

10 合手

11 搂膝拗步（左式）

14 如封似闭

17 合手

18 搂膝拗步（右式）

21 开手

25 倒撵猴（左式）

12 手挥琵琶

13 进步搬拦捶

15 抱虎推山

16 开手

19 手挥琵琶

20 懒扎衣

22 合手

23 单鞭

24 肘下看捶

26 倒撵猴（右式）

27 手挥琵琶

28 白鹤亮翅

32 手挥琵琶

33 三通背

35 合手

36 单鞭

37 云手

370

29 开手

30 合手

31 搂膝拗步

34 开手

41 转身踢脚

43 翻身二起

44 披身伏虎

38 高探马

39 右起脚

40 左起脚

42 践步打捶

45 左踢脚

46 右蹬脚

47 上步搬拦捶

49 抱虎推山

50 右转开手

53 手挥琵琶

54 懒扎衣

55 开手

56 合手

57 斜单鞭

48 如封似闭

51 右转合手

52 搂膝拗步（右式）

58 野马分鬃

59 开手

60 合手
61 单鞭
62 右通背掌
64 手挥琵琶
65 懒扎衣
68 单鞭
69 云手

63 玉女穿梭

66 开手

67 合手

70 云手下势

71 更鸡独立

● 倒撵猴（右式）

73 手挥琵琶

77 搂膝拗步

76 合手

72 倒撵猴（左/右/左/右）

• 倒撵猴（左式）

• 倒撵猴（左式）

• 倒撵猴（右式）

74 白鹤亮翅

75 开手

78 手挥琵琶

79 三通背

80 开手

84 高探马

86 进步指裆捶

81 合手

82 单鞭

83 云手

85 十字摆莲

87 退步懒扎衣

88 开手

89 合手

90 单鞭

91 单鞭下势

92 上步七星

93 下步跨虎

94 转角摆莲

95 弯弓射虎

96 双撞捶

97 阴阳混一

98 无极还原

# 第五节　孙式太极拳架运行路线示意图

（摘自《孙式太极拳剑》,孙婉容）

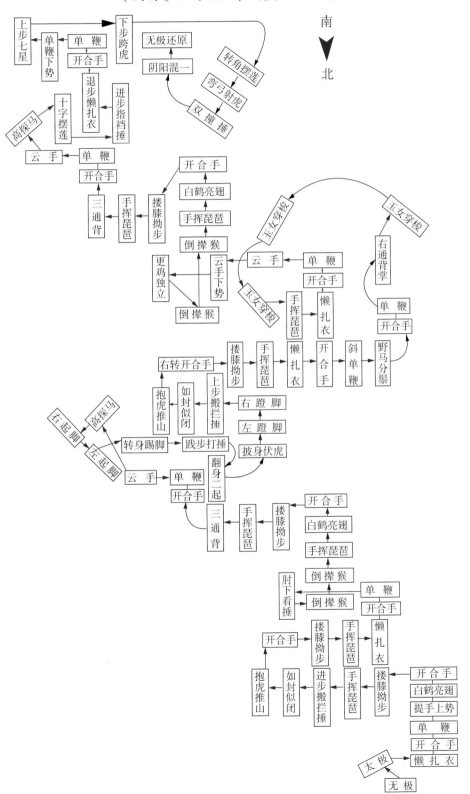

附　录

# 附录（摘自《太极拳讲义》，吴公藻）

### 《太极拳论》（武禹襄）

一举动。周身俱要轻灵。尤须贯串。气宜鼓荡。神宜内敛。无使有缺陷处。无使有凹凸处。无使有断续处。其根在脚。发于腿。主宰于腰。形于手指。由脚而腿而腰。总须完整一气。向前退后。乃得机得势。有不得机得势处。身便散乱。其病必于腿腰求之。上下前后左右皆然。凡此皆是意。不在外面。有上即有下。有前即有后。有左即有右。如意要向上。即寓下意。若将物掀起而加以挫之之意。斯其根自断。乃坏之速而无疑。虚实宜分清楚。一处自有一处虚实。处处总此一虚实。周身节节贯串。无令丝毫间断耳。

长拳者。如长江大海。滔滔不绝也。十三势者。掤，捋，挤，按，采，挒，肘，靠，此八卦也。进步，退步，左顾，右盼，中定，此五行也。掤，捋，挤，按，即乾，坤，坎，离，四正方也。采，挒，肘，靠，即巽，震，兑，艮，四斜角也。进，退，顾，盼，定即金，木，水，火，土也。

（原注云此系武当山张三丰老师遗论欲天下豪杰延年益寿不徒作技艺之末也）

### 《太极拳经》（王宗岳）

太极者。无极而生。动静之机。阴阳之母也。动之则分。静之则合。无过不及。随曲就伸。人刚我柔谓之走。我顺人背谓之黏。动急则急应。动缓则缓随。虽变化万端。而理为一贯。由着熟而渐悟懂劲。由懂劲而阶级神明。然非用力之久。不能豁然贯通焉。虚领顶劲。气沉丹田。不偏不倚。忽隐忽现。左重则左虚。右重则右杳。仰之则弥高。俯之则弥深。进之则愈长。退之则愈促。一羽不能加。蝇虫不能落。人不知我。我独知人。英雄所向无敌。盖皆由此而及也。斯技旁门甚多。虽势有区别。概不外乎壮欺弱慢让快耳。有力打无力。手慢让手快。是皆先天自然之能。非关学力而有为也。察四两拨千斤之句。顾非力腾。观耄耋能御众之形。快何能为。立如平准。活于车轮。偏沉则随。双重则滞。每见数年纯功。不能运化者。率皆自为人制。双重之病未悟耳。欲避此病。须知阴阳。黏即是走。走即是黏。阴不离阳。阳不离阴。阴阳相济。方为懂劲。懂劲后。愈练愈精。默识揣摩。渐至从心所欲。本是舍己从人。多误舍近求远。所谓差之毫厘。谬以千里。学者不可不详辨焉。

《十三势歌》（作者待考）

十三姿势莫轻视。命意源头在要隙。变转虚实须留意。气遍身驱不少滞。静中触动动犹静。因敌变化示神奇。势势存心揆用意。得来不觉费功夫。刻刻留心在腰间。腹内松静气腾然。尾闾中正神贯顶。满身轻利顶头悬。仔细留心向推求。屈伸开合听自由。入门引路须口授。功夫无息法自修。若言体用何为准。意气君来骨肉臣。详推用意终何在。益寿延年不老春。歌兮歌兮百四十。字字真切义无遗。若不向此推求去。枉费功夫贻叹惜。

《十三势行功心解》（武禹襄）

以心行气。务令沉着。乃能收敛入骨。以气运身。务令顺遂。乃能便利从心。精神能提得起。则无迟重之虞。所谓顶头悬也。意气须换得灵。乃有圆活之趣。所谓变动虚实也。发劲须沉着松净。专注一方。立身须中正安舒。支撑八面。行气如九曲珠。无往不利。（气遍身躯之谓）运劲如百炼钢。何坚不摧。形如搏兔之鹄。神如捕鼠之猫。静如山岳。动若江河。蓄劲如开弓。发劲如放箭。曲中求直。蓄而后发。力由脊发。步随身换。收即是放。断而复连。往复须有折迭。进退须由转换。极柔软然后极坚硬。能呼吸。然后能灵活。气以直养而无害。劲以曲蓄而有余。心为令。气为旗。腰为纛。先求开展。后求紧凑。乃可臻于缜密矣。

又曰。彼不动，己不动。彼微动，己先动。劲似松非松。将展未展。劲断意不断。

又曰。先在心。后在身。腹松气敛入骨。神舒体静。刻刻在心。切记一动无有不动。一静无有不静。牵动往来气贴背。敛入脊骨。内固精神。外示安逸。迈步如猫行。运动如抽丝。全神意在精神。不在气。在气则滞。有气者无力。无气者纯刚。气若车轮。腰如车轴。

《打手歌》（王宗岳）

掤捋挤按须认真。上下相随人难进。任他巨力来打我。牵动四两拨千斤。引入落空合即出。粘连黏随不丢顶。

# 参考书目

《〈随曲就伸〉、〈盈虚有象〉、〈上善若水〉
　　　—— 中国太极拳名家对话录》　　　　　　　　　　　　　（余功保　编著）

《中国当代太极拳精论集》　　　　　　　　　　　　　　　　（余功保　主编）

《太极密码》　　　　　　　　　　　　　　　　　　　　　　（余功保　著）

《精选太极拳辞典》　　　　　　　　　　　　　　　　　　　（余功保　编著）

《太极拳研究》　　　　　　　　　　　　　　　　　　（唐　豪、顾留馨　著）

《杨式太极拳述真》　　　　　　　　（汪永泉　讲授、魏树人、齐一　整理）

《杨式太极拳术述真》　　　　　　（魏树人　著、王洁　助编、蓝清雨　整理）

《汪永泉授杨式太极拳语录与拳照》　　　　　　　　　　　　（刘金印　整理）

《太极拳内功心法》　　　　　　　　　　　　（解守德　讲授、夏泰宁　整理）

《孙禄堂武学录》　　　　　　　　　　　　　　（孙禄堂　著、孙剑云　编）

《孙式太极拳诠真》　　　　　　　　　　　　　　　　　　　（孙剑云　著）

《太极拳讲义》　　　　　　　　　　　　　　　　　　　　　（吴公藻　著）

《吴式太极拳慢架》　　　　　　　　　　　（李立群　著、[澳]李中光　整理）

《太极内功解秘》　　　　　　　　　　　　　　　（祝大彤、薛秀英　编著）

《太极揉手解密》　　　　　　　　　　　　　　　　　　　　（祝大彤　著）

《上善若水——王氏水性太极拳讲记》　　　（王壮弘　口述、杨云中、蓝晟　整理）

《南怀瑾与彼得·圣吉——关于禅、生命和认知的对话》　　　（南怀瑾　讲述）

《道德经》　　　　　　　　　　　　　　　　　　（赵晓鹏、李安纲　编著）

《佛学大辞典》　　　　　　　　　　　　　　　　　　　　　（丁福保　编纂）

《心经与生活智慧》　　　　　　　　　　　　　　　　　　　（潘宗光　著）

# 后　记

　　《行拳心法》在上海三联书店的呵护下即将问世了。也许太极拳丛书中将多了根"鸡肋"，但对我来说，是以虔诚之心，完成了数十年学练太极拳的一份交代，而这份"交代"是在众人的支持帮助下完成的。

　　雪漠上师的点拨成了我写作本书的"缘起"，三联书店的冯征老师、鲁继德老师、张大伟老师分别为本书的编辑、图文版面设计及校对作了悉心的安排；徐鹏、张驰、顾志刚、陈绍初、王炳全、胡康、周志炎、沈行彪、饶洪、冯逸峰、冯屏和王海燕等十二位太极同好的"感言"为本书增加了"亮点"；王海燕、Rain 刘、Alan 陈等太极同好多次参与本书的策划；本书一千余幅拳照，均由太极同好顾志刚拍摄，又由"美尚设计"王鹏飞老师作了相应的照片背景处理；行拳路线示意图的绘制由 Rain 刘费心完成；王海燕在百忙中安排了不少时间为本书的初稿作了细心的校阅。有了他们的支持，才有这本书的问世，在此我向帮助成书的各位一并致谢！

　　笔者已委托"RAD 辐射视觉（上海）"摄制吴氏太极拳与孙式太极拳的演示视频，并制作展现太极拳阴阳（意气、形体）的分式动画视频，将制作成 APP 与移动设备嫁接，以便让太极爱好者按心法习拳多一份直观的学练资料。

　　笔者在"太极同好"的新浪博客（http://blog. sina. com. cn/u/1575013732）设置"书友会"专栏，希望每一位读者能将您的联系方式留在笔者的博客中，以便笔者有机会与您切磋、交流。欢迎访客。

庄英豪　谨上

二〇一二年末　于上海

**图书在版编目(ＣＩＰ)数据**

行拳心法／庄英豪编著． －－上海：上海三联书店，
2013.4
　ISBN 978-7-5426-4130-4

　Ⅰ．①行… 　Ⅱ．①庄… 　Ⅲ．①太极拳 － 基本知识
Ⅳ．①G852.11

中国版本图书馆 CIP 数据核字（2013）第 045524 号

# 行拳心法

编　　著／庄英豪

责任编辑／冯　征
装帧设计／鲁继德
监　　制／任中伟
责任校对／张大伟

出版发行／上海三联书店
　　　　　（201199）中国上海市都市路 4855 号 2 座 10 楼
网　　址／www.sjpc1932.com
印　　刷／上海锦佳印刷有限公司

版　　次／2013 年 5 月第 1 版
印　　次／2013 年 5 月第 1 次印刷
开　　本／787×1092　1/16
字　　数／487 千字
印　　张／26
书　　号／ISBN 978-7-5426-4130-4/G·1241
定　　价／158.00 元

告读者,如发现本书有印装质量问题,请与印刷厂联系 021-65914002。